职业教育公共课系列教材

大学生心理健康教育

尤长军　张飒　王琳　主编

化学工业出版社

·北京·

内容简介

《大学生心理健康教育》紧扣大学生身心发展特点，系统构建了涵盖适应心理、自我意识、人际交往、情绪管理、人格发展、学习心理、挫折心理、网络心理、友谊与爱情、性心理、择业与创业、生命教育、常见心理问题及防治共十三篇的心理健康教育体系。全书以"导语＋案例＋启示＋学习认知"为框架，设置"阅读与思考""心理自测""心理训练"等特色栏目，通过真实案例解析、心理测量表、团体辅导活动等多元形式，将抽象理论转化为可操作的心理技能，帮助学生更好地理解心理健康知识，并将其灵活应用于生活中。

本书既可作为大学生心理健康教育必修课程教材，也可作为辅导员开展心理工作的实用指南，通过书中配套的测评工具和活动方案，精准把握学生心理动态。其特色化的心理训练模块，既能满足课堂教学需求，又能为学生提供提升心理韧性、增强适应能力的科学自助方案，帮助学生构建积极心理品质，促进其全面发展。

图书在版编目（CIP）数据

大学生心理健康教育 / 尤长军，张飒，王琳主编.
北京 ： 化学工业出版社，2025. 7. --（职业教育公共课
系列教材）. -- ISBN 978-7-122-48258-7

Ⅰ. G444
中国国家版本馆 CIP 数据核字第 20256AT000 号

责任编辑：迟　蕾　王嘉一　李植峰
文字编辑：李　双
责任校对：边　涛
装帧设计：王晓宇

出版发行：化学工业出版社
　　　　　（北京市东城区青年湖南街13号　邮政编码100011）
印　　装：北京云浩印刷有限责任公司
787mm×1092mm　1/16　印张15¼　字数400千字
2025年9月北京第1版第1次印刷

购书咨询：010-64518888
售后服务：010-64518899
网　　址：http://www.cip.com.cn
凡购买本书，如有缺损质量问题，本社销售中心负责调换。

定　　价：48.00元

大学生心理健康教育是落实立德树人根本任务、培养担当民族复兴大任的时代新人的重要内容之一。党的十八大以来，党中央高度重视学生心理健康工作，2018年印发的《高等学校学生心理健康教育指导纲要》（教党〔2018〕41号）明确提出要构建"教育教学、实践活动、咨询服务、预防干预"四位一体的心理健康教育工作格局；2023年教育部等十七部门联合印发的《全面加强和改进新时代学生心理健康工作专项行动计划（2023—2025年）》进一步提出要"培育学生热爱生活、珍视生命、自尊自信、理性平和、乐观向上的心理品质和不懈奋斗、荣辱不惊、百折不挠的意志品质，促进学生思想道德素质、科学文化素质和身心健康素质协调发展，培养担当民族复兴大任的时代新人"。本教材正是立足国家政策导向编写而成，旨在通过系统化、科学化的课程建设，切实提升大学生心理健康素养，助力培养德智体美劳全面发展的社会主义建设者和接班人。

本教材立足大学生成长发展规律，构建了涵盖适应心理、自我意识、人际交往等十三篇完整的知识体系。每一篇以"导语＋案例＋启示＋学习认知"为基本框架，通过校园案例、心理自测量表及心理训练方案，将抽象理论转化为可操作的实践技能，切实帮助学生在认知重构、行为训练中提升心理韧性。教材内容严格遵循发展性、预防性与矫治性相结合的原则，既注重普及心理健康基础知识，更着力培养积极心理品质，形成知识传授、技能培养、行为养成三位一体的教育闭环。

本书由辽宁农业职业技术学院尤长军、沈阳农业大学张飒、辽宁农业职业技术学院王琳主编；辽宁农业职业技术学院李春蔚、杜珊、贾冬艳担任副主编；辽宁农业职业技术学院宫德旺、迟达、彭博、陈泓旭参编。

在本书的编写过程中，我们参阅、吸收了国内外同行的研究成果与相关资料，在此，向其作者和研究者表示衷心感谢。

由于编者水平和能力有限，书中疏漏之处在所难免，敬请读者批评指正。

编者

2025年4月

目录
CONTENTS

──────────── 第一篇　大学生的适应心理 ────────────

第一讲　健康与心理健康 ································· 002
第二讲　大学生校园生活的适应和发展 ················· 008
第三讲　大学生适应不良的自我调适 ··················· 012

──────────── 第二篇　大学生的自我意识 ────────────

第一讲　自我意识概述 ······························· 019
第二讲　大学生自我意识的发展 ······················· 023
第三讲　健全自我意识的培养 ························· 027

──────────── 第三篇　大学生的人际交往 ────────────

第一讲　全面理解人际交往 ··························· 033
第二讲　人际交往的原则与技巧 ······················· 040
第三讲　大学生常见人际交往问题及自我调适 ··········· 047

──────────── 第四篇　大学生的情绪管理 ────────────

第一讲　情绪情感概述 ······························· 054
第二讲　大学生常见情绪问题 ························· 061
第三讲　学会管理自己的情绪 ························· 067

──────────── 第五篇　大学生的人格发展 ────────────

第一讲　人格概述 ··································· 075
第二讲　塑造健康人格 ······························· 083

──────────── 第六篇　大学生的学习心理 ────────────

第一讲　大学阶段学习的特点 ························· 092
第二讲　学会有效学习 ······························· 098
第三讲　创新思维与创造力 ··························· 104

第七篇　　大学生的挫折心理

第一讲　挫折的产生及影响 ………………………………………………112
第二讲　心理防御机制 ……………………………………………………118
第三讲　挫折心理的自我调适 ……………………………………………123

第八篇　　大学生的网络心理

第一讲　网络与生活 ………………………………………………………130
第二讲　大学生常见网络心理问题 ………………………………………136
第三讲　网络心理问题的自我调适 ………………………………………142

第九篇　　大学生的友谊与爱情

第一讲　友谊的价值与培养 ………………………………………………149
第二讲　探索与理解爱情 …………………………………………………157
第三讲　失恋后的自我调适 ………………………………………………164

第十篇　　大学生的性心理

第一讲　性心理发展及表现 ………………………………………………171
第二讲　大学生常见的性心理问题及自我调适 …………………………178

第十一篇　　大学生的择业与创业

第一讲　大学生职业生涯设计 ……………………………………………184
第二讲　树立正确的择业观与创业观 ……………………………………191
第三讲　大学生求职择业的方法与技巧 …………………………………196

第十二篇　　大学生生命教育

第一讲　认知生命 …………………………………………………………206
第二讲　生命意义的求索 …………………………………………………211

第十三篇　　大学生常见心理问题及防治

第一讲　大学生常见心理问题和心理障碍 ………………………………221
第二讲　心理健康的自我调适与心理问题的防治 ………………………229

参考文献

第一篇

大学生的适应心理

第一讲　健康与心理健康

导　语

随着社会的进步，人类物质生活水平逐渐提高，在基本的生存和温饱问题得到解决之后，心理问题便显现出来。同时，伴随着医学科学的进步，人类卫生习惯和生活条件的改善，许多昔日严重危及人类生命的疾病已经得到有效的治疗和控制。人类的平均寿命延长，各种生理疾病对于生命的威胁不再像过去那样严峻，而心理状况对于生命质量的影响却愈发显著。特别是在急剧变化、发展迅速的现代社会，快节奏的生活和激烈的竞争对于人的心理素质提出了更高的要求，人们普遍承受着比以往沉重得多的心理压力，各种心理障碍和心理疾病也比过去出现得更加频繁，并呈现出不断增长的趋势，对于个人幸福和社会发展形成了明显的威胁。

世界各国的经验表明，社会的现代化程度越高，发展速度越快，人类的心理健康问题也越发受到关注。20 世纪，心理健康问题首先在发达国家引起了广泛的关注。随着时代的发展和改革的深入，国民心理健康问题的严峻性日益凸显，并逐渐成为公众关注的焦点。大学生尤其要关注心理素质问题，因为这是完成学习任务、实现人生理想和成才目标的重要保障。

案　例

有一则寓言这样说：在那久远得不能再久远的年代，诸神造出人。当他们发现人是如此聪慧，无所不能，居然跟他们差不多时，他们害怕了。于是，几个合伙造人的神就集中在一起开了一个紧急会议，研究如何把人最珍贵的东西收起来。这个意见当然大家都同意，但收起来的东西该藏在哪里呢？为此，他们大伤脑筋。有的神说，把它藏到最高的山顶上，但担心人还是能爬上去拿到；又有神建议，把它藏在最深的海里，但马上就有反对意见，说人肯定也会想办法找到。最后，他们想出了一个绝妙的办法：放在人自己身上，放在人的心里！

启　示

这则寓言告诉我们，人最珍贵的东西是心灵。一个人真正的富有是精神的富有，真正的力量是强健心灵的力量。一切财富的获得和事业的成就均始于健康的心理，取决于一个人的精神状态。心灵是人生的太阳，是动力的源泉。我们做任何事，如果要想取得成功，良好的心理素质是前提和基础。

一、健康的概念及内涵

（一）健康新概念

健康是一个动态的概念。人类的健康观是随着社会的发展和生活水平的提高而不断变化的。20 世纪以前，人们对健康的认识主要是不生病。理论研究与实践证明，人是生理、心理与社会层面的统一。人不仅仅是一个生物体，而且是有着复杂的心理活动、生活在一定的社会环境中的完整的人。

1984 年，世界卫生组织（WHO）在其《保健大宪章》中提出了著名的"健康新概念"：健康不仅是肌体的强健和没有疾病，而且是生理上、心理上和社会方面的完好状态。1989 年又进一步把健康规定为"躯体健康，生理健康，社会适应良好"。这是世界公认的对健康的标准定义，此定义突出强调了人的生理与心理、自然性与社会性的不可分割。

1990 年，世界卫生组织在对健康定义的阐述中又增加了"道德健康"。所谓道德健康，就是指不能损害他人利益来满足自己的需要，能按照社会认可的道德行为规范来约束自己以及支配自己的思维和行为，具有辨别真伪、善恶、荣辱的是非观念和能力。

2000 年，世界卫生组织又提出了"合理膳食，戒烟，心理健康，克服紧张压力，体育锻炼"的促进健康新准则。

世界卫生组织关于健康概念的发展变化，表明人们传统的健康观在发生变化，对健康内涵的认识越来越全面。躯体健康、心理健康、社会适应良好并且道德健康都具备，才算得上是真正意义上的健康。

（二）健康新标准

1. "五快""三良好"标准

根据健康新概念，世界卫生组织提出了"五快""三良好"健康标准。

"五快"主要是指肌体健康方面，包括：

① 吃得快。进餐时，有良好的食欲，不挑剔食物，并能很快吃完一顿饭。

② 排得快。一旦有便意，能很快排泄完大小便，而且感觉良好。

③ 睡得快。上床后能很快入睡，且睡得好，醒后头脑清醒，精神饱满。

④ 说得快。思维敏捷，口齿伶俐。

⑤ 走得快。行走自如，步履轻盈。

"三良好"主要是指精神健康方面，包括：

① 个性人格良好。情绪稳定，性格温和；意志坚强，感情丰富；胸怀坦荡，豁达乐观。

② 处事能力良好。观察问题客观、现实，具有较好自控能力，能适应复杂的社会环境。

③ 人际关系良好。助人为乐，与人为善，对人际关系充满热情。

2. 具体标准

随着社会的进步和医学科学的发展，生物-心理-社会医学模式逐渐取代了传统的生物医学模式，人们对健康含义的理解也越来越深刻。世界卫生组织又提出了衡量健康的一些具体标准：

① 精力充沛，能从容不迫地应对日常生活和工作。

② 处事乐观，态度积极，乐于承担任务不挑剔。

③ 善于休息，睡眠良好。

④ 应变能力强，能适应各种环境的变化。

⑤ 对一般感冒和传染有一定抵抗力。

⑥ 体重适当，体态匀称，头、臂、臀比例协调。

⑦ 眼睛明亮，反应敏锐，眼睑不发炎，牙齿清洁、无缺损、无疼痛，牙龈颜色正常、无出血。

⑧ 头发光洁，无头屑。

⑨ 肌肉、皮肤富有弹性，走路轻松。

（三）全面理解和把握健康的内涵

全面理解和把握健康的内涵，就要认识到：

第一，健康是一项基本人权，它与人的生命权、财产权等一样不容侵犯。我们应当具备主宰自己健康的能力。

第二，健康是生理健康与心理健康的统一。当生理产生疾病时，其心理也必然受到影响，会情绪低落、烦躁不安、容易发怒，从而导致心理不适；同样，长期心情抑郁、精神负担重、焦虑的人也易身体不适。因此，二者是相互联系、相互依赖、相互促进、密不可分的。

第三，健康不仅是个体的一种需求，也是保证社会稳定的重要条件。社会是由人构成并通过个体发挥作用的，人是构成社会存在的先决条件。社会必然要通过个人的健康来支持和保障社会健康稳定地发展。

大学生要正确理解健康的含义，按照现代健康标准，全面提高自己的身心素质，促进身心和谐发展，以强健的体魄、健康的心态迎接学习和工作的挑战。

二、心理健康的含义和标准

（一）心理健康的含义

心理健康已成为完整健康概念中一个不可缺少的重要组成部分。那么什么是心理健康呢？迄今为止，关于心理健康还没有一个统一的概念，国内外学者一致认同的是，心理健康的概念是随时代变迁、社会文化因素的影响而不断变化的，心理健康标准具有复杂性，既有文化差异，也有个体差异。广义上讲，心理健康是指人们能够高效且愉悦地适应客观环境并维持这种心理状态；狭义上讲，心理健康是指在知、情、意、行方面的健康状态，主要包括发育正常的智力、稳定而快乐的情绪、高尚的情感、坚强的意志、良好的性格及和谐的人际关系等。

心理学家英格里希认为，心理健康是指一种持续的心理状态，指当事人能够积极适应环境，具有生命的活力，而且能充分发展其身心潜能，而不仅仅局限于没有心理疾病层面。

社会学家波孟认为，心理健康体现为符合社会规范的行为，既为社会所接受，又能为个人带来快乐。

个体成长观的学者把心理健康解释为人的积极心理品质和潜能的完整发展，认为心理潜能的发展程度决定了人在一生中是否能够成就某种事业。

《简明不列颠百科全书》将心理健康解释为：个体心理在本身及环境条件许可范围内所能达到的最佳功能状态，而不是指绝对的十全十美。这种解释类似于现在提倡的"做最好的自己"，把自己的天赋潜能发展到最佳状态。

我们认为，心理健康是相对于生理健康而言的，表现为心理和社会方面的适应与完好的一种状态，即生活在一定社会环境中的个体，在高级神经功能和智力正常的情况下，情绪稳定，行为适度，具有协调人际关系和适应环境的能力，以及在本身及环境条件许可的范围内所能达到的心理最佳功能状态。

（二）心理健康的标准

关于心理健康的标准，目前也没有一个公认的说法。在 1946 年第三届国际心理卫生大会上，将其规定为四个方面：①身体、智力、情绪十分协调；②适应环境、人际关系和谐，并能彼此谦让；③有幸福感；④在工作和职业中能充分发挥自己的能力，过有效率的生活。

世界卫生组织将心理健康的标准划分为三个方面：①人格完整、自我感觉良好、情绪稳定，且积极情绪多于消极情绪，并有较好的自我控制能力，能保持心理平衡；②有比较充分的安全感，在自己所处的环境中，能保持正常的人际关系，能受到别人的欢迎和信任；③对未来有明确的生活目标，切合实际地不断进取，有理想和事业上的追求。

不同的学科也从自身的角度对心理健康标准提出不同的看法，如社会学是以社会规范作为标准，如果一个人行为符合社会公认的规范，则是健康的，偏离公认的社会规范则被视为不健康或异常；医学上以症状表现为标准，认为没有心理疾病症状的人是健康的，否则为心理不健康。

根据大学生这一特殊社会群体的生理、心理和社会角色特征，我们认为，大学生心理健康的标准应当包括以下内容。

1. 认知合理

认知指人对事物认识与理解的心理历程，包括感觉、知觉、记忆、思维、想象、学习、语言等方面。合理的认知，要求我们能够有效地进行知觉、想象和思考等活动，从而保证自己能够正确且如实地认识客观现实。

2. 情绪健康

情绪健康的主要标志是情绪稳定和心情愉快。具体表现为乐观开朗，充满热情，富有朝气，满怀自信，对生活充满希望，善于控制和调节自己的情绪，既能克制约束，又能适度宣泄，不过分压抑，情绪反应适度等。

3. 意志健全

意志是推动人们采取各种行动，克服困难以达到预定目标的心理过程。意志健全者为实现预定目标，在行动中能表现出较强的自觉性、果断性、顽强性、自制力，能机智灵活地克服困难，坚韧不拔，持之以恒，不受外界诱惑。意志不健全者则表现为不良习惯多而难以改正，缺乏主动性，优柔寡断，轻率鲁莽，害怕困难，顽固执拗，易受暗示，容易更换目标，甚至一曝十寒等。

4. 自我评价恰当

自我评价是指一个人对自己的身心状况、能力和特点，以及自己所处的地位、与他人及社会的关系的认识和评价。一个心理健康的人能体验到自己存在的价值，对自己的能力、性格、优缺点等能做出恰当的客观评价；同时，能接受自己，不骄傲也不自卑。相反，自高自大、过分自恋、自怨自艾甚至自暴自弃等，都是自我评价不当的表现。

5. 人格完整

人格指一个人所具有的稳定心理特质的独特综合。人格完整指具有健全统一的人格，即心理和行为和谐统一的人格。人格完整表现为：人格要素无明显的缺陷和偏差；具有正确的自我意识；人生观正确，并以此支配自己的心理与行为；人格相对稳定。如果一个爽朗、乐观、外向的大学生无缘无故地突然变得沉闷、悲观、内向，那就有可能是他的人格健康出现了问题。

6. 人际关系良好

人际关系良好既是心理健康的标准之一，也是维护心理健康发展的重要条件。心理健康的人乐于与人交往，能充分认识到交往的重要作用，富有同情心，对人友善、理解、宽容、接纳，能采取恰当方式与人沟通，交往中不卑不亢，人际关系比较和谐。如果一个大学生人际关系紧张，人际交往困难，过分孤僻、不合群，则往往是需要心理帮助的信号。

7. 社会适应良好

社会适应指对社会环境中的一切刺激能作出恰当正常的反应。心理健康的大学生能适应生活环境的变化，与现实保持良好的接触，不回避现实，能主动面对各种挑战，妥善处理环境与自身的关系，创造条件使自己始终处于有利的环境中。难以适应新环境、不能正确应对现实中的变化与挫折的大学生，则常常出现一些心理问题。

三、大学生心理健康的重要性

随着社会的发展，每个人都能感受到，生活在急剧变化，各种压力在增大，从儿童到老年人，从贫困人群到富裕人群，几乎任何人都无法摆脱心理问题的侵袭。这是社会发展的规律，西方国家在发展进程中也是如此。弗洛伊德认为，社会的文明程度越高，人类的心理压力就越大。在这个充满竞争的社会里，大学生普遍面临越来越多的人际交往、学业负担、择业就业等问题。如果这些问题没有得到及时适当的解决，便有可能引起心理困扰，从而导致很多消极行为的产生，甚至发生自伤、自杀、凶杀等恶性事件。

著名健康学者马斯洛指出："心理健康比生理健康更重要。"美国心理学家曾对15000名超常儿童进行了几十年追踪研究，将其中最成功的150名与最不成功的150名做了详细比较，发现他们在智力上没有大的不同，他们最大的差别，在于情感、社会适应力、自信心、毅力等心理素质方面。非智力因素才是人成功的主要因素，这一点已经逐渐得到人们公认。而提高心理素质和心理健康水平，就要靠每个大学生提高心理健康意识，主动学习心理健康知识，自觉维护和调适自己的心理健康水平。

心理健康教育不是只针对有心理问题和心理困扰的学生，它对每一个学生的成长发展都有重要意义。如同医学与人们的关系，我们不只是生病了才需要医学，学习医学常识做好预防和保健更重要。每个人在不同的年龄阶段都有心理发展方面的问题，做好心理保健，不仅仅是为了减少心理障碍的发生，还能预防和治疗心理疾病，更有助于大学生开发潜能、健全人格和增强适应能力。

21世纪的社会对人才提出了更高的要求。作为一名大学生，只有好成绩，却不懂与人交往，是个寂寞的人；只有高智商，却不懂得控制情绪，是个危险的人；只有推理能力，却不了解自己，是个迷惘的人。因此，大学生心理健康教育的目标，就是帮助学生追求一种更积极的人生境界，达到更高层次的适应，实现更充分的自我价值，促进身心和谐全面发展。

阅读与思考　《狐狸与葡萄》寓言新编

盛夏酷暑，几只口干舌燥的狐狸来到一片葡萄园。一串串又大又紫、晶莹剔透的葡萄挂满枝头。众狐狸馋涎欲滴，急不可耐地争相跃起。无奈葡萄架太高，哥儿几个使尽浑身解数，葡萄依然可望而不可即。

狐狸A在葡萄架下转了几圈，找不到可攀缘之处，环顾四周又无梯子可用，于是摇了摇头，说了一句"这葡萄一定很酸"，咽了咽口水，哼着小曲走开了。

狐狸B一边笑A没出息，一边高喊着："下定决心，不怕万难，吃不到葡萄死不瞑目。"一下又一下，跳个没完，终因劳累过度，瞪着双眼，死在葡萄架下。

狐狸C跳了几下吃不到，便大发其火："谁这么缺德，把葡萄架搞得这么高？成心与老子过不去，真可恨！"葡萄主人听到狐狸的骂声，一锄头将其打倒，让它永世不得翻身。

狐狸D愤愤不平地离开葡萄架，越想越憋气，"连葡萄都吃不到，活着还有什么意思呢？"于是，找个藤萝，将脖子一套，含恨而死。

狐狸E闷闷不乐地回到了家，整日愁眉苦脸，唉声叹气，最终抑郁成疾，患癌症而死。

狐狸F一气之下精神失常，蓬头垢面，满街游逛，口中念念有词："吃葡萄不吐葡萄皮，不吃葡萄倒吐葡萄皮……"

（资料来源：北京师范大学心理系郑日昌教授编）

思考：

如果是你，面对高高的葡萄，你愿意做哪一只狐狸呢？你还有其他选择吗？

心理训练　角色互换日

活动描述：团队成员随机抽取角色卡（如领导者、普通员工、客户等），在接下来的活动中扮演该角色。通过模拟工作中的常见场景（如项目汇报、客户投诉处理等），让成员体验不同角色的视角和感受，尽快适应新身份，处理解决问题。

活动结束后，进行小组讨论，分享一下你在活动过程中有怎样的体会，你是如何快速进入角色的，在这个过程中有怎样的收获。

第二讲 大学生校园生活的适应和发展

导 语

心理学家皮亚杰说过："智慧的本质是适应。"适应和发展是每个人生命中不可或缺的两大课题。在现代社会背景下，人的适应和发展问题变得尤为迫切与复杂。随着社会生产的发展，社会生活各个方面都在发生变化，发展得越迅速，变化越大，新的事物和新的问题也不断出现。大学生正处于身心迅速成长、环境频繁变动及社会深刻转型的交汇点，面临着诸多挑战。适应良好是现代人心理健康的重要标志，也是大学生必备的心理素质。学会积极地适应客观环境，灵活调整身心状态，纠正与环境不相适应的行为模式，达到自我与环境的和谐统一，我们才能在每一个人生阶段中不断走向自我完善，更好地发展自己，实现自己的人生价值。

案 例

有一个女孩，高中毕业后没考上大学，被安排在本村的小学教书。结果，上课还不到一周，由于讲不清数学题，被学生轰下台，灰头土脸地回了家。母亲为她擦眼泪，安慰她说："满肚子的东西，有的人倒得出来，有的人倒不出来，没必要为这个伤心，找找别的事，也许有更适合的事情等着你去做。"

后来，她又随本村的伙伴一起出外打工。不幸的是她又被老板撵了回来，原因是裁剪衣服的时候，手脚太慢，别人一天可以裁剪出六七件，她仅能做出两件，而且质量也不过关。母亲对女儿说："手脚总是有快有慢的，别人已经干了好多年了，而你一直在念书，怎么快得了？"说完便为女儿打点行装，让她到另一个地方去试试。

女儿先后当过纺织工，干过市场管理员，做过会计，但无一例外都半途而止了。每次她失败而又沮丧地回到家，母亲都会安慰她，从来没有抱怨的话。30多岁的时候，女儿凭着一点手语天赋，做了聋哑学校的一位辅导员。后来，她又开办了残疾人用品连锁店，发展成为一个拥有几千万元资产的老板。

有一天，功成名就的女儿问已经年迈的母亲："妈，那些年我连连失败，自己都觉得前途非常渺茫，可你为何对我那么有信心呢？"母亲的回答朴素而简单："一块地，不适合种麦子，可以试试种豆子；豆子也长不好的话，可以种瓜果；瓜果也种不好的话，撒上些荞麦种子也许能开花。因为一块地，总会有一粒种子适合它，也总会有属于它的一片收成……"

听完母亲的话，女儿落了泪。她明白了，实际上母亲恒久不绝的信念和爱，就是最坚韧的一粒种子，她的成功，就是这粒种子执着生长出的奇迹。

启 示

适应的过程，就是不断尝试、调整和改变的过程。正如古语所云："山不转水转，水不转人转。"我们总可以寻找到一个最佳角度，与环境达成积极的平衡。种子与土壤相互适应才能生长良好，人与环境相互适应才能成功发展，幸福生活。只有把抱怨环境的心情化为上进的力量，才能走上健康生活的道路。

学习认知

一、适应与发展的含义

适应与发展是人类生存的前提。适应是相对的，不适应是绝对的，因为环境和个体都在变化之中。适应与发展是现代社会对大学生提出的重大课题。我国社会正在经历着一场前所未有的巨大历史变革。社会转型带来了社会生活的诸多变化，激烈竞争给人们带来了巨大的心理压力。大学生处于国家发展和个人身心发展的重要转折时期，只有不断增强自己的适应能力，才能在现代社会中把握机遇，达成目标。

（一）适应的内涵

适应是个体在与环境相互作用的过程中，通过不断调整自我身心状态，使身心与现实环境保持和谐一致的过程，也是自我与环境和谐统一的一种良好的生存状态。个体只有与环境相互平衡，才能达到认识环境、改造环境、发展自我的目的。

适应有三个基本环节：①个体对环境的认知，它是适应的心理基础；②个体对环境的接纳，它是指个体调整已有的价值观，构筑新的价值观念，以完善心理适应机制；③个体对自身的改变，在新的价值观念指导下，个体的心理需求、动机和情绪等心理机制都会作出相应的变化和调整，以符合环境的内在要求，使两者和谐发展。

（二）发展的内涵

发展是指事物由小到大、由简到繁、由低级到高级、由旧物质到新物质的运动变化过程。人的发展，是指个体的身心机能及其品质在时间上积极变化的过程。人的心理发展，是伴随着人的生理发育成熟，在认识、情感、能力和社会性等方面获得成长和完善的过程。生命的每一步发展，都是在对立、转化、统一的交互作用过程中，获得新的适应能力，同时可能伴随着原有部分能力的淡化或丧失。追求发展的核心在于增强个体适应环境、推进内外和谐的能力，以及提升自我价值。

（三）适应与发展的关系

适应与发展是互相联系、互相促进、互相制约的，是同一过程的两个方面。适应包括消极的适应与积极的适应。消极的适应是个体顺应了环境中的消极因素，压抑了自身的积极因素及潜能，结果是环境改造了人，而导致心理障碍的产生。积极的适应是一种健康的适应，它有两层含义：一是主动调整自己与环境的不适应行为，改变自己以顺应环境或环境中的某些变革；二是不断地选择和抗争，从一个目标走向另一个目标。积极适应的结果就是个体的成长和发展。

二、大学生常见的适应与发展问题

在现代社会，大学生的适应与发展能力欠缺已经成为一个社会问题。从中学进入大学，外界环境的变化，社会角色的转换，都会使一些学生产生适应与发展的心理问题，造成心理上的不平衡和行为上的不适应。大学生常见的适应问题主要有：

1. 理想与现实的心理冲突

理想大学与现实大学之间的差距，个人发展的理想目标与目标实现受阻之间的挫折，都容易使大学生产生心理上的失落感，影响个人的适应与发展。

2. 角色定位产生的心理偏差

由中学生向大学生的角色转换，常常使大学生不能适应新的角色要求，容易在社会比较中产生心理失衡以及在人际关系处理中出现角色定位不当等心理问题。

3. 学习适应不良产生的心理困扰

大学与中学相比，广博的知识内容，自主的学习方法，能力为主的学习要求，都容易使大学生在学习上产生诸多的不适应，产生紧张、焦虑、自卑等心理问题。

三、现代社会对大学生适应与发展能力的要求

适应与发展是心理健康的重要标志，是大学生适应现代社会的必备素质。我国有学者对现代社会大学生适应与发展的任务和要求进行了阐述：

① 学会做人。不断增强自主性、判断力和个人的责任感，拥有正确的人生观、价值观，拥有明确的伦理道德观念和是非观念，能够遵守社会公德，使自己的各项行为符合新时期大学生的行为规范。

② 学会做事。要有敬业精神和社会责任感、独立处理问题的能力和应对各种情况和各种环境的工作能力，能够不断积累做事的相关经验。

③ 学会与人相处。对他人有尊重、真诚的态度，与人和谐相处，能够与他人进行良好的沟通，在相互交流和分享中促进双方的成长。

④ 学会学习。热爱学习，能够不断用新的知识充实自己，拥有综合分析问题、解决问题和在复杂信息环境下检索和判断问题的能力，拥有不断创新的能力。

通过学习和实践，大学生在心理适应和发展上要达到以下标准：

能够正确地认识自我和理解自我；能够正确地认识社会和对待社会；能够确立作为一个社会成员所必须具备的人生观和价值观；能够对身体的发育及其变化充分理解，能逐渐完善作为男性和女性的性别角色；能正确处理人际关系，特别是能正确处理和异性的关系；具有充分的心理能力，去掌握作为社会成员必备的知识和技能；有较充分的心理能力做选择职业和就业的准备。

四、提高大学生适应与发展能力的途径

适应是一种智慧。作为大学生，要在这个充满变革的时代更好地生存与发展，不仅要学习知识和技能，更要学会适应。只有不断提高适应与发展能力，才能跟上时代步伐，避免被淘汰。

提高大学生适应与发展能力的途径包括：

① 正确调控自我。正确调控自我包括建立一套理性的认知方式，改变对环境和自我的非理性认识；了解角色期待，适应角色转变；控制个人的情绪和行为，增强独立生活能力和处理问题的能力等。

② 合理规划目标。不切实际的过高期望会妨碍个人的适应与发展。制定一个符合自己实际的近期目标和远期目标，这个目标具有现实性、可行性、可量性、限时性和具体性，才能不断激励自我发展。

③ 提高人际交往能力。心理适应最重要的是人际关系的适应。端正人际交往的态度，学

习和掌握人际交往的技巧与方法，学会处理人际冲突，从而在人际交往中获得适应与发展。

④ 积极行动。积极行动是性格塑造与环境改善的关键。通过采取建设性的行动，个人不仅能够有效地改变自我，还能在一定程度上影响并改善周围的环境。

阅读与思考

懂得适应的蚌

当珍珠养殖场的女工把沙子放进蚌的壳内时，蚌觉得非常不舒服，但是又无力把沙子吐出去。所以蚌面临两个选择：一是抱怨，让自己的日子很不好过；二是想办法把这粒沙子同化，使它跟自己和平共处。于是蚌开始把自己的精力和营养分出去一部分，把沙子包起来。当沙子裹上蚌的外衣时，蚌就将其视为自己的一部分，不再是异物了。沙子被蚌的成分包裹得越多，蚌就越将其视为自我，心态也愈发平和。适应"异己"的结果是：蚌孕育了一颗光彩夺目的珍珠。

思考：

蚌对沙子的适应，对我们人类有什么启发？

心理训练

神奇的圆圈

1. 人数和器材

12 ~ 16 人一组，每组一个呼啦圈（直径约 70cm，或用可拆卸式的呼啦圈，依困难度调整适合的大小）。

2. 规则

① 所有成员手牵手围成一个圆圈，并由其中的两位伙伴一起握住呼啦圈。

② 全体（包括手握呼啦圈者）都要通过呼啦圈到另一边。

③ 过程中不可松手，也不可以碰到呼啦圈，否则重新来过。

④ 每次执行前，请小组先设定完成时间，可执行 3 ~ 5 次。

3. 分享环节

① 每次的目标（时间）是如何设定的？执行的结果与设定目标有没有落差？如何从经验中调整目标设定？

② 当你不小心碰到呼啦圈时，你的感觉如何？希望别人怎么对你？实际上伙伴提供了哪些协助与支持？（可举例说明）

③ 过程中，如果某些人重复出现失误（例如因为体型、肢体灵活度等问题），对团队及个人有何影响？你是否因此有过抱怨（也许是没说出口）？

④ 延续第三个问题，同样的问题如果换成在自己身上发生，能不能接受自己的表现？你对待别人和自己有没有不同的标准？

⑤ 当你通过呼啦圈后，你的任务完成了吗？这个时候你在做什么？呼啦圈与伙伴对你有什么意义？在现实生活中有没有可关联的类似事件？

第三讲　大学生适应不良的自我调适

导　语

　　大一新生带着理想与希望，满怀信心跨入了大学校门。大学阶段是青年学生个人成长的关键时期，也是人生的重大转折点和新起点，是新生们步入新生活、适应新环境的重要历程。对于新生来说，这是一个全新的人生阶段：从中学到大学、从乡村到城市、从家庭生活到集体生活、从依赖到独立，无论是个人目标还是社会期望，都发生了巨大的变化，许多新生感到非常不适应。经历了知音难觅的孤独，中心地位变化的失落，自卑与茫然等心理，他们有的哭过，有的烦恼过，有的甚至想退学。应该说，对新环境感到不适应是一种正常的心理反应，但如果无视并一味让其蔓延，将影响他们的学习和生活，甚至可能还会出现心理问题。大部分新生都有一两个月的适应期，有人的适应期长达一个学期以上。在适应期内，学生的学习和工作效率都比较低，适应期越短，说明人的适应性越强。因此，缩短适应期，尽快适应大学生活，成为同学们面临的第一个重要课题。

案　例

　　小海是大一的新生。从未住过校的他特别看不惯宿舍里同学们的生活方式。随处乱扔衣物、熄灯后仍然高谈阔论，诸如此类的行为都让他感到十分恼火。于是，他独来独往，以减少与同学交往中的不满情绪。时间一长，他发现室友们都开始结伴而行，似乎忽视了他的存在，他又感到失落和孤独。渐渐地，他觉得室友们总是在他背后窃窃私语，似乎在议论他。他只要待在宿舍里，就感到异常压抑。因此，他除了睡觉，其余时间干脆不回宿舍。他开始失眠，食欲下降，身体急剧消瘦，精神状态越来越差，最后竟然病倒了。令他意外的是，在他住院期间，室友们轮流守护在他的病床旁，细心地照顾他，这让他十分感动。于是，他把内心的苦闷告诉了室友们，通过交流，小海才明白原来这一切都是自己"想"出来的。他的室友们只是以为他不愿与他们交往，并不知道由此引发了他内心如此激烈的震荡。

启　示

　　研究发现，那些不知道该怎样进行人际交往，或者人际交往失败的大学生，往往会变得性格孤僻，寡言少语，对人际关系敏感，对人有敌意，有偏执、多疑、自闭倾向，甚至感到无助、绝望。小海正是由于没有与室友们进行良好的沟通，才出现了敏感、多疑、孤僻等交往失败后的典型表现。而他的室友们以诚相待，以心换心，用真情赢得了小海的信任和尊重。这提示我们大学阶段同学之间的人际交往关键在于良好的沟通。

学习认知

一、大学新生适应期的主要心理问题

尽管每个人、每个学校的情况都有不同，但大学新生所面临的问题还是有很多共同之处的。

（一）适应期心理问题的主要表现

1. 学习适应困难

学习问题是大学新生关心的首要问题。进入大学后，大多数学生展现出了浓厚的学习兴趣和极高的学习热情。然而，也有部分学生因各种因素，在学习上逐渐表现出松懈的态度。无论哪种情况，学习的压力仍然存在甚至比较大。

（1）学习方法转变的挑战

无论是教学方式还是学习方法，大学和中学都有很大的区别。中学生主要从课堂教学中获取知识，学习途径和方法相对单一，学习上大多处于被动状态，探索性和自主性不强；而大学的学习具有专业导向性和实践性，教师的讲授往往更加抽象和概括，这就要求大学生必须具备更加自觉的学习态度，学会高效科学地记笔记，并在课后进行深入的研究与实践，以便更好地理解课堂上所探讨的问题。此外，对于大学新生而言，如何科学合理地安排大量课余时间也是一项不小的挑战。

（2）学习目标设定的迷茫

许多大学生在读中学时，唯一的目标就是考上大学。进入大学后，一些同学没有及时建立新的奋斗目标，他们像是站在十字路口的迷途羔羊，失去了前进的动力和奋斗目标，感到迷惘和彷徨，内心陷入了极度的空虚和困惑。

（3）学习心态调整的难题

很多大学生在中学时代一味追求分数的高低，而忽视学习能力的培养，当面对大学阶段高难度、高强度的学习时，感到无所适从，学习效果不明显，成绩上不去。有些同学学习动机不足，厌倦学习，逃避学习；有些同学则学习动机过强，学习强度过大，出现学习疲劳、效率不高等情况。

2. 生活自理能力欠缺

大学生活方式涵盖了学习之外的个人活动、娱乐休闲以及人际交往等多个方面。面对崭新的生活环境，一些新生感到不适应大学生的生活方式。不少学生缺乏独立生活的能力，集体生活观念淡薄，不会关心他人，有时鸡毛蒜皮的小事就能引发较大的矛盾冲突。有的学生无法妥善安排好自己的衣食住行，不会管理自己的生活费等。同时，在面对校园众多的活动组织、社团、协会等，面对宣传橱窗里各种花花绿绿的海报时，一些新生产生心理冲突，想参与其中，但又怕影响学习。

3. 人际关系适应不良

进入大学后，新生普遍感受到人际关系的转变，由中学单纯的学习型人际关系转向大学多元的人际关系，在这一过渡时期往往会出现暂时的人际空缺。研究显示，大学生心理咨询中的首要问题是人际关系问题，约占 84%。

许多学生都具有人际交往的需要和愿望，对友谊的渴望强烈，但不知道怎样交往。各种错综复杂的社会交往成为大学生的基本生活内容之一，同宿舍、同班级、同性及异性的相处问题，都要面对。由于家庭背景、经济条件、个性差异、兴趣爱好等多方面的不同，加之部分学生不擅长交往或缺乏交往策略，他们难以迅速建立新友谊。另外同学之间、宿舍之间的人际冲突，致使一些新生感到交往困难，并因人际关系紧张而产生困惑和烦恼。

大学新生在适应期出现的种种适应问题，实属正常现象。有的是环境变化的结果，有的是大学新生自身弱点的反映。这些适应不良的问题不同程度地存在于一些新生的身上，影响了他们的大学生活。如果这些问题得不到及时解决和处理，则会成为他们前进道路上的迷雾和阻碍。

（二）大学新生适应问题的基本特征

1. 问题存在的广泛性

无论是学习上的适应问题还是生活方式、人际关系上的适应问题，都普遍存在于大学生的日常生活中。一方面，每一个大学生都有可能在同一时期遇到上述的一种甚至几种适应问题；另一方面，同一个大学生在大学生活中的不同时期会遇到不同的适应问题。只是有的学生遇到问题时会通过各种方式表现出来，而有的学生没有明显的表现，默默承受着这些适应障碍。

2. 影响因素的多样性

出现上述种种适应问题，其背后的影响因素各有不同。

有的是因为环境突然变化，学生一时难以适应。许多学生在中学时代是"两耳不闻窗外事，一心只读圣贤书"的生活模式，一下子进入相对社会化和人际关系相对复杂的大学校园，心理调适不及时，导致情绪波动。

有的则是个人成长发展期弱点的体现。大学新生正处于青春后期，一方面在努力挣脱少年时期的单纯幼稚，另一方面又缺乏成人全面客观认识事物的能力。他们在这一时期自我意识强烈，自我调控能力不完善，缺乏承受困难和挫折的能力，容易产生认知偏差和适应障碍。

有的是教育模式转变造成的。在中学时期，许多学生将追求高分数视作生活的唯一重心，但是综合素质的提高往往被忽视，这使得不少学生欠缺必要的学习技能。当他们进入大学，面对高强度、高难度的学习任务时，由于难以适应新的学习方式，便容易产生学习压力。

有的则是大学生的自我中心意识所致，集体意识淡薄，交往过程中往往忽视他人的需要和感受，缺乏包容心态，对他人过分挑剔，同时也欠缺人际交往的自主性。

3. 适应过程的可调适性

大学生正处于青春发展期，其思想观念和心理素质具有可塑性。若学校能为大学生提供心理支持和援助，帮助他们树立积极心态，增强成功信念，那么大学生一定能顺利度过适应期，成功完成角色转变。

二、大学生校园生活中的自我调适

达尔文在阐述进化论时指出：适者生存。能愉快地接受生活的变故，就是适应。生物体在长期的进化过程中，具备了适应外界变化的能力。人类要生存与发展，也必须学会主动适应，不能适应就不能生存，更谈不上发展。要尽快适应新环境，大学生可以从认知和行为两个方面对自己进行适应性的调适。

（一）提高适应能力的意义

1. 促进角色快速转变

对于大学生来说，首要做的就是提高环境适应能力，而新生入学初期需首要应对的几大挑战包括适应新地理环境、探索高效学习方法、实现自我生活管理、构建良好人际关系。这些问题如果能够得到较好的解决，就能够尽快完成从中学生到大学生的角色转变，顺利融入大学生活，集中精力投入新的学习中。

2. 助力未来自我发展

在这个急剧变革的新时代，工作和生活环境变化频繁，每个人随时都会面临挑战和选择，不适应感时常袭来。对新环境的适应能力将是大学生未来生存和发展所必须具备的能力。面对初入大学时的种种不适应，新生应当知道这是一个正常现象和必经的过程，且每个人都蕴藏着强大的适应潜能。这样的认知能激发他们克服困难的积极性和坚韧意志，促使他们迅速熟悉环境，调整心态，达到最佳状态。通过对大学环境的适应，不仅提高个人适应能力，也为将来走出校门去适应更复杂的社会环境奠定了心理和能力基础。

（二）提高适应能力的方法

对于大学新生来说，解决适应过程中所遇到的问题，一方面需要自己的积极努力和不断实践，另一方面也离不开学校和教师以及同学之间的引导、教育和帮助。主要应从以下几方面入手。

1. 明确目标，优化学习方法

一些大学新生摆脱了高考的压力，往往会有意放纵自己，导致目标、理想、方向的迷失，这也是诱发心理问题的主要原因。因此，在入学熟悉环境后，应该尽快为自己确定一个新的学习目标和奋斗目标。从心理学的角度而言，一个明确的目标，尤其是近期目标，可以使人集中注意力，减少对一些琐碎问题的敏感和关注，克服各种不适应带来的心理困扰，产生积极向上的内在驱动力，从而尽快找到和形成适合自己的学习方法，发展自己的学习能力，减轻和消除学习上的不适应问题。

2. 参加实践，强化自理能力

生活的实质在于独立。独立生活能力的培养，关键在于自我管理能力的培养。大学时期也是最容易迷失方向的时期，新生应该学会管理好自己的时间，提高自控的能力，交些好朋友，培养些好习惯，珍惜自己宝贵的时间，找到自己感兴趣的方向，做一些有意义并能给自己带来满足感的事情，如积极主动参与校内外的社会活动，做一些班级工作、社团工作，参加一些志愿者活动，在实践中充实自我，提高自身的综合素质和心理适应能力。在遇到问题和困惑时，不要把自己封闭起来，应尽快找好友或者家人进行沟通，寻求他们的支持和帮助。当受到挫折后陷入极端恶劣的情绪中不能自拔，亲朋好友也无能为力时，应主动寻求心理辅导老师的帮助，在专业咨询人员的指导下，及时疏导负性情绪（负面情绪）。

3. 学会共处，建构和谐人际

良好的人际关系是大学生提高学习效率、完善自我意识和心理保健的需要。人际相处能力更是未来工作和生活中极为重要的一项生存能力。因此，大学生应好好把握在校的机会，培养自己的交流意识和团队精神。有了良好的人际关系，就有了支持力量，有了归属感和安全感，才会心情愉快。人际相处的技巧，关键是要做到"心中有他人"，主动关心别人，主动为别人做些事情，主动开放自己的心扉。在与同学发生不愉快或者矛盾时，应该学会换位思考，冷静处理，设身处地，宽容他人。同时，要加强人际交往中的个人品德修养，严于律己，以诚相待，以心换心，用真情去赢得他人的信任、尊重、理解、支持和帮助。大学生还应把握好交往的"度"，交友一定要有原则，交友的广度也应适当。积极参与社团是提高大学新生人际交往能力的途径之一，在社团中，可以培养团队合作能力和领导才能，锻炼沟通能力，有助于在自己周围建立起和谐的人际关系。

4. 接纳现实，促进自我成长

人生的烦恼，很多时候是来自人不能接受现实和不能正视现实。无论过去美好还是痛苦，已经永远过去了，今天，无论你是否愿意接受，已经实实在在来到你面前，只能面对，不能逃避。因为逃避的不是今天客观存在的一切，而是你自己。要学会换一种眼光和角度，接受新环境，发现新环境的优点，从新环境中发现自己的成长，就会适应环境和发展自己。

同时，每个人都希望自己是优秀的，希望超越别人成为佼佼者，但人无完人，理想自我和现实自我常常会有很大的差距。上了大学后，有些新生发现周围很多同学都有闪光点，却总看不到自己的优点。因而，每一个新生都面临对自己重新评价的问题。要客观地评价自己，既要看到自己的缺点和不足，也看到自己的优点和长处，悦纳自我。当一个人能够平心静气正视现实、接受现实、完全接纳自己，能够"有勇气改变可以改变的，有胸怀接受不可改变的，有智慧分辨二者的不同"的时候，他才能有真正强大持久的力量去实现自己的人生目标。

总之，学会适应是大学新生至关重要的一课。完成这个过程，就是顺利完成了从中等教育向高等教育阶段的过渡。掌握自学技巧，学会为人处世，多进行各种实践锻炼，找到自己的兴趣，积极主动安排好自己的时间，逐步独立自主，逐步成熟起来，大学生活就会成为我们一生中最充实、最美好的一段人生。"当我们不再反抗那些不可避免的事实之后，我们就会节省下精力，创造一个更丰富的新生活。"

阅读与思考

阿磊的烦恼

阿磊最近很烦，做什么事情都觉得没劲。在系学生会干部竞选中，他落选了；而在年度的校园歌手大赛上，他也无缘挤进十强。他觉得进入大学以后自己太不顺了，高中时的他成绩好，还是学生会干部，是老师和同学们心中的优秀学生，高考成绩不错，但没有进入自己理想的院校。当初，他是带着一份很强的优越感进入这所高校，设想自己一定能当选学生会主席，成为校园里最闪亮的一颗新星。可是，现在的情形让他觉得颇受打击。他不禁开始怀疑自己，也许是以前太高估自己了。他觉得老师也冷落他了，而一想到同学们会在背后嘲笑他，内心就像打翻了五味瓶一样难受。于是，他开始逃避所有的社团活动，甚至连上课都提不起精神。他越来越觉得自己什么事都做不好，渐渐地变得沉默了，不知道自己到底该怎么办才好。

思考：

1. 阿磊在入校后遭遇了哪些环境适应障碍？这些适应障碍的症状表现有哪些？
2. 如果你是阿磊，应该怎么做来避免和克服这些心理障碍？

心理自测

心理适应能力自测

请阅读下列题目，根据自身实际，在"是""不是"或"无法肯定"三种答案中选择符合自己的一种。

1. 我最怕转学或转班级。每到一个新环境，我总要很长一段时间才能适应。

2. 每到一个新地方，我很容易同别人接近。

3. 在陌生人面前，我常无话可说，感到尴尬。

4. 我最喜欢学习新知识或新学科，它给我一种新鲜感，能调动我的积极性。

5. 每到一个新地方，我第一天总是睡不好，就是在家里，只要换一张床，有时也会失眠。

6. 不管生活条件有多大变化，我都能很快习惯。

7. 越是人多的地方，我越感到紧张。

8. 我的期末成绩多半不会比平时差。

9. 全班同学都看着我，我的心都快跳出来了。

10. 对他（她）有看法，我仍能同他（她）交往。

11. 我做事情总有些不自在。

12. 我很少固执己见，常常乐于采纳别人的观点。

13. 同别人争论时，我常常感到语塞，事后才想起该怎样反驳对方，可惜已经太迟了。

14. 我对生活条件要求不高，即使生活条件很艰苦，我也能过得很愉快。

15. 有时自己私下里明明把材料背得滚瓜烂熟，可在当众背的时候，我还是会出错。

16. 在决定胜负成败的关键时刻，我虽然很紧张，但总能很快地使自己镇定下来。

17. 我不喜欢的东西，不管怎么学也学不会。

18. 在嘈杂混乱的环境里，我仍然能集中精力学习，并且效率较高。

19. 我不喜欢陌生人来家里做客，每逢这种情况，我就有意回避。

20. 我很喜欢参加社交活动，我感到这是交朋友的好机会。

评分规则：

凡单数号题，选"是"得 -2 分，选"不是"得 2 分；双数号题，选"是"得 2 分，选"不是"得 -2 分。选"无法肯定"均得 0 分。将各题得分相加，即所得总分。

结果解释：

35～40 分：你的心理适应能力非常强，能够迅速融入新环境，与人交往时表现得轻松大方。无论面对怎样的环境，你都能游刃有余，展现出自己的交际才华。

29～34 分：你的心理适应能力很不错，能够较好地应对新环境带来的挑战。

17～28 分：你的心理适应能力属于一般水平。进入新环境后，你可能需要一段时间来适应，但经过努力，你基本上能够融入其中。

6～16 分：你的心理适应能力相对较弱，更依赖于稳定的学习和生活环境。一旦遇到困难，你可能会感到有些沮丧，甚至产生抱怨的情绪。

5 分及以下：你的心理适应能力相对较差，可能需要更长的时间来适应新环境。在与周围事物的互动中，你可能会感到不舒适，与人交往时也显得较为拘谨和羞怯。

在本测试中，得分较高说明你心理适应能力较强，请保持和继续努力；得分较低也不必忧心忡忡，因为一个人的心理适应能力是随着年龄的增长、知识经验的丰富和各种能力的提高而不断增强的。只要你充满信心，努力学习，加强锻炼，你的心理适应能力一定会增强的。

第二篇

大学生的自我意识

第一讲 自我意识概述

导 语

我是谁？我是一个怎样的人？我想成为怎样的人？我能改变自己吗？人类在不断探索世界的同时，也在对自身进行探索。每个人都渴望了解自己，把握自己。但是正确认识自我并不容易。古希腊哲学家苏格拉底认为，"认识你自己"是人类的最高智慧，是人类永恒的课题之一。对自我的认识正确与否，是大学生心理健康水平的重要标志之一，也影响大学生设定目标和规划未来。努力探求"自我"的世界，学着正确认识自我、接纳自我、完善自我、实现自我，对于大学生健全人格的形成和心理的健康发展，具有重大意义。

案 例

小文是某高校大一新生，来自偏远农村的他带着全家积蓄踏入这座繁华都市求学。父母靠务农艰难凑齐学费，为维持生计，小文同时做着三份兼职，每天精打细算——食堂五元的特惠套餐要分两顿吃，洗漱用品永远选超市临期货架的商品。可每当回到宿舍，看到室友们身着当季潮牌、随手提着外卖袋，听到他们谈论着动辄上千元的网红餐厅打卡计划，他的手指总会不自觉地揪住洗得发白的衣角。渐渐地，他总在饭点留在图书馆自习，集体聊天时低头摆弄手机，用无形的屏障将自己与周围隔开。上个月收到父亲的微信，母亲病倒了，这无疑让本就艰难的家庭雪上加霜。小文觉得自己成了家里的负担，愧对父母；而在学校里，他同样感到孤独无依，似乎自己并不被同学所接受，仿佛成了这个世界上的多余的人……

室友们说，小文平时十分内向，很少和大家说话，凡事都是独来独往，室友们以为他不愿搭理别人，也就很少主动和他接触了。

启 示

在大学里，因担忧被他人轻视，小文始终对室友采取回避态度。这种由自卑催生的回避行为，反而加深了室友对他的误解，导致他始终难以建立友谊。而小文将同学们的疏离解读为自己不受欢迎，却未意识到正是其内心不断滋长的自卑，将自己推向了孤独之中。

学习认知

一、自我意识的含义

美国心理学家马克斯威尔·马尔兹曾指出："不管我们是否意识到，我们每个人都有一幅自我的'蓝图'或一幅自画像。"我们也常自问：我是一个怎样的人？别人如何看我？我能够成为怎样的人？通俗地说，这些就叫自我意识。

自我意识指个体对自己的各种身心状况的认识、体验和愿望。从形式上划分，自我意识可以分为自我认识、自我体验和自我调控。

① 自我认识。自我认识是一个人对自己各种身心状况的认识，是自我意识的认知成分。自我认识包括自我感觉、自我概念、自我观察、自我分析和自我评价等内容。其中自我概念和自我评价是最核心的内容，反映了自我认识的发展水平。

② 自我体验。自我体验是自我意识在情感上的表现，即个体对自己持有的一种态度，涉及"我对自己是否满意"。

③ 自我调控。自我调控是自我意识的意志成分，是个体对自己的心理活动和行为的调节与控制，用行动证明"我能成为什么样的人"。

从内容上划分，自我意识可以分为生理自我、心理自我和社会自我。

① 生理自我。生理自我是自我意识中最原始的部分，指对自己生理属性的认识，如身高、体重、外貌等。

② 心理自我。心理自我是人们对自己心理属性的认识，如对自己的记忆、智力、性格、气质等的认识和评价。

③ 社会自我。社会自我是对自己社会属性的认识。每个人都是社会性的存在，并被赋予一定的角色、权利和义务，对这些社会属性的认识，便构成社会自我的内容。

二、自我意识的形成过程

自我意识不是与生俱来的，而是在个体的发展过程中逐步形成和发展起来的。它始于人的婴幼儿时期，萌芽于儿童时期，形成于青春期，发展于青年期，完善于成年期，一直伴随终生。其中青少年阶段是自我意识发展最重要的时期。

自我意识的发展一般要经过三个阶段：

1. 生理自我发展阶段

生理自我指个体对自己生理状态（如身高、体重、性别、健康状况等）的认识。七八个月的婴儿开始出现自我意识的萌芽，能意识到自己的身体，听到自己的名字会明确作出反应；两岁左右能掌握第一人称"我"的使用，把自己与他人区别开来，并逐步有了简单的自我评价；三岁左右开始出现羞耻心、嫉妒心、自主性等，自我意识有新的发展。但此时幼儿的行为是以自我为中心的，被称作"生理自我"时期。良好的早期教育和亲子关系在这一阶段非常重要。

2. 社会自我发展阶段

社会自我指个体对自己社会属性（如自己在群体中的角色、地位、权力、被接纳程度等）的认识。从3岁到青春期，通过幼儿园和学校教育，个体逐渐受到社会文化的影响，习得社会规范，形成角色观念，并能有意识地调控自己的行为以符合社会的标准。这个时期，儿童和青少年主要通过别人的观点去评价事物、认识他人和认识自己，因此被称作"社会自我"发展阶段。家庭教养方式、学校教育理念、同伴交往以及社会风气等，对社会自我的形成有决定性作用。

3. 心理自我发展阶段

心理自我指个体对自己的心理属性（如心理过程、性格、气质、情绪、爱好等）的认识。心理自我发展阶段是自我意识发展的关键阶段。这个时期，个体在生理和心理上都发生了急剧而重大的变化，逐渐脱离对成人的依赖，关注自己的内在体验，开始用自己的眼光去认识和评价外部世界，强调自我的价值与理想，产生了自我塑造、自我教育和自我实现的内驱力，并逐渐形成了透过自我意识去认识外部世界的能力。这样的自我意识过程将伴随人的一生。

三、自我意识的理论

约哈里窗口理论由美国心理学家约瑟夫·勒夫特和哈里·英厄姆共同提出。他们认为，个体的自我认知是通过自我表露与他人反馈的双向互动逐步完善的，每个人的内心都由四个领域构成：

1. 公开的自我

这是自我中的透明地带，自己清楚，别人也了解。例如在课堂讨论中积极发言的习惯、与朋友相处时乐观开朗的性格等。公开自我的范围越大，人与人之间的信任感通常越强。

2. 秘密的自我

这部分是个人刻意保留或未表达的内容，自己清楚，但别人不知道。比如对一个人的暗恋、不愿公开的家庭情况等。对信任的人进行适度分享，可以将部分秘密区域转化为公开区域，减轻心理压力。

3. 盲目的自我

这是自己不了解，但别人知晓的部分。例如紧张时频繁转笔的小动作、帮助同学时自然流露的耐心等。通过主动寻求他人反馈，可以逐渐缩小这一区域。

4. 未知的自我

这部分是自己和别人都不清楚的区域，比如未被发现的潜力，需要一些契机才能被激发出来。

根据约哈里窗口理论，人们的社会适应能力与其心理开放程度密切相关。适当扩大公开区域、缩小秘密区域，主动探索盲目区域和未知区域，有助于更清晰地认识自我，更好地发挥自己的潜能。

阅读与思考　　　　**关于自我意识的名言**

我的确时时刻刻解剖别人，然而更多的是毫不留情面地解剖自己。　　——鲁迅

聪明的人只要能认识自己，便什么也不会失去。　　——尼采

一个人的真正伟大之处，就在于他能够认识自我。　　——约翰·保罗

你应该庆幸自己是世上独一无二的，应该将自己的禀赋发挥出来。　　——塞德兹

对于宇宙，我微不足道，可是对于我自己，我就是一切。　　——辛涅科尔

一个人成长到一定阶段，他就会发现羡慕别人意味着无知，而模仿别人则无异于自杀。　　——卡耐基

什么是人的首要责任？答案很简单：保持自我。　　——易卜生

智慧的基础就是认识自己。　　——纪伯伦

世界上最重要的事就是认识自我。　　——蒙泰涅

一个人所能达到的最高境地，是意识到自己的情绪和思想，是认识他自己。——歌德

在所有缺点中，最无可救药的是轻视我们自己。　　——蒙田

自我征服是最大的胜利。

——柏拉图

忠实于自己，忠实于自己的信仰，这是一种智慧。

——华盛顿

你，正如你所思。

——爱默生

别人借我们过去所做的事判断我们，然而，我们判断自己，却是凭将来能做些什么事。

——朗费罗

茫茫尘世，芸芸众生，每个人都有一个属于自己的角色，只有当他演好自己的角色时，他才会觉得心安。

——洛威尔

思考：

你怎样看待你自己？列举 2 ~ 3 条你的自我概念。回忆它是怎样形成的，是否真实正确。

心理训练

请填写下表，分别用几个形容词描述"八个我"。

父亲眼中的我	兄弟姐妹眼中的我	老师眼中的我	自己眼中的我

母亲眼中的我	同学眼中的我	朋友眼中的我	自己理想中的我

思考：

1. 你对谁的看法最重视？为什么？
2. 列举 2 ~ 3 条你对自己的认识。
3. 填写内容多是正面的还是负面的？

第二讲　大学生自我意识的发展

〈 导　语 〉

大学生正处于心理自我的发展阶段，这是自我意识发展和确立的关键时期。在这个时期，自我意识趋向稳定、全面、深刻和丰富，但也存在一些矛盾和冲突，如现实自我与理想自我的矛盾，个体自我意识与社会自我意识的冲突等，容易造成大学生自我意识偏差。

〈 案　例 〉

小林是某重点大学机械工程专业大三学生。他出身农村，靠助学贷款完成学业，成绩稳居年级前三。但在科学创新团队选拔时，他因普通话不标准被淘汰，而同组普通话标准但专业知识不如小林的学生却顺利入选。这次挫折让他陷入自我怀疑：拼命读书还有意义吗？此后，小林开始留意自己与来自城市的同学的差别，开始刻意模仿城市同学的生活习惯，但刻意的模仿并未让小林获得期待中的认同感，反而模糊了原有的专业优势，陷入更深的困惑之中。

在老师引导下，小林参与了乡村振兴社会实践。在为留守儿童设计简易教具的过程中，他发现自己扎实的专业知识能解决现实问题。当孩子们用他改造的教具学习时，小林第一次感受到被需要的价值。返校后，他主动加入跨学科创新团队，用机械制图专长弥补语言表达的不足，最终带领团队获得省级工程赛银奖。

〈 启　示 〉

小林的经历展现了大学生在自我认知中常见的成长困境：专业过硬的他在团队选拔中因不善表达落选，陷入自我怀疑后开始模仿城市同学的生活方式，却越发焦虑迷茫。直到参与乡村实践，通过用专业知识改造教具获得价值感，才明白真正的自信源于发挥自身优势而非盲目改变。

〈 学习认知 〉

一、大学生自我意识发展的特点

（一）自我认识水平明显提高

大学校园为青年学生打开了一个全新的世界。随着知识和实践机会的增多，大学生的自我认识水平明显提高，表现在：

① 自我认识更加具有主动性和自觉性，经常会思考一些涉及自我的问题，并付诸行动。

② 自我评价能力增强，能够通过自我观察、自我总结等手段，多角度、多层次、较为理性和辩证地看待和评价自己，自我评价渐趋成熟。

③ 自我意识的分化倾向更加明显。大学生的自我意识已经分化为"理想自我"和"现实自我"，这种分化是自我意识开始走向成熟的标志。但是这两个"自我"之间常常存在一定的距离，形成矛盾和冲突，从而成为个体奋斗的动力或退缩的理由。

（二）自我体验不断发展

大学生活的丰富多彩和大学生自我认识水平的提高，逻辑思维能力和辩证思维能力的发展，使大学生的自我体验更加丰富、深刻。但情绪和情感方面存在的不稳定性，造成他们对事物所抱的态度和心理体验容易波动变化。

（三）自我调控能力进一步增强

大学生活使青年学生的成人感迅速增强，独立意识迅速发展，表现在自我意识上，自主性和自律性大大增强，萌生了强烈的自我完善和有为心态，对自身的心理和行为进行主动调节。

二、大学生自我意识的矛盾

由于心理尚未成熟，大学生自我意识的发展也不是一帆风顺的，而是存在一个"矛盾—统一——新矛盾—新统一"的发展过程。自我意识的矛盾和冲突主要表现在以下方面：

（一）理想自我和现实自我的矛盾

大学生的自我意识已经分化为理想自我（主体我）和现实自我（客体我），前者是个人设想出的自己的形象，是自己的奋斗目标，后者是实际的我，是他人眼中的自己。这两个自我时常会出现不合拍、不一致的现象，这种差距容易导致大学生出现心理冲突。

（二）自卑与自负的矛盾

自卑是个人体验到自己的缺点时产生的消极心态。心理学家阿德勒认为，自卑是人类正常的普遍现象，但沉重的自卑感不利于人的发展。对心理发展尚不成熟的大学生而言，当发现"人外有人、天外有天"时，容易怀疑自己、否定自己，产生自卑心理。与自卑相反的是自负，即自己过高地评价自己。自负的人往往过于自信，过分相信自己的能力和判断，缺乏反思，不愿意承认自己的错误和缺点。

（三）独立与依赖的矛盾

进入大学后，大学生的独立意识迅速发展，希望能在思想、学习、生活甚至经济等诸多方面自立，力图摆脱家庭、学校和社会传统的束缚，自主地处理自己遇到的一切问题。过于强调独立的人可能认为独立就是不需要任何人的帮助和指导，或者没有任何依赖别人的需要。事实上，独立意味着要对自己负责，但任何人都有需要借助他人帮助的时候。独立性的培养需要一个过程，对这一过程认识不足和苛求都会阻碍自我的正常发展。

三、大学生自我意识发展的偏差

由于大学生心理发展尚未完全成熟，自我意识还不够稳定，看问题往往片面主观，容易受到社会环境及他人评价的影响，以致自我评价容易发生动摇，自我意识的发展会出现一些偏差。

① 过分追求完美。部分大学生存在过分追求完美的情况。人都有追求完美之心，这是人类健康向上的本能，但过分追求完美则是对自我的一种苛求。过分追求完美表现为不顾自己实际情况，对自己过高要求，期望自己完美无缺，不能容忍自己"不完美"的表现，对自己"不完美"的地方过分看重，总对自己不满意，从而严重影响自己的情绪和自信心。

② 虚荣。虚荣是指个体追求虚荣，以期获得尊重的心理行为。人人都希望获得他人的尊重和社会的认可，但这需要根据自己的实际情况，付出实实在在的努力。追求虚荣者过分注重别人眼中的自己，而忽视现实情况，甚至为了得到别人的肯定，利用撒谎、投机、作假等办法。

③ 自我中心。由于自我意识的发展，大学生逐渐将注意力从外界转向内在，对内心世界的关注，容易让青年出现过于强调自我的情况。有自我中心倾向的人常常凡事从自我出发，忽视与客观环境的关系，易出现环境适应不良，人际关系不和谐的情况。

④ 从众。从众心理是一种非常普遍的心理现象。适当从众是必要的，通过观察和学习他人的经验，能够节省大量时间，更快地找到正确方向。但过度的从众则是个体缺乏主见造成的。假如遇事从不思考，人云亦云，盲目随大流，当遇到问题就会束手无策，也容易让人陷入思维惯性，抑制创造力的发展。

阅读与思考

小华是一名大一的学生，刚入学时，他满怀憧憬地计划着要加入几个能够提升自己专业技能和兴趣爱好的社团。然而，在浏览了学校社团招新信息后，他发现自己对多个社团都感兴趣，但同时也注意到了一个现象：某些社团如"编程俱乐部""辩论协会"因名声在外、成员众多而备受追捧，而一些小众社团如"古典文学社"则显得相对冷清。

在与室友、同班同学交流时，小华发现大多数人都倾向于选择那些"热门"社团。在这样的氛围下，小华开始动摇，担心如果选择小众社团会被视为"不合群"，甚至可能影响自己在同学中的形象。

经过一番纠结，最终小华还是决定随波逐流，加入了"编程俱乐部"。起初，他确实感到兴奋，参与了几次编程培训和项目实践，但很快他发现，自己对于编程的热情远不如对古典文学的热爱来得深厚。每次参加社团活动，他都感到一种无形的压力，害怕自己因为技术不如人而被嘲笑，同时也对自己未能坚持内心的真实选择感到懊悔。

思考：

小华选择社团的故事给了大家什么启发？

心理自测

罗森伯格量表

以下是一组有关自我感觉的题目，请按你自己的实际情况作答。

1. 我认为自己是个有价值的人，至少与别人不相上下。

（1）非常同意 （2）同意 （3）不同意 （4）非常不同意

2. 我觉得我有许多优点。

（1）非常同意 （2）同意 （3）不同意 （4）非常不同意

3. 总的来说，我倾向于认为自己是一个失败者。

（1）非常同意 （2）同意 （3）不同意 （4）非常不同意

4. 我做事可以做得和大多数人一样好。

（1）非常同意 （2）同意 （3）不同意 （4）非常不同意

5. 我觉得自己没有什么值得自豪的地方。

（1）非常同意 （2）同意 （3）不同意 （4）非常不同意

6. 我对自己持有一种肯定的态度。

（1）非常同意 （2）同意 （3）不同意 （4）非常不同意

7. 整体而言，我对自己很满意。

（1）非常同意 （2）同意 （3）不同意 （4）非常不同意

8. 我要是能更看得起自己就好了。

（1）非常同意 （2）同意 （3）不同意 （4）非常不同意

9. 有时我的确感到自己很没用。

（1）非常同意 （2）同意 （3）不同意 （4）非常不同意

10. 有时我觉得自己一无是处。

（1）非常同意 （2）同意 （3）不同意 （4）非常不同意

量表分四级评分，"非常同意"计4分，"同意"计3分，"不同意"计2分，"非常不同意"计1分，1、2、4、6、7正向记分，3、5、8、9、10反向记分，总分范围是10～40分，分值越高，自尊程度越高。

第三讲　健全自我意识的培养

导　语

　　自我意识就像心灵的地图，指引着我们在成长道路上的方向。每个人都在经历、感受、思考中形成对自己的认知，但这份认知往往如雾里看花：我们可能清楚自己的某些特质，却对另一些方面模模糊糊。对于处在青年期的大学生来说，能否清楚地认识自己、接纳自己、欣赏自己，直接影响着其社会适应和身心健康。形成健全的自我意识，是人生成功的第一步，对于大学生成长、进步和未来发展具有重要作用。

案　例

　　她站在台上，不时毫无规律地挥舞着她的双手；仰着头，脖子伸得好长好长，与她尖尖的下巴扯成一条直线；她的嘴张着，眼睛眯成一条线，看着台下的学生；偶尔她口中也会咿咿唔唔的，不知在说些什么。她基本上是一个不会说话的人。但是，她的听力很好，只要对方猜中，或说出她的意见，她就会乐得大叫一声，伸出右手，用两个指头指着你，或者拍着手，歪歪斜斜地向你走来，送给你一张用她的画制作的明信片。

　　她是一位自小就患脑性麻痹的患者。脑性麻痹夺去了她肢体的平衡感，也夺走了她发声讲话的能力。从小她就活在诸多肢体不便及众多异样的眼光中，她的成长充满了血泪。然而她没有让这些外在的痛苦击败她内在奋斗的精神。她昂然面对，迎向一切的不可能，终于获得了加州大学艺术博士学位。她用她的手当画笔，以色彩告诉人"寰宇之力与美"，并且灿烂地"活出生命的色彩"。全场学生都被她不能控制自如的肢体动作震慑住了。这是一场与生命相遇的演讲会。

　　突然，一个学生小声问："请问你从小就长成这个样子，你怎么看你自己？你都没有怨恨吗？"现场气氛因为这个鲁莽的问题而紧张起来。

　　"我怎么看自己？"她用粉笔在黑板上重重地写下这几个字。她写字时用力极猛，有力透纸背的气势。写完这个问题，她停下笔来，歪着头，回头看着发问的同学，然后嫣然一笑，回过头来，在黑板上龙飞凤舞地写了起来：

　　一、我好可爱！

　　二、我的腿很长很美！

　　三、爸爸妈妈这么爱我！

　　四、我会画画！我会写稿！

　　五、我有只可爱的猫！

　　六、还有……

教室内一片鸦雀无声，没有人敢讲话。她回过头来定定地看着大家，再回过头去，在黑板上写下了她的结论："我只看我所有的，不看我所没有的。"掌声从学生群中响起。她倾斜着身子站在台上，满足的笑容，从她的嘴角荡漾开来，眼睛眯得更小了，有一种永远也击不败的傲然，写在她脸上。

✿ ‹ 启　示

这个故事激励了许多年轻人。"我只看我所有的"体现了她对自我进行认识和评价时自信的态度。她是一个身体有残疾的人，然而她却比许多身体健康的人有着更加阳光的心态和强健的心灵。

📚 ‹ 学习认知

一、自我意识与心理健康的关系

自我意识是人类特有的心理现象，是人的心理区别于动物心理的一大特征。健全的自我意识是良好心理素质的最重要的标志之一。大学生的自我认识、自我评价、自我调控如何，直接影响到其能否成为一个具有独立性、为社会所接纳并能实现自我价值的人。

自我意识对人的心理健康起着重要的作用。它制约着人格的形成发展，影响着人的认识、情感、意志等。心理健康的标准尽管尚不统一，但东西方心理学家们在这一点上是有共识的，即均把自我意识是否健全作为重要衡量指标。一个心理健康的人，必然是对自己有客观的认识、能够接纳自己、自尊自信的人。

自我意识使人能够不断地加强自我监督，推动自我完善，影响着人的道德判断和个性的形成，引导人对自我发展做出合理规划，对自己的注意力、情感、行为等加以控制，并能够对自我的认识、情感、意志和行为加以反省和审察。研究表明，有健全自我意识的大学生，能接纳自我，对自己有合理的期望，处事积极，能自律，独立自主，善于利用每一个成长的机会发展自己，也能恰当地自我表达，充满自信；而自我形象消极的大学生则否定自我，怀疑自己，依赖他人，情绪化，逃避责任，对自己没有恰当的期望，羞怯，不敢表达自己，害怕成功。所以，良好的自我意识能提高心理承受能力，增强自我驾驭能力，有助于顺利应对各种心理危机，对大学生心理健康和个人成才有很好的促进作用。

二、自我意识培养的途径

（一）正确认识自我

1. 认识自我的意义

在古希腊德尔斐神庙前刻着一句铭文："认识你自己。"这句铭文被古希腊人当作人生的终极目标，也就是说，认识自我是一个终生的课题。一个人要想在一生中有所成就，就要认识自己。世界上没有两片完全相同的叶子，同样也没有两个完全相同的人。认识自己，就是要正确评价自己，全面、客观地认识到自己和别人的不同，既认识到自己的长处，也能看到自己的不足，做到扬长避短，找到自己的位置和人生目标。如果能够做到正确认识自己、评价自己，善于利用每个机会完善自己，那么一生将是充实而愉快的。

2. 如何认识自我

"知人者智，自知者明"，老子在《道德经》中的这句话，道出了自我认知的深刻意义。对于正处于人生探索关键阶段的大学生而言，如何正确认识自我更是一个重要课题。青年时期不仅是知识积累的黄金期，更是自我同一性形成的关键阶段，个体需要通过持续反思和实践来构建清晰的自我图式。要全面认识自己，可以从以下几个方面着手。

（1）收集反馈，了解自我

他人，特别是经常与自己打交道的他人对自己的评价，是认识自我的重要途径。"旁观者清"，他人的评价如同一面镜子，反映出你的形象。人们总是根据别人对自己的看法来调整自己的行为，以使自己的言行与别人的看法更为接近。

在童年和青少年时期，生活中的某些人对我们的评价直接影响着我们的自我概念的形成和发展，这些人被称作"重要他人"。学龄前的"重要他人"主要是家长。小学阶段，教师的影响力超越家长，从小学高年级开始同伴评价的影响力明显增强。

他人对我们的评价与我们对自己的看法往往会有一些偏差，这可能是因为我们对自己的认识不够全面，"高估"或"低估"了自己；也可能是因为他人误解了我们。因此，我们要学会听取他人的意见，还要学会拿别人的意见和自己对自己的评价相对比，找到相同和不同的部分，并弄清楚相同和不同的原因，减少这种偏差。心理学家认为，一个人的自我评价与别人的客观评价在较大程度上一致，是自我意识较为成熟的表现之一。

（2）自我观察，剖析自我

《论语》有言："吾日三省吾身。"大学生需养成自我观察、分析的习惯，定期检视自身行为动机是否合理、实践过程中存在哪些不足、最终结果产生何种影响，通过总结收获与缺憾，从而有针对性地调整，使自身行为和心理更符合现实要求。开展自我观察与分析时，应保持全面客观态度。通常而言，当人处于情绪平稳状态时，其自我反思的结论往往更具真实性。

（3）对比差异，定位自我

有比较才会有鉴别。在缺乏客观评价标准的情况下，可以通过与别人的比较来评估自己。

比较时要注意选定恰当的参照系，可以选择本班、本系、本校、本层次、同龄的青年进行比较，以认识自己的实际水平及在群体中的地位；也可以选择杰出人物进行比较，找出自己的差距和努力方向。还要学会用发展的眼光辩证地看待比较结果。比较的视野越广阔，方法越科学，自我定位就越恰当，就能做到既不妄自尊大，也不妄自菲薄，从而合乎实际地确定自己的目标和计划。

（4）检验成果，验证自我

可以通过自己参加各种活动的表现、取得的成果来分析和认识自己。活动成果的价值有时直接标志着自身的价值，社会衡量一个人的价值主要是通过活动成果认定的。理想的活动成果、良好的活动效果可以使个体进一步增强认识自我的能力，发现自我的价值，从而激发自信，开发潜能。

（二）积极悦纳自我

1. 悦纳自我的意义

悦纳自我就是要无条件地接受自己的一切，无论是好的或坏的，成功的或失败的，有价值的或无价值的，凡自身现实的一切都应该积极接纳，对自己的本来面目持认可、肯定的态度。

悦纳自我是培养健全的自我意识的关键和核心。对大学生来说，认识自我固然不易，悦纳自我常常更难。很多大学生往往能够做到喜欢周围的人事物，却对自己过于挑剔。对自我的否定让他们无法自然地展示自我，竭力掩饰自己的真实面貌，希望给别人一个与真实自己不同的印象。长此以往，势必影响心理健康。悦纳自我有助于推动自我成长，促进人际关系，增进心理健康。一个人首先应该自我接纳，才能为他人所接纳。而一个能够接纳自己的人也往往拥有更多接纳别人的能力。

2. 如何悦纳自我

悦纳自我可以从以下方面加强训练。

（1）对自己实施积极的心理暗示

心理暗示是用含蓄、间接的方式，对人的心理和行为产生影响。心理学研究发现，心理暗示的作用是巨大的，不但能影响到人的心理和行为，还能影响人体的生理机能。人的自我概念实际上是在外界各种暗示的综合作用下形成的，我们接受了来自家长、教师、同伴等的评价，纳入自我概念之中。这些外界的暗示，有的是积极的，给我们以信心和力量；而有的则是消极的，阻碍了我们进步和成长。

大学生已经具备一定的独立性和自主性，应当在学习和生活中，理性地分辨外界暗示的积极与否，并主动对自己实施积极暗示。比如，不对自己说"我真笨""我真倒霉""我不行"等消极语言，代之以"我能行""我选择""我想要"等积极语言；早晨刚醒来和晚上将入睡时，进行冥想练习，想象自己实现了心中的愿望或获得了成功；或将自己理想的自我形象具体成文字，如"自信积极微笑乐观""我的朋友喜欢我""我比以前更能控制自己的愤怒"等，每天大声读几遍，坚持一个月。坚持积极自我心理暗示，你会发现自己期望中的积极形象正在慢慢变成现实。

（2）全面客观地评价自己

法朗士说："我坚持我的不完美，它是我生命的真实本质。"人无完人，每个人都有长处和不足，关键是多看自己的长处，给自己多一点包容，停止对自己的不满、批判和苛求，学习做自己的朋友，站在自己这一边，无条件地接纳自己。

（3）改变自己的观念和思维方式

心理学家认为，影响我们的态度和情绪的，不是事情本身，而是我们对待事情的认知。同样的事发生在不同人身上，引起的反应可能是大相径庭的。也就是说，是我们自己的理解和看法决定了一件事对我们的影响和意义。例如，当考试成绩不理想时，有的同学将其解释为自己没有对知识进行充分复习，只要下次认真复习，保持良好心态就能取得不错的结果，而有的同学可能将考试失利解释为个人能力不足，可能不会在以后的考试中进行努力尝试了，形成恶性循环，进一步加强"我能力不足"的认知。摒弃头脑中的不合理信念（如绝对化要求、过分概括化和"糟糕至极"等思维），换一个角度，重新认识自己和认识环境，换一种思维方式看待问题，会对自己多一些欣赏和接纳。

（4）正确对待挫折和失败

每个人都会在人生中遭遇挫折和失败，没有人永远一帆风顺。大学生应有勇敢面对失败的勇气，积极从失败中寻找经验，将失败与挫折视为财富，作为自己继续奋斗的动力。以积极的心态面对挫折和失败的人，往往能取得意想不到的成功。

总之，悦纳自我是"将所有的事情都纳入考虑范围，发现自己还不错"的能力。这种能力是健康的、可取的，也是值得为之努力的。就像爱丽丝·沃克说过的："当我们被爱时，我们会变得美丽；如果我们自爱，我们就会永远美丽。"

阅读与思考

1.6 米的 NBA 球星

美国职业篮球联赛（NBA）中的夏洛特黄蜂队有一名身高仅1.6米的球员，也是NBA有史以来最矮的球员。他自幼热爱篮球，但由于身材矮小，伙伴们瞧不起他。当他说"我长大后要去打NBA"时，所有听到的人都忍不住哈哈大笑，他们认定一个只有1.6米的矮子是绝无可能打进NBA的，只有他的妈妈鼓励他。他用比一般人多几倍的时间练球，终于成为全能的篮球运动员，最佳的控球后卫。他充分利用自己矮小的"优势"，行动灵活迅速，从下方来的球90%都被他收走，而且远投精准，失误很少……凭借出众的实力他加入了强大的黄蜂队，成为有名的球星。

思考：

该球星的成功取决于什么？对我们有什么启发？

心理训练

我的长与短

1. 列出自己的长处，并写明每一条长处是怎么来的，这些长处对今后发展的好处。

2. 列出自己的不足，并写明每一条不足是怎么来的，这些不足对今后的发展会造成什么样的障碍和限制。

3. 在不足中找出自己不可改变的，说出其中至少一项的好处。

4. 在不足中找出自己可以改变的点，提出改变计划：

① 确定改变内容：我要改变什么。

② 确定目标：要达到什么目的。

③ 制订计划：如何改变自己。

④ 实施计划并确立检查措施。

第三篇

大学生的人际交往

第一讲　全面理解人际交往

〈 导 语

　　人际交往是个体社会化的重要途径，也是心理健康的基石。正如一位哲人所言，一个没有交际能力的人，犹如陆地上的船，永远无法航行至人生的广阔海洋。人生活在社会上，不可避免地要与他人进行交往。在交往中，我们不仅能够获取丰富的信息，不断充实自己、提升自我，还能通过与他人的接触，更加客观全面地认识自己、评价自己，并适时地调整自己的行为方向。人际交往还是一种情感的互动过程。我们彼此分享快乐、分担忧愁，使郁闷得到排解、感情得到宣泄、精神得到满足。

　　根据马斯洛的需要层次理论，归属与爱的需要是人类的基本需要之一，而满足这一需要的核心途径正是人际互动。大学生作为社会化的关键群体，其人际交往能力不仅影响学业与心理健康，更关乎未来职业发展与社会适应。积极心理学研究指出，高质量的人际关系能显著提升个体的幸福感与抗压能力。因此，大学生需以开放心态投入人际实践，构建支持性社交网络。

　　大学生思想活跃、感情丰富，人际交往的需要极为强烈。良好的人际关系对大学生健康成长和发展，顺利地完成学业，以至未来的就业、创业及终生的幸福都有重要影响。因此，大学生应当形成对人际交往的正确认识、端正态度、树立信心，积极地融入集体，在交往中取长补短，共同提高。

〈 案 例

　　婷婷，一名来自北京某名牌大学的应届毕业生，原本满怀信心地踏入求职市场，认为自己凭借名校光环，找工作应如探囊取物。然而，现实却给她泼了一盆冷水。毕业四个多月来，她投递了上百份简历，却未能获得任何单位的青睐，连面试的机会都寥寥无几。看着同学们纷纷找到工作，她的焦虑情绪日益加剧，甚至出现了失眠的症状。

　　在与婷婷的交流中，她始终强调自己的优秀，将找不到工作的原因归结为因考研错过了最佳求职时机。在模拟面试中，她更是过分强调自己的名校背景，提出的聘用条件完全基于自己设定的"优秀大学生"标准，而忽视了用人单位的实际需求。这种心高气傲的态度，无疑是她求职路上的一大绊脚石。

　　经过深入分析，专家发现婷婷的求职困境主要源于她的自负心理以及与社会脱节。原来，婷婷自幼在单亲家庭中长大，母亲把所有希望都寄托在她身上，从小便让她学习绘画、游泳、小提琴等多种技能，并要求极为严格。在这样的成长环境下，婷婷几乎将所有的时间都投入学习中，缺乏与同龄人的交往和沟通。上了大学后，她依然只顾学习，为了考研而埋头苦读。这样的生活方式导致她从小就没有建立起良好的人际关系，不会与人交往，更不了解社会的真实需求和职场规则。

（资料来源：CCTV-12《心理访谈》节目）

启 示

据《2022 年大学生心理健康状况调查报告》，约 34% 的大学生因人际问题产生焦虑情绪，其中"自我中心"和"社交技能不足"为主要诱因。婷婷的案例反映了部分大学生因过度关注学业而忽视社交能力培养的普遍现象。

婷婷的求职失败在于凡事以自我为中心，缺乏人际交往能力，给个人的职业发展带来巨大阻碍。她的问题并非一朝一夕形成，而是长期忽视人际交往这一"不考试的课程"造成的。人际交往能力并非天生具备，需要在人群中不断锻炼和提升。

在大学阶段，同学们往往将注意力集中在专业学习上，而忽视了人际交往这一同样重要的"课程"。大学不仅是知识的殿堂，更是人际交往的演练场。在这里，学生们可以接触到来自不同背景、不同性格的人，通过与他们交流、合作，逐渐学会如何与人相处、如何建立和维护人际关系。

学习认知

一、人际交往

（一）什么是人际交往

人际交往就是在社会活动过程中，人与人之间运用语言或非语言符号进行意见沟通、信息情报交流与相互作用的过程。可见，人际交往有两层意思：一是这是一个信息交流与思想情感交流的过程；二是在交流中，双方的心理是互动的，一方的行为会引起另一方相应的反应，即有双方心理上的接触和相互作用。人际关系就是在人际交往中建立起来的人与人之间的心理关系，反映着人们寻求需要满足的心理状态。

（二）人际交往的功能

1. 信息交流功能

《礼记》曰："独学而无友，则孤陋而寡闻。"人们之间的交往过程就是信息交流的过程，在这个过程中，各方把自己的知识、观点、需要、感情等通过一定的形式传递给对方，实现信息沟通，使人获得更多的信息情报，增进团结和友谊。而且，通过交往还可以获得大量外界信息。在信息社会中，能直接从书本上获得的知识和信息总是有限的，交往能够使人们以更迅速的方法直接沟通，达到博闻强识。很多情况下，朋友的一句话不经意间就可能化作难得的机遇，也正是在这个意义上，人们现在把不懂得人际交往的人看作"新一代文盲"。

2. 心理保健功能

"如果你把快乐告诉一个朋友，你将得到两份快乐；如果你把忧愁向一个朋友倾吐，你将被分掉一半忧愁。"人际交往使人在情绪上相互感染，相互影响。积极的人际交往可以帮助人们排遣不良情绪，获得精神上的慰藉，汲取战胜困难的力量，形成乐观向上的心理状态，有利于身心健康。

美国有位心理学家在普林斯顿大学做过一个实验。他请一些大学生中的志愿被试者单独住进一间与他人隔绝、悄然无声的封闭小屋里。里面放有各种食物，尽可以自由吃、喝、睡，但不能与任何人交往，也不能看任何书籍。这些应试者刚开始时轻松自在，可是两天后所有的应试者都开始拼命地敲打墙壁，要求出来。当他们重回"人世"时，个个神情痴呆，表情麻木，动作的协调性和灵活性大大降低，经过一段时间后才完全恢复。这个实验告诉我们：一个人一旦脱离了社会群体，失去了社会交往，就会产生孤独感和恐惧感，给心理健康带来严重的破坏。

3. 人际协调功能

人际交往是群体生活中不可缺少的调节工具。群体内部各个体之间行动上的协调和默契，行动步伐和节奏的统一，群体活动与外界环境之间的协调，活动效益的取得，都需要依靠人际交往这一手段。

4. 自我调节功能

人的自我认知和自我完善是在一定的文化环境中，通过参与社会实践活动，与他人接触、交流和比较，逐渐形成和发展的。在这个过程中，人根据外界情况不断进行自我调节，人格趋向健全，既避免"夜郎自大"，又不过分自卑，以适应社会生活的要求。

（三）影响人际交往的因素

人际交往受到很多因素的影响，其中主要的影响因素包括四个方面：接近性、相似性和互补性、熟悉性和个人品质。

1. 接近性

接近指人与人之间空间上的接近和工作、生活功能上的接近。一方面，接近为频繁的接触交往提供条件，使相互之间增进了解，增加熟悉性，而越熟悉则喜欢的可能性越大。在学校，同座位或同一宿舍的同学关系往往较为密切，这种现象在交往初期尤其比较明显；另一方面，距离上的接近使人更易获得来自他人的帮助，"远亲不如近邻"说的就是这个道理。

2. 相似性和互补性

俗话说："物以类聚，人以群分。"心理学家西格蒙德·弗洛伊德曾说："人们爱上的，往往都是与他们相似的人，或是他们曾经是的那种人，或是他们想要成为的人。"这都强调了相似性对人际吸引的作用。一般而言，具有相似的条件、态度、兴趣、修养和价值观的人容易有较多的共同语言，交往过程中双方会产生"英雄所见略同"的感觉，自然容易缩短心理距离，并表现出相互吸引的特点，有利于交往的进展和维持。但有时，人们也乐意和与自己不同的人交往，希望从对方身上获取自己不具备的某种特点或品质，从而取长补短，各得其所，这时人际吸引受到的就是互补性的影响。互补性多体现在性格方面，如比较健谈的人与不爱讲话的人往往相处得很和谐。

3. 熟悉性

由熟悉导致喜欢的最常见的现象就是"曝光效应"，即某个人只要经常出现在你的眼前，就能增加你对他的喜欢程度。如进入大学后，碰到以前的老同学，因为熟悉开始交往并产生亲密联系的可能性就比较大。这是因为重复出现会使我们对对方有较多的了解，心理上会产生安全的感觉。熟悉也会使人们比较容易预测对方的行为，容易发现与对方的相似点而产生好感。但熟悉性也会给人际交往带来负面效应，比如重复出现也可能引起厌烦与过度饱和的感觉。当兴趣、需求、个性不同时，保持一定的距离，反而能减少冲突与争执。

4. 个人品质

社会心理学家经过多年研究，总结出了一些与吸引有关的个人特质。在交往中，人们最容易注意到的是他人的外表，漂亮的人更受欢迎。虽然我们常被告诫"人不可貌相"，不能"以貌取人"，但在交往中首先吸引人们注意的还是外表。随着人际交往的深入，交往者的内在品质如热情、真诚、才能、智慧会显得越来越重要。其中，最受欢迎的是"真诚"，任何人都更愿意与真诚的人交往。"才能"与被喜欢的程度，在一定限度内成正比关系；超出一定程度，其才能就可能给他人带来压力，使人倾向于逃避或拒绝。

二、大学生的人际交往

大学生人际交往包括与父母、同学、老师等的交往，但主要是同龄人之间的交往。大学阶段是由学校走向社会的过渡时期，尽管表面上看大学生的生活比较平稳，但他们仍面临着诸如独立性与依赖性、理想性与现实性、心理闭锁与寻求理解等方面的冲突。种种矛盾冲突交织在一起，使得大学生人际交往具有不同于其他群体交往的特点。

（一）大学生人际交往的特点

1. 交往需求迫切，但易受挫折

大学生处于一种渴求理解、渴求交往的心理发展时期。这个时期自我意识逐渐成熟，对社会的参与意识增强，急于让他人了解和认可自己，期望得到他人的理解、关心和尊重。尤其是新入学的大学生，来到一个完全陌生的环境，既怀念昔日的亲情、友情，又渴望在新的环境中获得友谊。由于毕业后就要走向社会，他们还希望通过在学校锻炼人际交往的能力，提高将来社会交往的能力。

大学生的人际交往带有浓厚的理想色彩，在交往中十分注重情感的交流，无论是对朋友，还是对师长，都希望不掺任何杂质，以理想的标准要求对方，一旦感情投入过多而回报较少就会产生心理失落感。另一方面，交往知识、交往技巧的欠缺，也往往使他们的交往效果与自己的初衷产生偏差而心理受挫。因此，与其他人群相比，大学生人际交往的挫折感较强，出现渴望交往和自我封闭的双重性。

2. 交往对象范围扩大，以寝室为中心的特点明显

进入大学，学习不再是唯一任务，大学生在交往上有了更多的时间和需求，交往范围比中学时期明显扩大。同学交往不再仅限于本班，可以是同级、同系甚至是同校的可以认识的所有同学；既有同性之间的交往，也包括异性交往。与此同时，大学生们的交往触角会积极主动伸向老师，伸向校外，伸向社会，渴望从这些"无字之书"中获得真正意义上的交往体验和真知灼见。手机、网络成为交往手段，使大学生的人际交往更方便快捷，交往距离更远，交往范围更广。

宿舍是大学生之间联系最密切、交流最频繁的场所之一。除上课外，同学们大部分时间是在宿舍度过的，休息娱乐、谈心交友、课余阅读都离不开宿舍。每个宿舍就是一个小"家"，宿舍成员也按年龄大小，称呼老大、老二等。许多高校实行流动教室制，传统意义上的班集体作用逐步萎缩，宿舍作为交往中心的特点更加明显。

3. 交往动机复杂，功利性交往增多

大学生交往的动机是多样的，有的是为了"结交更多朋友，丰富大学生活"，有的是为了"有利于将来事业发展"，还有的是为了"锻炼自己的社交能力"。但基本上可分为情感型与功利型两种。低年级学生多以丰富大学生活、满足感情需要为主要目的。随着年级的升高，大学生在交往动机上也趋于"理性化"，选择什么样的人交朋友，并不纯粹是出于情感和志同道合的考虑，交往的动机变得复杂，在注重情感交流的同时，越来越注重与自身社会利益相关的务实性，呈现出情感型交往与功利型交往并重的趋势。

4. 交往内容丰富，形式多样，但缺乏深交

大学生知识层次高，思想活跃，兴趣广泛，故交往内容丰富，涉及的领域也十分广泛。除专业外，国家政治热点、社会新闻、学校管理、未来就业以及感情问题都成为他们交流的内容。交往方式也向多样化发展，除了传统的学习、聊天、联欢、聚会、社团活动、社会实

践等，请客、兼职等成年人常用的交往方式占一定比例，交往中的物质投入也明显增加。值得注意的是，由于当前大学生自我意识较强、过分依赖网络，以及受成人交往有戒备心的影响，相互之间交往的深度往往不够，沟通不充分、交流不交心的现象普遍存在。

（二）大学生人际交往的意义

人际交往是大学生社会化成长的重要内容，也是心理成长的需要。积极而健康的交往能够极大地拓展他们的社会阅历，积累宝贵的社会经验，同时也能给未来的事业发展带来助力。

1. 人际交往是大学生健康成长的前提

积极的人际交往，能使人充满信心，保持乐观的人生态度，形成积极向上的优秀品质，顺利地度过大学生活；如果不能正常地与人交往，则容易形成消极悲观情绪，轻者产生心理障碍，重者厌世轻生。例如，2004年云南大学杀害四名同学的大学生马某，其中学时成绩优异，但这并不能解决他在人际交往中遇到的苦恼。他曾经在给大姐的信中写道："姐姐，我很不愉快，有委屈不敢说，比如，我在教室踢球，就会有同学说我不爱护公物，我听了脸热热的……很想吵架，为什么另一个人踢他们就不说？""姐，我换位置了，但我仍想不通，为什么我不会处理人际关系？"从小学到大学，既没有人告诉过他处理人际冲突的技巧，也没有人教他如何调控自己的情绪。进入大学后，当他发现自己"做人很失败"之后，非常绝望。这是导致他最终犯罪的重要心理原因之一。

2. 人际交往是大学生顺利完成学业的基础

社会不是抽象的，而是由具体的人及其相互之间的交往编织起来的。对于大学生来说，与周围的同学、老师沟通顺畅、相处融洽，营造了一个良好的学习和生活氛围，就会使自己减少烦恼，身心愉快，集中精力学习，顺利完成学业。

3. 人际交往是大学生成才成功的重要保证

戴尔·卡耐基曾说："一个人事业的成功，15%是由于他的专业技术，另外85%要靠人际关系和处世的技巧。"一个人要在事业上获得成功，离不开品德修养、知识技能、创新思维、组织协调等素质，而这些素质的形成和提高，都得益于与他人的交往。与他人的相处、沟通、交流，不仅可以使大学生们开阔视野，活跃思维，还可以使他们从对方的言谈举止中认识对方，从对方对自己的反应和评价中认识自己，并通过对自己行为的调整，协调关系，化解矛盾。交往面越宽，交往越深，对他人、对自己的认识就越深刻、越全面，也就越容易把握成功的机会，并在困难时容易获得他人的帮助。

阅读与思考　　　　　　　**上下铺的同窗**

进大学的时候，他们被分到同一个寝室，一个睡上铺，一个睡下铺。他们都有早起的习惯，上铺起床后马上就去学习，而下铺则会抽出10分钟的时间打来热水，再收拾收拾卫生才走。

上铺很聪明，会争分夺秒地学习，成绩很优秀；下铺尽管也很努力，但总是成绩平平。于是，每学期下来，授课的教师都会记住上铺，因为他总拿第一。同样，老师们也会留意到下铺，因为他是全班唯一主动擦黑板的人，而且还经常主动为老师拉开门，让老师先走。

大四实习的时候，他们同去一家著名的公司，被分到了同一个小组。上铺表现很出色，使该公司每个月都节省数十万元的经费开支。下铺就像在学校一样，一直表现平平。

毕业时，那家著名的公司来学校招聘，点名要走了上铺，而下铺的名字紧随其后。上铺大惑不解，后来在人事部经理的口中，他得到了答案："他的确在专业技术上没有你学得那么好，然而我们注意到，实习的时候他能把小组成员的积极性调动起来，说明他有良好的人际交往能力和团队合作精神。而且，我们注意到，他不会计较某事是不是该自己做，一有时间，他都会尽最大可能帮助别人。我们这样一家大公司，一方面需要你这样的专业人才，同时也缺乏像他那样乐于助人、善于合作的复合型管理人才。"

（资料来源：《演讲与口才》第 222 期）

思考：

1. 这个故事说明人际交往能力对大学生有什么意义？
2. 结合自身体会，谈谈下铺同学成功的经历对你有什么启示。

心理自测

大学生人际关系综合诊断量表

说明：本量表共 28 道题，对每道题做"是"（打√）或"否"（打 ×）回答，答"是"得 1 分，答"否"不得分。请你认真完成，然后参看后面的记分方法，对自测结果做出解释。

1. 关于自己的烦恼有苦难言。
2. 和生人见面时感觉不自然。
3. 过分羡慕和妒忌别人。
4. 与异性交往太少。
5. 对连续不断的会谈感到困难。
6. 在社交场合感到紧张。
7. 时常伤害别人。
8. 与异性来往感觉不自然。
9. 与一大群朋友在一起，常感到孤寂或失落。
10. 极易受窘。
11. 与别人不能和睦相处。
12. 不知道与异性相处如何适可而止。
13. 当不熟悉的人对自己倾诉他的生平遭遇以求同情时，自己常感到不自在。
14. 担心别人对自己有什么坏印象。
15. 总是尽力使别人欣赏自己。
16. 暗自思慕异性。
17. 时常避免表达自己的感受。
18. 对自己的仪表（容貌）缺乏信心。
19. 讨厌某人或被某人所讨厌。
20. 瞧不起异性。
21. 不能专注地倾听。
22. 自己的烦恼无人可倾诉。

23. 受别人排斥与冷漠。

24. 被异性瞧不起。

25. 不能广泛地听取各种意见、看法。

26. 自己常因受伤害而暗自伤心。

27. 常被别人谈论、愚弄。

28. 与异性交往时不知如何更好地相处。

结果解释:

总分在 0 ~ 8 分,说明你善于交谈,性格开朗,主动关心别人,对周围朋友很好,愿意与他们在一起,彼此相处得不错。

总分在 9 ~ 14 分,说明你与朋友相处有一定的困扰,与朋友的关系时好时坏,经常处于起伏变动之中。

总分在 15 ~ 28 分,说明你在与朋友相处时存在严重困扰。分数超过 20 分,则表明人际关系的困扰程度很严重。你可能不善于交谈,或者有明显的以自我为中心的行为,要注意调整自己。

第二讲 人际交往的原则与技巧

导 语

一把坚实的大锁挂在大门上，一根铁棒费了九牛二虎之力，还是无法将它撬开。钥匙来了，它瘦小的身子钻进锁孔，只轻轻一转，大锁就"啪"的一声打开了。其实每个人的心，都像上了锁的大门，再粗的铁棒也无济于事。唯有关怀，才能把自己变成一把细腻的钥匙，走进别人心中。

让当今大学生最感困惑和不适的问题往往不是学习，而是人际交往。每个大学生都希望自己生活在良好的人际关系氛围中，希望自己的大学生活成为一生美好的回忆。但事实上很多同学却常常因为一些客观的因素以及主观认知、情绪、人格等心理因素的偏差走入心理误区，感受到人际关系的不适，以致出现自卑、孤独、嫉妒、报复等人际交往的问题，生出悲观、消极情绪，严重影响了学习和生活的质量。人际交往的原则和技巧，就像一把开启心灵之锁的钥匙，帮你解决心理难题，提升自己的人际魅力，构建和谐的人际关系，使自己的大学生活过得绚烂多彩。

案 例

张强进入大学后，被辅导员指定为临时班长。一开始，他经常打着辅导员的名义要求同学做班级工作，发现同学犯错，不分场合就批评；在与同学的日常交往中，也摆出一副班长派头，对同学颐指气使，引起同学的反感。意识到这一点后，为保住班长的位子，他一改以往的作风，充当起了老好人，工作不敢大胆负责，对此同学颇有微词。但因刚入校不久，同学间不太熟悉，相处还算可以。半学期后民主选举班委时，张强落选。他认为是有些同学跟他过不去，拉拢同时落选的另两名同学，不配合新班委工作。同宿舍同学劝慰他，他却说"别假惺惺了，现在充什么好人"之类的话，并指桑骂槐，含沙射影。别人喊他也不理会，舍友慢慢疏远了他。渐渐地，他感到苦恼、孤独，也心怀怨恨，为避开和宿舍同学交往，晚上很晚再回宿舍，故意弄出声音，影响其他同学休息，并经常因小事和室友发生冲突，后来不得已找辅导员调换宿舍。

启 示

张强的失败不在于工作能力，而是因为不会与人交往。作为班长，他不能很好地遵循"平等""尊重"以及"宽容"等交往原则；作为同学，不懂得待人真诚，与人为善，致使沟通受阻，人际关系僵化。

一、人际交往的基本原则

人际交往原则是人与人在广泛的交往过程中要遵循的基本准则。为顺畅地进行交往，建立和谐的人际关系，应把握以下原则。

（一）平等和尊重的原则

平等，主要指交往双方人格和态度上的平等，这是顺利开展和维系正常人际交往的前提。社会中的每个人无论其家庭、出身、外貌有何不同，都有独立的人格、做人的尊严，人与人之间的关系是平等的关系。在交往过程中，任何一方盛气凌人、发号施令，都会使交往难以进行。

尊重包括自尊和尊重他人两个方面。自尊就是自重自爱，维护自己的人格；尊重他人就是重视他人的人格、习惯与价值。尽管人与人在气质、性格、能力、知识等方面存在差异，但在人格上是平等的。每个人都有自己的人格尊严，并期望在各种场合中得到尊重。一般来说，大学生的自尊心都较强，因此，在人际交往中尤其要注意尊重的原则，不损伤他人的名誉和人格，承认或肯定他人的能力与成绩，否则易导致人际关系的紧张和冲突。

（二）互利互助的原则

心理学家霍曼斯提出，人与人之间的交往本质上是一个社会交换过程，人们希望这个交换对自己来说是值得的，否则就没有理由去实施和维持，所以人们的一切交往行动及一切人际关系的建立与维持，都是根据一定的价值观进行选择的结果。对自己来说值得的，或得大于失的人际关系，人们倾向于建立和保持；对自己来说不值得，或失大于得的，人们就倾向于逃避、疏远或终止。但人际交往是一种双向行为，人际关系以能否满足交往双方的需要为基础，故有"来而不往非礼也"之说，只有单方获得好处的人际交往是不能长久的。互利性越高，交往双方关系就越稳定、密切；互利性越低，双方关系也就越疏远。所以要双方都受益，都要讲付出和奉献，可能是物质上的，也可能是精神上的。只有交往双方的心理需要都能获得满足，其关系才会继续发展。善交朋友的人不仅与自己相似的人交往，还与自己性格相反的人交往，以期互学互补，更好地完善自己。

坚持互利互助的原则，我们应该积极探寻双方在语言、利益及愿望等方面的共同之处。通过强调并善加利用这些共同点，营造出有利的互动局面，进而逐步转变对方的态度，最终达成双赢的理想结果。

（三）自我价值保护的原则

自我价值保护指个人对自身价值的意识与评判。人的自我价值感是热爱生活、追求生活意义的心理根基。任何一个人都不愿意自己无价值地生存在社会上，都希望别人能承认自己的价值，支持自己，悦纳自己。表现在社会交往中，就是重视自己的表现，渴望吸引别人的注意，愿意同真心接纳自己、喜欢自己的人交往并建立和维持关系。人有时候会"逞能""炫耀"，这其实就是自我价值保护的表现。面临别人对自己的否定，要么承认别人认识的合理性，否定自己，贬低自我价值；要么进行自我价值保护，尽可能维护自尊。许多研究表明，自我价值的否定是非常痛苦的，所以当一个人的自我价值受到影响和损害时，其首先的反应是尽可能进行自我价值的保护。

坚持自我价值保护原则，就要尊重他人，善于发现别人的长处，学会赞赏他人，并且表现出诚心诚意。在与别人发生争执时，只要不是原则问题，得理也应让人，适时地退让一步，既给对方留面子，也会赢得对方和他人的认可，获得意想不到的好人缘。

（四）真诚待人的原则

真诚是人与人之间沟通的桥梁，是人际交往中最有价值、最重要的原则。只有以诚相待，才能使交往双方建立信任感，并结成深厚的友谊，才能使人际交往得以延续和深化。古人说："以诚感人者，人亦诚而应。"在交往中，只有彼此抱着心诚意善的动机和态度，相互理解、接纳、信任，感情上引起共鸣，交往关系才能得到巩固和发展。

坚持真诚的原则，必须做到热情关心、真心帮助他人而不求回报，对朋友的不足和缺陷能诚恳提出，对人、对事实事求是，对不同的观点能直陈己见而不是口是心非，既不当面奉承人，也不在背后诽谤人。

（五）宽容理解的原则

宽容理解就是心胸坦荡、豁达大度，能设身处地地为他人着想，谅解他人的过失，不计较个人得失，有很强的包容意识和自控能力，能做到"以责人之心责己，以恕己之心恕人"。真正的宽容理解，并不是丧失自我，一味地忍让，它是有度量的表现，是建立良好人际关系的润滑剂，是在坚持原则和自爱的基础上，以博大的胸怀接纳别人，体恤别人，做到兼容并蓄，心理相容。

坚持宽容的原则，就要求大学生在交往发生矛盾时，学会换位思考，站在他人的角度看问题，以增进对他人的理解，削弱自我中心意识，尽量接纳那些与自己有分歧见解的人，营造宽松的交际环境。同时，也要学会通过适当的方式真实地表达自我，获取他人对自己的理解。

（六）诚实守信的原则

"善大，莫过于诚"，人际交往要讲究诚信。诚信指一个人诚实、不欺、信守诺言。人都有安全的需要，不愿意被欺骗、被耍弄。因此，人们都希望自己周围的环境和自己的交往对象是可靠的。交往时不真诚就让人感到没法接近。戴尔·卡耐基说："如果你要别人喜欢你，或是改善你的人际关系，如果你想帮助自己也帮助别人，请记住这个原则：真诚地关心别人。"

坚持诚实守信的原则，要求平时与人交流时要说真话，不要有意无意地吹嘘自己，对人当面一套、背后一套，引起别人反感；要讲信用，不做毫无把握的许诺，能办到的事答应别人了就一定要去办，以免失信于人。如果经过再三努力仍未能实现，则应诚恳说明原因，以赢得对方的理解。诚信原则还要求信任别人，对人不要无端地猜忌、怀疑。

二、人际交往的技巧

不同的人有不同的交往方法，如果掌握了交往的技巧，就会成为一个受人欢迎的人，能够与他人建立和谐的人际关系。

（一）牢记他人的名字

几乎每个人都希望自己的名字被别人记住并被正确无误地叫出来，与别人交往的时候，记住对方的名字，体现了对对方的重视和尊重，容易拉近双方心理的距离，是获得好感的最简单也是最有效的方法，对人际交往帮助很大。

钢铁大王安德鲁·卡内基孩提时代住在苏格兰，有一次，他捉到一只母兔，很快又发现一整窝的小兔子，但没有东西喂它们。他想到一个办法，于是对附近的孩子说，如果他们找到足够的苜蓿和蒲公英喂饱那些兔子，他就以他们的名字来替那些兔子命名。这个方法太灵验了，小伙伴们以极高的积极性把兔子照料得很好。卡内基一直忘不了这次经历，后来，他在商业界利用这一人性特点，获得巨大成功。

记住别人名字的办法有很多，如有意识地在一个人头发的颜色、眉毛的粗细、眼睛的大小等方面找特征，利用谐音或经常翻看通讯录等。如果一个人的名字很不寻常，就要问一下它的意思和来源或者怎样写。在交谈中，不断重复对方的名字也会加深记忆。其实能否牢记他人的名字，与记忆力的好坏没有必然关系，关键在于是否用"心"去记。当你记住了别人名字的时候，许多人也将会记住你。

（二）学会说话和倾听

说话是一门科学，也是一门艺术，"会说话的令人笑，不会说话的令人跳"。掌握这项艺术者会创设一种自己侃侃而谈、听者津津有味的境界，实现两者完美的交流。语言艺术运用得好，就能优化人际交往。相反，如果不注意语言艺术，往往在无意间就出口伤人，产生矛盾。在大学生人际交往中，应当掌握说话的技巧，注意说话的对象、场合，把握说话的语气、声音的高低，懂得"到什么山唱什么歌，见什么人说什么话"，尤其在与同宿舍的人交往时，不要什么都用"我"做主语，要记得常用"我们"开头。不要因为相互熟悉而口无遮拦，逞一时之快，岂不知最容易伤害的人恰恰就是与自己最近的人。

倾听是维持人际关系的有效法宝。外国有句谚语："用 10 秒钟的时间讲，用 10 分钟的时间听。"一个 13 岁的荷兰移民小男孩，成了世界"第一等名人访问者"，原来他买了一套《美国名人传记大全》，他给这些名人写信，请他们谈谈自己成为名人的有趣的事情，于是他收到了许多名人的信。他深深懂得"一些大人物喜欢善听者胜于善谈者"。

掌握倾听的艺术，首先要有耐心，不轻易打断别人讲话，确实有事，要委婉说明；其次，在沟通时，要尽量表现出虚心，显示出聆听的兴趣，试着在别人说话时适时地加一句："能不能再重复一下刚才你所说的？"来表示对这个话题的兴趣和关注；最后，听人讲话要用心，要善于捕捉交谈信息，注意琢磨对方话中的微妙感情，弄清其真正意图，以便进一步交流。

（三）善于赞美和批评

每个人都喜欢听赞美的话，这是交往中必须了解的一个重要原则。赞美对方是一个循环往复增加快乐的机会。赞美并不难，有效的赞美却需要技巧。我们首先要做一个有心人，有一双发现别人优点的眼睛，同时要注意选择恰当的时机，使赞美显得自然。背后赞美并通过合适的渠道传递给对方，效果比当面赞美要好得多。赞美还要有度，过度的赞美也会令对方失去交谈的兴趣。最重要的，赞美时要有一个诚恳的态度。言不由衷的赞美是最可怕的，不但使赞美的力量消失，还会让对方觉得自己虚伪。

与赞美相对的是批评。一般情况下，应多作赞美，少用批评，批评是负性刺激。通常只有当用意善良、符合事实、方法得当时，才有可能产生积极的效果，才能促进对方的进步。大学生自尊心都比较强，比较敏感，对别人批评时态度要友好、真诚，注意场合与环境，要顾及对方的面子，尽量用比较委婉的语言及措辞，对事不对人，如果对方一时不能理解、接受，可以说"我想得也可能不太全面，要不你再考虑考虑"，给双方一个台阶，避免把关系搞僵。

（四）学会保持适当的距离

有人认为朋友之间应该无所不谈，两个人走得越近，说明关系越好。其实并非如此，时间一长容易产生许多矛盾。这就是心理学上所称的"空间距离效应"。每个人都有一个属于自己的空间，这个空间是看不见、摸不着的，但却会在人际交往的过程中通过与不同关系的人保持不同的空间距离体现出来。

人类学家霍尔把这个距离依次分为亲密距离（0～0.5米）、个人距离（0.5～1.2米）、社交距离（1.2～3.5米）和公众距离（3.5～7.5米）。在正式的外交场合，两张沙发之间一定要放一个茶几，这是为了在一定程度上保持双方的距离。

大学生在交往过程中，也要注意根据不同情况与同学保持合适的距离，使双方既保持密切的联系，又都享有一定的独立性；既不要随意进入别人的个人空间而令人尴尬，又要避免因离对方太远而有拒人千里对人冷漠之嫌。

（五）学会给予和拒绝

"给予永远比索取快乐"，但如果给予的方式不合适，也可能会给被给予者心理上造成一些伤害。所以，大学生在交往中，不论是给他人以关心，还是物质上的帮助，都要注意不要以"救世主"的角色出现，不要让别人感觉到自己在被同情，被怜悯；表达帮助他人的意思不要过于直白，要考虑到他人的自尊心及接受能力；帮助他人后，要乐于接受别人的感谢或馈赠。总之，要把握住关键的一点，就是让给予得自然诚恳，接受得轻松坦然。

与人交往中，难免会遇到他人的帮助或要求，对自己而言，有一些可能会难以接受或力不从心。如果不好意思拒绝，轻易做出违心的承诺，会给自己更大的困扰和烦恼。所以，要敢说"不"，会说"不"。在不得已拒绝别人时，首先要明确地表达自己的意思，语气含糊反而会产生许多误会；其次，拒绝要委婉，并诚恳地表达出自己的谢意或歉意；最后，向对方说明原因，如有必要，也可以提出其他解决方法。总之，拒绝别人毕竟是一件伤害别人感情的事情，所以一定要掌握技巧，把握分寸，给对方一个台阶，也给自己一个退路。

（六）巧妙处理人际冲突

由于每个人有自己独特的经历、情感、价值观念和利益背景，一个人即使为协调人际关系做出了很多努力，交往中发生冲突也是在所难免的。但如果能将人际冲突处理得很好，就可能化干戈为玉帛，化敌为友，获得他人的尊重与赞赏。当有人批评林肯总统对待政敌的态度"你为什么要试图让他们成为朋友呢？你应当想办法去打击、消灭他们才对"时，林肯说："我难道不是在消灭政敌吗？当我使他们成为我的朋友时，政敌就不存在了。"

当然，巧妙处理人际冲突是一门艺术。面对冲突，首先要提高自控能力，避免冲动，认识到矛盾大都是由于不起眼的小事引起的，不要让小分歧影响友谊；其次要善于换位思考，自觉站在对方的角度去看待和处理问题；最后，要学会运用非暴力沟通去化解冲突。

非暴力沟通是一种通过共情与理解化解冲突的沟通方法，其核心包括四步：

观察事实：客观描述具体行为或事件，避免评判（如"你最近三次小组讨论都迟到了"而非"你总是拖后腿"）。

表达感受：明确自身情绪（如"我感到担忧"而非指责"你让我生气"）。

说明需求：将感受与内在需求联结（如"因为我希望团队能高效完成任务"）。

提出请求：以具体、可操作的方式表达期望（如"下次能否提前5分钟到场？"）。

例如，当室友未打扫卫生时，可以说："我看到垃圾桶满了（观察），我有点焦虑（感受），因为我需要一个整洁的环境（需求），今天你能帮忙清理吗（请求）？"这种方法通过减少指责、聚焦合作，帮助双方建立信任与理解，有效减少人际摩擦。

阅读与思考

六尺巷的故事

六尺巷位于安徽桐城，作为中国文化遗产，2007年4月成为国家3A级旅游景区。它是中华民族和睦谦让美德的见证。关于它有一个典故，其中的诗写得很好，广为流传。

据《桐城县志》记载，康熙时期文华殿大学士兼礼部尚书张英的老家人与邻居吴家在宅基地问题上发生了争执，家人飞书京城，让张英打招呼"摆平"吴家。而张英回馈给老家人的是一首诗："一纸书来只为墙，让他三尺又何妨。长城万里今犹在，不见当年秦始皇。"家人见书，主动在争执线上退让了三尺，下垒建墙，而邻居吴氏也深受感动，退地三尺，建宅置院，于是两家的院墙之间有了一条宽六尺的巷子，"六尺巷"由此而来。

思考：

1. 这个故事体现了人际交往的什么原则？
2. 张英处理邻里关系的做法对我们有哪些启示？

心理自测

宽容度测试

宽容是指一个人对人对事的忍让和理解。度量大是人们最喜爱的个性品质之一，也是心理保健的重要方法。你是否宽容？请根据自己的实际情况，按"是、是与不是之间、不是"三种情况回答下列问题：

1. 你是否不计较别人对你讲话的态度？
2. 你是否对于别人的批评尤其是大庭广众的批评耿耿于怀？
3. 你是否乐于看到同你关系不好的人取得成绩？
4. 你是否喜欢嘲笑或贬低与你意见不一致的人？
5. 你是否欢迎原先不如你的人如今超过了你？
6. 你是否嫉妒才干不如你的人得到提拔？
7. 你听到有人讲你的坏话，是否能做到一笑了之？
8. 你和别人争吵以后，是否常常越想越气？
9. 你是否容易原谅别人不自觉的过失？
10. 别人讲话刺伤了你，你是否一定要回敬对方几句？
11. 你经常在领导面前讲同事的优点吗？
12. 你与同事相处是否信奉"人不犯我，我不犯人，人若犯我，我必犯人"？
13. 你尊重能力不如你的领导吗？
14. 朋友是否指责你为人过于敏感？
15. 你是否认为没有必要对伤害你的人进行报复？
16. 你想起很久以前感情上受到过的创伤，仍会愤愤不平吗？
17. 你愿意同以前和你对立的人一起共事吗？
18. 你认为老实人在生活中经常吃亏吗？
19. 别人对你的亲疏，你其实并不看重？
20. 你是否认为地位比你低的人对你进行批评是一种冒犯？

21. 你是否常常认为领导对你的批评不带个人偏见？

22. 你是否经常感到你在工作上的努力没有得到赏识？

23. 你主张邻里相处中宁肯自己吃亏，也要搞好关系吗？

24. 你和同学经常为一点小事而争吵不休吗？

25. 你是否认为互让互谅是朋友相处的重要准则？

26. 你看到别人占点便宜、获得点好处，是否经常喋喋不休？

27. 你不计较好友的脾气吗？

28. 你得知你的知心朋友有些事没告诉你，是否会很生气？

29. 你认为任劳任怨是为人的美德吗？

30. 你是否希望你的朋友尽可能都是富有的人？

评分标准：

上述题目，凡是单序号题，"是"为2分，"是与不是之间"为1分，"不是"为0分；凡是双序号题，"是"为0分，"是与不是之间"为1分，"不是"为2分。各题相加得出总分。

结果解释：

50分以上，说明你是一个很有气度的人。你不计较别人对你的态度，善于原谅别人的过失，是一个很容易和同学、朋友相处的人。

41～50分，说明你的度量还可以。在很多问题上，你能原谅别人的态度，但有些问题上你又同别人很计较。总的说，你是一个比较容易与人相处的人。

31～40分，说明你的度量不很大。在不少问题上，你计较别人对你的态度，计较自己的个人得失，你和同事、朋友相处时会发生矛盾。

30分及以下，说明你不够宽容，度量很小。你经常生别人的气，认为别人和你过不去，而且试图还击或报复别人。你总是感到压抑，别人也不喜欢与你相处。

第三讲　大学生常见人际交往问题及自我调适

导　语

有个太太多年来不断指责住在对面的太太很懒惰。"那个女人的衣服永远洗不干净。看，她晾在院子里的衣服，总是有斑点，我真的不知道，她怎么连洗衣服都洗成那个样子……"直到有一天，细心的朋友拿了一块布，把这个太太窗户上的灰渍抹掉。原来，是自己家里的窗户脏了。

其实每个人或多或少地都存在着不足，关键是如何对待它们。无视它的存在，或者一味怨天尤人，对自己的成长都是一种耽误。大学生在人际交往中常常会遇到各种各样的问题，感到交往困难，人际关系紧张。只有敢于正视问题的存在，勇于发现自己的短处，善于运用正确的应对措施，才能轻松建立自己的人际关系网。

案　例

英子是一名来自农村的大学生。小学起她在班级、学校都是佼佼者，在村里也被看作其他伙伴学习的榜样，进入这座城市前，她一直都很自信。入校后，看着城里的学生说话自然，行动自如，打扮得体，她往日的优越感荡然无存。再加上同宿舍的几个同学家庭条件都比她好，与她们相比，英子吃、穿、用都要节省很多。她感到和同学有差距，就慢慢把自己封闭起来，干什么都独来独往，但对同学尤其是舍友对自己的态度却很敏感。一次，英子洗完头，一舍友说："看你的头发干枯得厉害，该用点护发素保养保养，你没有，用我的吧。"英子以为舍友嘲笑她，一言不发，对舍友理都不理。还有一次，同宿舍一舍友买了一条新连衣裙，大家争着试穿，并鼓动英子也试试。英子穿上后，大家都觉得她适合穿连衣裙，买新连衣裙的舍友随口就说："我把那条旧的给你，反正我穿也肥了点。"英子听了，当即脱下衣服，回敬一句"你以为我这儿是垃圾收容所"。类似的事情发生几次，让同学感到她很难接近，她自己也很孤独、苦恼，但确实摆脱不了自卑的情绪。

启　示

自卑的心态使英子对舍友言行的认知产生了偏差。自卑属于自我意识不良，影响人际关系；自卑让人内心沉重，忧郁笼罩。克服自卑，超越自卑，是人生一个重要课题。

一、大学生常见人际交往问题

很多大学生作为独生子女群体，在中学时期常因学业优异而备受瞩目，人际关系问题往往被掩盖。进入大学后，许多事情需要自己亲自处理。面对一些新的问题，由于缺乏应有的交际知识和应对技能，有些学生显得优柔寡断，束手无策，一旦出现矛盾，又往往选择用简单的、粗暴的方式去解决，从而出现交际不适，甚至交际困难。大学生常见的交际问题主要表现为如下几个方面。

（一）交往态度问题

交往态度方面的问题有很多种表现。有的过度自我保护，在交往中表现得小心翼翼，难以敞开心扉，无法建立深厚的友谊。有的以自我为中心，在交往中只关注自己的需求和利益，忽视他人的感受，容易引起他人的反感和疏远。有的态度傲慢，对他人缺乏平等尊重，尤其是对比自己条件差的人。还有一些不够诚实，言行不一，缺乏真诚。

（二）个性品质问题

个性品质上的差异容易带来交往中的误解、矛盾与冲突，大学生交往中常见的个性品质问题有以下几种表现：

1. 嫉妒与报复

嫉妒是一种负面的心理状态，体现在对他人的成就和优点感到不满与嫉恨。当目睹他人的卓越表现时，嫉妒者内心往往充满痛苦与哀伤，可能采取冷嘲热讽或攻击性的言行，引发人际冲突。例如，某些同学虽内心羡慕被选为班干部的同学，却口头上贬低对方，甚至故意疏远；面对获得奖学金的同学，他们也寻找理由进行挖苦。

报复心理则表现为对那些给自己带来挫折的人采取攻击性行为，以宣泄内心的不满与怨恨。这种心理和行为多见于心胸狭隘的人。当遭受挫折时，他们往往无法正确归因，找出问题的真正所在，而是错误地将责任归咎于他人。比如，被老师批评后，会无端怀疑班干部打小报告；考试失利时，认为是老师故意为难自己；朋友与自己分手，归咎于第三者的介入。

2. 自卑与自负

自卑是一种过低的自我评价。自卑的浅层感受是别人看不起自己，而深层体验是自己看不起自己。这种心境使自卑者过分在意自己的不足，对别人的态度非常敏感，在交往中缺乏自信，畏首畏尾，常感到不安，因而限制了交往范围。

而自负则是过于相信自己，只强调自己的感受。在人际交往中表现为目中无人，高兴时眉飞色舞，不高兴时不分场合乱发脾气，不考虑别人的感受。在对自己与别人的关系上，过高地估计了彼此的亲密度，说话做事过于随便。这种心理经常出现在宿舍成员交往中，比如有的学生自恃交情好随意使用别人的东西、探听别人的秘密。

3. 害羞与孤独

害羞者在人际交往中常常表现为腼腆，不自然，脸色泛红，说话音量低，严重者怯于交往，对交往采取回避态度。这种心理状态在女性及异性交往中尤为常见。由于过度自我约束，害羞者难以充分表达自身愿望和情感，导致沟通障碍，进而造成双方的不理解或误解，阻碍了良好人际关系的建立。

孤独则是一种与世隔绝、缺乏情感与思想交流的心理状态，表现为孤单寂寞。孤独可能源于孤芳自赏、自命清高、待人冷漠，使得"水至清则无鱼，人至察则无徒"；也可能因为行为习惯上的差异，让他人难以接近；还可能因为自卑心理，不敢与人交往。这些因素共同作用下，一些大学生在心理上和行为上为自己与他人之间筑起一道屏障，将自己封闭起来。

（三）交往能力问题

交往能力欠缺是当前大学生交往中普遍存在的问题。由于沟通理解、人际交往及独立生活能力的欠缺，一些大学生往往不会交往、不善交往。本来一片诚意要帮助别人，但方式不恰当，不能让他人清楚地了解自己的想法，也不能正确地理解他人，结果令人难堪；或者在交往过程中过分主动、热情，却让人觉得不舒服。还有的大学生在心理上和生活中过分依赖别人，成为别人的负担等，这都在很大程度上制约着他们的交往。

（四）认知偏差问题

对交往对象、交往关系、交往方式的看法和态度将直接影响到人际交往的发展。有些学生没有认识到大学时期的人际交往与中学时代发生了极大变化，仍按原来的方式进行，在认识人和评价人的过程中常带有主观、极端、简单化的倾向，一旦交往受挫，便易产生心理困惑。同时，交往中也不可避免地出现社会认知偏差，如下几种常见的认知偏差不同程度影响着大学生的正常交往。

1. 首因效应

首因效应就是我们通常所说的第一印象，它对后来获得信息的理解有着强烈的定向作用。如一位大学生刚入学时，出色的自我介绍会让人认为该同学能力很强。

2. 近因效应

在总的印象形成上，新近获得的信息比原来获得的信息影响更大，这种现象被称为近因效应。比如在对刚受过奖励的和刚受过批评的两个班干部投票打分时，即使两个班干部平时表现相当，得分结果也很可能差别很大，就是这个原因。

3. 晕轮效应

人们将从已知的特征推知其他特征的普遍倾向称为晕轮效应。它可以帮助人们迅速建立有关别人的印象，尽快适应多变的外部世界；但也往往以偏概全，使人们对别人的印象与其本来面目相去甚远。

4. 刻板效应

有些人习惯于机械地凭经验和社会学习将交往对象归于某一类人，将对该类人的评价强加于他。如认为农村大学生卫生习惯不好，家庭社会地位高的学生傲气、不好相处等。这种刻板印象容易形成先入为主的定势效应，好处是能快速地了解一个陌生或不太熟悉的人或群体的特征，但也会先入为主、以偏概全，产生偏见与歧视。

5. 投射效应

人际关系中的投射效应，指与人交往时把自己具有的某些不讨人喜欢、不为人接受的观念、性格、态度或欲望转移到别人身上，认为别人也是如此，以掩盖自己不受人欢迎的特征。如自私的人总认为别人也很自私，而那些慷慨大方的人认为别人对自己也应不小气。由于投射作用的影响，人际交往中很容易产生误解。

6.从众心理

从众是根据多数人的看法来确立自己的观点或态度的一种现象。这种人缺乏主见，人云亦云，看人看事随大流，没有自己的观点，不管别人的看法正确与否，一味随声附和。这样会导致认识失真，影响与他人的交往。

二、大学生人际交往问题的自我调适

人际交往难免存在挑战，每个人在交往中都会存在一些问题，大学生和谐人际关系的建立是一个过程，需长期努力，不断自我调适，增强自我认知。

（一）树立对人际交往的正确认识

思路决定出路，眼界决定境界。作为大学生，应当清醒地认识到建立和谐融洽的人际关系对自己的个人成长及未来发展的重要性，树立提高自身交往能力的信心和决心。要正确认识和评价自己的过去，把过去的种种经历当作未来人生发展的基石，把大学生活作为人生的一个新起点，平和而理智地看待周围的人和事，谦虚待人。同时还应该认识到：交往是双向的，只有开放自己，才能更有效地接近他人；交往是平等的，只有尊重他人，才能使别人尊重自己；交往是互惠互利的，只有双方都能从交往中获取心理上的慰藉，才有可能良好持久；交往是有选择的，"近朱者赤，近墨者黑"，既考虑相似，还要相容；交往需要投资信任，你信任别人，别人才对你坦诚相待；交往离不开宽容，只有从积极的角度去理解他人的动机和言行，不妄加揣测，不以己度人，交往才能持久。

（二）调整自身的消极心理品质

不同的人存在不同的性格不足之处，应针对自己的情况进行有意识的调适。

自卑者要善于发现自己的长处，肯定自己的成绩，不要总把自己看得一无是处，要进行积极的自我暗示，自我鼓励。当面临某种情况感到自信心不足时，不妨自问："人人都能干，我为什么不能？"自负者应认识到现实中不能事事以"我"为中心，要学会关心别人，与人和谐相处，对别人的进步和成功表示关心和赞美。

嫉妒和报复心比较强的人则要经常提醒自己不要陷于"敌对心理"的漩涡中，要培养必要的涵养，学会忍让和克制，避免产生攻击行为。羞怯心较强及有孤独感的人则应当大胆真诚地开放自己的内心，拆除心中的篱笆墙，才能走进别人的心灵世界。当然，为了避免受挫，交往前，自己应做好充分的准备，不妨准备几个话题，在没人的地方或者在很熟悉的人面前反复练习。当你对别人做出一个友好的行动来表示支持或接纳时，对方也会对你报以相应的友好行为。

（三）塑造个人形象，提升人际魅力

人与人的交往，是思想、智慧、能力及心理的交流与影响。通常人们都愿意与有良好个人形象的人交往，大学生更是如此。因此，要想形成一个广泛的人际脉络，不仅要有积极主动的态度，还必须内强素质，外塑形象，增进个人魅力。

一个人最真实的魅力应该是从内而外散发出来，个性鲜明，有内涵，而这些要靠文化的积淀，时间的累积，思想的折射，是短时间内无法彻底改变的。大学生要学会每天以最佳的状态面对生活，面对每一个朋友，懂得谅解，懂得遗忘，多读好书，多学知识，从中汲取有益的营养，培养真诚、热情、自信、幽默、克制等优秀的品质。同时还要注意提高自理自立的能力，这不仅可以避免过分依赖别人，获得别人的尊重，还能在帮助别人的过程中找到自

信，收获友情。

（四）超越人际交往中的认知偏差

在人际交往中，我们需要超越固有的思维模式和认知偏差，公正全面地评价他人。不应因某人在某方面的杰出表现而盲目认为其所有方面都优秀，即避免"晕轮效应"的误导；同样，也不应因某人的一个缺点就忽视其整体的长处。

利用"首因效应"的积极影响，努力在初次交往中给人留下积极、正面的第一印象。这要求我们注重言行举止，展现自己的真诚与热情。

积极创设"近因效应"，不断更新和巩固他人对我们的良好印象。同时，在交友过程中，应理智选择交往对象，坚持交益友、慎交友的原则，确保人际关系的健康与稳定。

阅读与思考　　　**智者的四句箴言**

一位青年人拜访年长的智者。青年问："我怎样才能成为一个自己愉快，也能使别人快乐的人呢？"智者说："我送你四句话。第一句是：把自己当成别人。即当你感到痛苦、忧伤的时候，就把自己当作别人，这样痛苦自然就减轻了；当你欣喜若狂时，把自己当作别人，那些狂喜也会变得平和些。第二句话是：把别人当作自己。这样就可以真正同情别人的不幸，理解别人的需要，在别人需要帮助的时候给予恰当的帮助。第三句话是：把别人当成别人。要充分尊重每个人的独立性，在任何情形下都不能侵犯他人的核心领地。第四句话是：把自己当作自己。"青年问道："如何理解'把自己当自己'，如何将四句话统一起来呢？"智者说："用一生的时间，用心去理解。"

思考：

这四句话为什么是"使自己愉快，也使别人快乐的诀窍"？请结合自身的经历和体会，谈谈你的理解。

阅读与思考　　　**四种人际交往模式**

美国著名心理学家爱利克·伯奈认为，人与人之间有四种基本的人际交往模式，不同的人用不同的模式与人交往，它们决定了我们不同的人际交往态度。这四种模式是：

我不好—你好，我不行—你行；

我不好—你也不好，我不行—你也不行；

我好—你不好，我行—你不行；

我好—你也好，我行—你也行。

思考：

你认为这四种交往模式分别反映了什么样的心理特点，哪一种是可取的？说明理由。

心理自测

社交恐惧测试

请阅读以下题目，按照四种情况进行选择：①从不或很少如此；②有时如此；③经常如此；④总是如此。在题后用代号①、②、③、④表示你的答案。

1. 我怕在重要人物面前讲话。

2. 在人面前我容易脸红并很难受。

3. 聚会及一些社交活动让我害怕。

4. 我常回避和我不认识的人进行交谈。

5. 让别人议论是我不愿的事情。

6. 我回避任何以我为中心的事情。

7. 我害怕当众讲话。

8. 我不能在别人注目下做事。

9. 看见陌生人我就不由自主地发抖、心慌。

10. 我梦见和别人交谈时出丑的窘样。

评分标准：

你所写出的答案的代号就是你本题得分。将分数累加就是你的最后得分。

结果解释：

社交恐惧通常表现为对自己言行举止的过度在意，在与他人交往时会感到紧张不安，可能出现脸红、担心表现不佳的情况。当这种恐惧感加剧到一定程度时，可能会避免与陌生人见面，甚至拒绝与家人以外的任何人进行社交互动，选择将自己封闭在房间内，这种孤立状态会对日常的工作和学习造成困扰。

1~9分：没有社交恐惧的问题。

10~24分：已经表现出轻度的社交恐惧症状，需要加以关注和调整。

25~35分：已经处在社交恐惧中等程度的边缘，考虑寻求心理咨询师的帮助。

36~40分：社交恐惧比较严重，建议尽快到心理咨询机构接受系统的心理治疗。

第四篇

大学生的情绪管理

第一讲　情绪情感概述

〈 导　语 〉

　　"多少人，多少幸福被抢夺，多少生活，在一瞬间被埋没，一切变沉默，泪光在眼眶闪烁，尘埃沾满了失落的轮廓……"2008 年 5 月 12 日，是一个中国人永远都不会忘记的悲痛的日子。"我和你，心连心，共住地球村，为梦想，千里行，相会在北京……"北京奥运，百年梦圆。2008 年的夏天，是全球华人的节日，让我们实实在在地体会了兴奋与自豪！

　　即便岁月流转，回望 2008 年，我们依然会心潮澎湃、百感交集。对中国而言，2008年犹如一部波澜壮阔的交响曲，在乐章的宏伟结构中蕴含着高昂、悲怆、澎湃与雄壮，情感起伏犹如潮涌。人非草木，孰能无情？每个人生活在这个世界上，都有喜怒哀乐，悲欢离合。情绪情感时时刻刻存在于我们日常生活中，不仅影响人们的行为，而且深刻地影响着人们的身心健康。我们要了解自己的情绪，用适合自己的方法去管理、驾驭情绪，做情绪的主人。

〈 案　例 〉

　　热地亚是保险公司的职员，他的心情总是很好。当有人问他近况如何时，他总会回答："我快乐无比。"他说："每天早上，我一醒来就对自己说：热地亚，你今天有两种选择，可以选择心情愉快，也可以选择心情不好——我选择心情愉快；每次，有坏事情发生，我可以选择成为一个受害者，也可以选择从中学些东西——我选择后者。人生就是选择。归根结底，是你自己选择如何面对人生。"

　　有一天，银行遭遇了三个持枪歹徒的抢劫。歹徒朝他开了枪。幸运的是发现较早，热地亚被及时送进了急诊室。经过 18 小时的抢救和几星期的精心治疗，他出院了，只是仍有小部分弹片留在他体内。6 个月后，一位朋友见到了他，问他近况如何，他说："我快乐无比。想不想看看我的伤疤？"朋友看了伤疤，然后问当时他想了些什么。热地亚答道："当我躺在地上时，我对自己说有两个选择：一是死，一是活。我选择了活。医护人员都很好，他们告诉我，我会好的。但在他们把我推进急诊室后，我从他们的眼神中读到了'他是个将死的人'。我知道我需要采取一些行动。""你采取了什么行动？"朋友问。热地亚说："有个护士大声问我对什么东西过敏。我马上回答'有的'。这时，所有的医生、护士都停下来等我说下去。我深深吸了一口气，然后大声吼道：'子弹！'我接着说道：'请把我当活人来医，而不是死人！'"

〈 启　示 〉

　　人人有情绪，但不是人人都能管理好自己的情绪。管理好情绪就能让自己的生活丰富多彩。积极的情绪，就是一种强大的精神力量，不仅能激发个人的内在潜能，还能在人际交往中起到积极的感染作用。热地亚乐观的情绪，救了自己，也感染着我们。

学习认知

一、情绪概述

（一）什么是情绪

情绪是指人对客观事物是否符合自己的需要而产生的态度体验。它包括四个方面：

一是情绪的主观感受，即情绪反映了个体的需要是否获得满足以及满足的情况如何。如果客观事物符合个体需要，就会产生积极的情绪体验；如果没有满足个体需要就会产生消极的情绪体验。

二是情绪的外在行为表现，指个体在产生某种情绪体验时，一般会伴随着身体各个部位动作、姿势的变化，即身体语言。身体语言主要包括面部表情、身段表情和言语表情。

三是情绪的生理基础，指和情绪有着密切关系的人体许多内部器官的活动。

四是情绪的认知过程，即人们对于引发情绪的事件或刺激情境所做出的解释和判断。

可见，情绪不是一种单一的心理活动，它涉及人的内部态度体验、外部行为表现、机体的生理活动以及认知过程等多种身心过程。

（二）情绪与情感的关系

情绪和情感是与人的特定的主观愿望或需要相联系的，历史上曾统称为感情。人们的感情是非常复杂的，既包括感情发生的过程，也包括由此产生的种种体验，因此仅用"感情"这一概念难以全面表达这种心理现象的全部特征。在当代心理学中，人们分别采用个体情绪和情感来更确切地表达感情的不同方面。

情绪主要指感情过程，即个体需要与情景相互作用的过程，也就是脑的神经机制活动的过程，如高兴时手舞足蹈、愤怒时暴跳如雷。情绪具有较大的情景性、激动性和暂时性，往往随着情景的改变和需要的满足而减弱或消失。情绪代表了感情发展的原始方面。从这个意义上讲，情绪概念可用于人类，也可用于动物。

情感经常用来描述那些具有稳定的、深刻的社会意义的感情，如对祖国的热爱、对敌人的憎恨以及对美的欣赏等。作为一种体验和感受，情感具有较大的稳定性、深刻性和持久性。情感是同人的社会性需要相联系的主观体验，是人类所特有的心理现象之一。人类高级的社会性情感主要有道德感、理智感和美感。

情绪和情感有区别，但又相互依存、不可分离。稳定的情感是在情绪的基础上形成的，又通过情绪来表达。情绪也离不开情感，情绪的变化反映情感的深度，在情绪中蕴含着情感。心理学主要研究感情的发生、发展的过程和规律，因此较多地使用情绪这一概念。

二、情绪的分类

情绪的分类一直是令研究者感到棘手的问题。因为人类的情绪千变万化，正如詹姆士所说的，有多少词描述情绪就有多少种情绪。情绪究竟有多少种，至今仍无人能说得清。我国古代《礼记》把情绪分为喜、怒、忧、思、悲、恐、惊，即"七情"；到了近代，西方学者常把情绪分为快乐、愤怒、悲哀、恐惧四种，它们通常被认为是最基本的情绪形式。

　　根据情绪发生的强度、速度、持续时间的长短，可以把情绪状态划分为心境、激情、应激等。

　　心境是一种比较平静、持久的情绪状态，具有弥漫性。某种心境一旦产生，它便会影响到人们的生活和工作，使人们的言行、思想及所有接触到的事物均带上某种情绪的色彩。例如当一个人心境不好时，即使是阳光明媚的日子，在他看来也是阴云密布；而当一个人的心境愉快舒畅时，即使是真正的阴云密布，大雨滂沱，他也会觉得这雨声是如此动听悦耳。

　　激情是一种强烈、短暂、突发性的情绪状态。如果说心境是和风细雨的话，那么激情就是疾风暴雨。激情状态常常伴随着明显的生理变化和外部行为表现，如盛怒时拍案而起、暴跳如雷；狂喜时哈哈大笑、手舞足蹈。人在激情状态下常常会出现"意识狭窄"现象，即认知活动的范围缩小，理性分析能力下降，自我控制能力减弱，行为出现失控。

　　应激是人们在生命或精神处于异常紧张情况下所产生的情绪状态。在现实生活中，人们往往会遇到突然发生的事情或偶然发生的危险，这要求迅速地集中自己的智慧和经验，动员全身的力量，采取相应的行为。不乏这种紧急状态下迸发出神奇力量的例子：十几岁的女孩情急之下，奋不顾身从猛虎口下救出遇难的婴儿；第28届奥运会上举重运动员石智勇举起了自己平时从未举过的重量。中等程度的应激状态会对人的行为产生积极作用，使个体能更好地发挥积极性，思维清晰、反应灵敏，但应激也会给生理、心理和行为带来负面影响。

　　另外一种较常用的分类是把情绪分为积极（正向）情绪和消极（负向）情绪两大类。把对人的行为起促进和增力作用的情绪如高兴、快乐等统称为积极情绪，把对人的行为起削弱和减力作用的情绪如紧张、悲哀等统称为消极情绪。情绪本身并无好坏之分，但应学会适时适度地表达情绪，避免长时间陷入消极情绪而损伤身心健康。

三、情绪的功能

（一）动力功能

　　情绪具有激励作用。情绪能够以一种与生理性动机或社会性动机相同的方式激发和引导行为。有时我们会努力去做某件事，只因为这件事能够给我们带来愉快与喜悦。从情绪的动力性特征看，分为积极增力的情绪和消极减力的情绪。快乐、热爱、自信等积极增力的情绪会提高人们的活动能力，而恐惧、痛苦、自卑等消极减力的情绪则会降低人们活动的积极性。有些情绪同时兼具增力与减力两种动力性质，如悲痛可以使人消沉，也可以化为力量。

（二）调控功能

　　情绪对于人们的认知过程具有调控作用。大量研究表明：适当的情绪对人的认知活动具有积极的组织功能，而不当的情绪对人的认知活动具有消极的瓦解功能。

　　心理学家叶克斯和道森通过动物实验发现，随着课题难度的增加，动机最佳水平有逐渐下降的趋势，这种现象称为叶克斯-道森定律，它揭示了情绪与操作效率之间的关系：轻度紧张，适度焦虑，会调动自己生理、心理的各种积极因素，以应付紧急情况，有助于临场竞技水平的发挥。但是，如果过分紧张，焦虑过度，会出现精神疲劳和心理疲劳现象，严重地影响能力的发挥。考试焦虑就是一个典型例子，一般来说，中等程度的紧张是考试的最佳情绪状态，过于松弛或极度紧张都不利于考生正常水平的发挥。可见，情绪的好坏与唤醒水平高低会影响到人们的行为效果，平时应主动地把握自己的情绪状态，使情绪成为我们行动的促进力量。

（三）保健功能

情绪对健康的影响作用是众所周知的。马克思说过："一种美好的心情，比十服良药更能解除生理上的疲惫和痛楚。"良好的情绪，能使免疫系统和体内化学物质处于平衡状态，增强对疾病的抵抗力，不良的情绪则是造成各种疾病的原因之一。我国古代医书《黄帝内经》中就有"怒伤肝，喜伤心，思伤脾，忧伤肺，恐伤肾"的记载。有许多心因性疾病与人的情绪失调有关，如溃疡、偏头痛、高血压、哮喘、月经失调等。有些人患癌症也与长期心情压抑有关。一项长达 30 年的关于情绪与健康关系的追踪研究发现，年轻时性情压抑、焦虑和愤怒的人患结核病、心脏病和癌症的比例是性情沉稳的人的 4 倍。"一个小丑进城胜过一打医生"的西方谚语，就非常形象地说明了情绪对人身体健康的影响。积极的情绪体验是保持心理平衡与身体健康的重要条件。

（四）信号功能

情绪的外部表现是表情，表情具有信号传递作用，属于一种非言语性交际。人们可以凭借一定的表情来传递情感信息和思想愿望。心理学家研究发现，在日常生活中，有 55% 的信息是靠非言语表情传递的，38% 的信息是靠言语表情传递的，只有 7% 的信息才是靠言语传递的。表情是比言语产生更早的心理现象，在婴儿不会说话之前，主要是靠表情来与他人交流的。表情比语言更具生动性、表现力、神秘性和敏感性，人们可以通过表情准确而微妙地表达自己的思想感情，也可以通过表情去辨认对方的态度和内心世界。所以，表情作为情感交流的一种方式，被视为人际关系的纽带。

（五）感染和迁移功能

人的情绪具有感染性。如看到别人哭时我们也会悲伤，别人的快乐也会传递给我们。人与人之间正是因为存在情绪的感染，才能做到以情动人。文学、艺术、影视、音乐等之所以能打动人，就在于情绪具有感染性。情绪的迁移是指个体对他人的情绪会迁移到与他人有关的对象上，"爱屋及乌"就是这种效能的说明。学生会因为喜欢某位教师而喜欢他所教的学科，就是情绪的迁移。

四、情绪健康的标准

情绪健康一般是指情绪的目的性恰当、反应适度，不带有幼稚的、冲动的特征，符合社会规范的要求。

心理学家瑞尼斯等人提出情绪健康的六项指标：①发展出某些技巧以应付挫折情境；②能重新解释与接纳自己与情绪的关系，不会一直自我防卫，能避免挫折并安排替代的目标；③感觉某些情境会引起挫折，可以避开并找寻替代目标，以获得情绪满足；④能找出方法，缓解生活中的不愉快；⑤能认清各种防卫机制的功能，包括幻想、退化、反抗、投射、合理化、补偿，避免防卫过度，造成情绪困扰；⑥能寻求专家的帮助。

心理学家索尔也指出情绪健康的八个特点：①独立，不依赖父母；②增强责任感及工作能力；③去除自卑情结、个人主义及竞争心理；④适度的社会化，能与人合作，并符合个人良心；⑤成熟的性态度，能组织幸福家庭；⑥避免敌意与攻击；⑦对现实有正确的了解；⑧具有弹性以及适应力。

对大学生来说，情绪健康具体表现为：情绪的基调是积极、乐观、愉快、稳定的，对不良情绪具有自我调控能力，情绪反应适度；高级社会情感（理智感、道德感、美感等）得到良好的发展。

阅读与思考　　情绪与健康

一个山区的农民花了大部分积蓄买了头小毛驴，可是在回家的路上，小毛驴突然受惊。面对一边是陡峭高山，另一边是深邃沟壑的险情，农民担心小毛驴坠入山沟，内心极度紧张。幸运的是，这头小毛驴没跑几十米就被人拦住了，此时这个农民已经肚子疼得蹲在地上动不了了。送到医院一检查，他的小肠出现了五处穿孔。这叫急性应激反应性疾病，即在情绪遭受剧烈冲击时，人体内脏可能发生严重功能紊乱。

思考：

上述内容说明情绪对人有怎样的影响？

心理自测
情绪稳定性自测

1. 看到最近一次拍摄的照片，你感觉如何？
   　A. 不称心　　　　　　B. 很好　　　　　　　　C. 还可以
2. 你是否会想到若干年后会发生什么使自己极为不安的事？
   　A. 时常　　　　　　　B. 没有　　　　　　　　C. 偶然
3. 你曾被同学起外号挖苦过吗？
   　A. 时常　　　　　　　B. 没有　　　　　　　　C. 偶然
4. 你上床以后是否必须再看一次门窗是否关好再睡？
   　A. 时常　　　　　　　B. 没有　　　　　　　　C. 偶然
5. 你对与你关系密切的人是否感到满意？
   　A. 不满意　　　　　　B. 非常满意　　　　　　C. 还可以
6. 你在半夜时分是否觉得害怕？
   　A. 时常　　　　　　　B. 没有　　　　　　　　C. 偶然
7. 你会梦见什么可怕的事情而惊醒吗？
   　A. 时常　　　　　　　B. 没有　　　　　　　　C. 偶然
8. 你是否常做梦？
   　A. 是　　　　　　　　B. 不是　　　　　　　　C. 记不清
9. 有没有一种食物吃了会使你呕吐？
   　A. 有　　　　　　　　B. 没有　　　　　　　　C. 不知道
10. 你心里有没有去"另一个世界"的想法？
   　A. 有　　　　　　　　B. 没有　　　　　　　　C. 不清楚
11. 你心里是否偶尔怀疑自己不是现在父母亲生的呢？
   　A. 时常　　　　　　　B. 没有　　　　　　　　C. 偶然

12. 你曾经觉得没有一个人关心或尊重你吗？
　　A. 是　　　　　　　　B. 不曾觉得　　　　　　C. 记不得

13. 你是否常常觉得家人对你不好？
　　A. 时常　　　　　　　B. 没有　　　　　　　　C. 偶然

14. 你觉得没有人完全了解你吗？
　　A. 是　　　　　　　　B. 不是　　　　　　　　C. 不肯定

15. 早晨起来，你最常有的感觉是什么？
　　A. 忧郁　　　　　　　B. 快乐　　　　　　　　C. 记不清楚

16. 每到秋天，你经常有的感觉是什么？
　　A. 枯叶遍地　　　　　B. 秋高气爽　　　　　　C. 没感觉

17. 你站在高处时，总觉得站不稳吗？
　　A. 是　　　　　　　　B. 不是　　　　　　　　C. 有时

18. 你觉得自己身体强健吗？
　　A. 不强健　　　　　　B. 强健　　　　　　　　C. 不清楚

19. 你一回到家就立即把房门关上吗？
　　A. 是　　　　　　　　B. 不是　　　　　　　　C. 没留意

20. 你在关上门的小房间内会觉得不安吗？
　　A. 是　　　　　　　　B. 不是　　　　　　　　C. 偶然

21. 你在做某件事时总觉得很难下决心吗？
　　A. 是　　　　　　　　B. 不是　　　　　　　　C. 偶然

22. 你常用抛硬币或抽签预测命运吗？
　　A. 时常　　　　　　　B. 不会　　　　　　　　C. 偶然

23. 你会因碰到东西而跌倒吗？
　　A. 时常　　　　　　　B. 不会　　　　　　　　C. 偶然

24. 你是否要用上一个小时以上才能入睡？
　　A. 时常　　　　　　　B. 从未　　　　　　　　C. 偶然

25. 你是否感觉到别人感觉不到的东西？
　　A. 时常　　　　　　　B. 从未　　　　　　　　C. 偶然

26. 你是否认为自己有超越常人的能力？
　　A. 是　　　　　　　　B. 没有　　　　　　　　C. 在某些方面

27. 你曾经因为有人跟你走而感到不安吗？
　　A. 是　　　　　　　　B. 没有　　　　　　　　C. 不清楚

28. 你是否觉得有人在注意你的言行举动？
　　A. 是　　　　　　　　B. 没有　　　　　　　　C. 不清楚

29. 当你一个人夜行时，是否会觉得前面潜藏危机？
　　A. 是　　　　　　　　B. 不是　　　　　　　　C. 偶然

30. 你对别人的自杀行为的态度是什么？
　　A. 可以理解　　　　　B. 不可思议　　　　　　C. 不清楚

评分标准：

A 为 2 分，B 为 0 分，C 为 1 分。计算出总分。

结果解释:

1. 少于 20 分，表示你的情绪稳定，自信心强，具有较高的审美能力、道德感和理性。你有一定的社交能力，能理解周围人的心情，顾全大局，是个性格爽朗、受人欢迎的人。

2. 20～40 分，表示你的情绪基本稳定，但较为低沉，对事情的考虑过于冷静，处事冷漠消极，自信心受到压抑，容易瞻前顾后，犹豫不决，丧失发挥自己个性的良机。

3. 40 分以上，表示你情绪极不稳定，日常烦恼太多，使自己心情处于紧张和矛盾之中。如果你的得分在 50 分以上，则是一种危险的情绪不稳定信号，建议找心理医生帮助解决。

第二讲　大学生常见情绪问题

<　导　语

　　情绪和情感像空气一样时刻围绕着我们，正因为有了喜、怒、哀、乐、爱、憎等不同的情绪和情感，生活才显得如此丰富多彩。大学生心理上正经历着急剧变化，尤其反映在情绪和情感方面，明显地带有青年人共有的特征；同时，由于独特的社会地位、知识水平、心理发展特点以及生理状况，大学生群体的情绪和情感又具有鲜明的自身特色。他们情感体验深刻、强烈、丰富、复杂，情绪起伏波动大，呈两极趋势，有时兴奋激动，有时又消沉忧郁。情绪困扰会影响到学习、生活等各个方面，长期持续的不良情绪还会危害大学生的身心健康。科学认识自身情绪发展的特点，有助于大学生学会调适不良情绪，促进良好情绪和情感的培养。

<　案　例

踢猫效应

　　有这样一则颇具警示意义的寓言故事：在一个清晨，西装革履的父亲踩着上班打卡的最后一秒冲进公司，却因季度报表数据失误，在老板办公室里遭受了长达半小时的严厉斥责。他压抑着满心怒火回到家中，发现孩子正把玩具散落得满地都是，作业本上还沾着打翻的果汁。积攒的负面情绪瞬间爆发，父亲不顾孩子惊恐的眼神，劈头盖脸就是一顿臭骂。

　　孩子被训斥后眼眶通红，攥着衣角委屈难消。见猫蹭来讨食，他一脚踹去。猫咪惨叫着逃到马路中央，正巧一辆卡车驶来，司机急打方向盘避让，失控的车头冲向路边，孩子最终也被卷入这场因情绪失控引发的悲剧中。这种典型的负面情绪在人与人之间的传递被称为踢猫效应。在现实生活中，踢猫效应无处不在。这种情绪的"踢猫"行为，不仅伤害他人，还会形成恶性循环，加剧社会矛盾。

<　启　示

　　情绪是人天性中的一部分，但不是不可控制的。踢猫效应提醒我们，每个人都是情绪传递链中的一环，必须学会管理自身情绪，才能抑制负面情绪的扩散。了解自己的情绪，主宰自己的情绪，做情绪的主人，而非被情绪所左右，这应当是大学生努力追求的目标。

<　学习认知

一、大学生情绪的特点

1.稳定性和波动性

大学生具有较高的智力水平和知识素养，加上社会和自我的高要求、高期望，因而在日常生活和活动中，具有一定的自我控制情绪的能力，总体上来看，情绪和情感是比较稳定的。但大学生的情绪和情感仍有不稳定因素存在，突出表现在情绪和情感经常在两极之间起伏、动荡：时而平静，时而激动；时而积极，时而消极；时而肯定，时而否定；时而外显，时而内隐，呈现出波动性的特征。

2. 丰富性和复杂性

大学生的情绪和情感极为丰富，不论在日常生活、学习、交往中，还是从事社会活动时，无不带有浓厚的感情色彩。他们在自我情感体验方面敏感丰富，注重独立感、自尊心、自信心和好胜心；在学习活动中有强烈的求知欲、好奇心，热爱科学和真理；对祖国、社会和集体有着深厚的情感，有强烈的民族自豪感和自尊感，正义感鲜明；对纯洁的友谊和爱情十分向往等。

情绪情感在表现形式上复杂多样，呈现出外显和闭锁、克制和冲动交错的特征。通常情况下，他们对外部刺激反应迅速、敏感，喜怒哀乐溢于言表，呈现出明显的外显性特点，例如为比赛胜利欢呼雀跃，因考试失败而垂头丧气。然而，在一些特定场景和事件上，会把内心真实的情绪和情感隐藏起来，有时还会采用文饰、反向的办法来掩饰内心情感。他们的情绪体验快而强烈，表现出热情奔放的冲动性特点，尤其是在感受到挑衅和敌意时，容易情绪失控；同时，又有一定的自制力，多数情况下都能用理智克制冲动，自我约束、自我调节。

3. 摇摆性和弥散性

大学生的情绪具有摇摆性，容易从一个极端跳到另一个极端，情绪跌宕起伏，表现出动荡不安的状况，他们的积极性往往随情绪起伏而涨落。

大学生情绪还有较强的弥散性。一种情绪一经产生，就可能越出原先的对象而扩散开来。在不自觉中，使得他们把自己的情绪赋予外物，转移到其他事物中去，即具有较明显的情绪迁移特点。因此有时就很难保持实事求是的客观态度。

4. 阶段性和层次性

一方面，随着年龄的增长、知识的积累和阅历的增加，不同年级阶段的大学生各有特点：一年级学生自豪感和自卑感交织、轻松感和压力感交织、新鲜感和恋旧感交织；二、三年级学生专业思想渐趋稳定，独立感、自尊感和自信心得到发展；四年级学生即将告别学校，走上工作岗位，社会责任感明显增强，紧迫感和忧虑感明显，同时对母校和班级、同学产生惜别留恋之情。另一方面，同一年级的大学生由于成绩、能力等方面的差异，又表现出不同层次的情绪和情感特点，二者交织共存。

5. 压抑性与高情感性

青年期是情感最丰富最强烈的时期，同时也是一个充满压力和冲突的时期，而这往往会导致情绪的压抑性。相当多的大学生常常感到自己的情感不能得到尽情倾诉，有一种不满、烦恼、空虚、孤寂感，有时连自己也不知道究竟这种压抑来自何方。同时，他们都有高情感的需求，觉得自己的内心充满了情感，充满了爱，但在现实中不能得到充分的满足和寄托。于是，往往到书籍、音乐中去寻找某种程度的共鸣、满足。这其实是一种情感的补偿。

二、大学生情绪特点的成因

1. 生理原因

大学生的生理发育已经成熟。由于性成熟和性激素分泌旺盛，使大脑皮层和皮层下中枢之间出现暂时的不平衡，大学生易产生情绪波动。另外，从人体生物节律来看，人的体力、情绪和智力都有周期性的变化，处在高潮期时，人感到体力充沛、心情愉快、思维敏捷；处在低潮期时则正好相反，人会觉得疲劳乏力、心情沮丧、思维迟钝，也使情绪出现波动的特点。大学生的生理成熟（尤其是性成熟）也会带来一系列情绪的骚动、不安。

2. 心理原因

与生理的成熟相比，大学生心理发展得相对缓慢，正处于由不成熟向成熟过渡的时期，容易产生各种内心矛盾和冲突，这些矛盾和冲突常会打破大学生的心理平衡状态，引起情绪的波动起伏。心理调节机制的不完善，缺乏对外界变化的弹性和应变能力，缺乏对心理活动调节和支配的意志和能力，使得他们情绪容易冲动。另外，大学生正好处在人格发展的"自我同一性"阶段上，这一过程会带来精神上的迷茫，情绪上的苦闷，心理上的不安，往往会陷入苦闷、烦恼乃至忧郁悲伤的情绪中。

3. 认知发展原因

大学生的自我发展尚未成熟，人生观、价值观正在逐步确立中，虽然他们对社会现象和政治事务极为敏感、活跃，但是人生观的不稳定、认识上的不成熟，往往使他们不能对社会现实和现象进行全面分析，对事物还缺乏完整的把握，容易以偏概全地加以肯定或否定，从一个极端走向另一个极端。尤其是在遇到困难和挫折时，更容易跌到悲观失望的谷底，出现紧张、焦虑、苦闷、烦恼等诸多不良情绪，甚至难以自拔。

总之，由于生理、心理和认知发展上的不平衡，大学生的情绪和情感呈现出稳定性和波动性、丰富性和复杂性、摇摆性和弥散性、阶段性和层次性、压抑性与高情感性共存的特点。

三、大学生情绪问题的主要表现

（一）大学生情绪问题及不良影响

大学生情绪问题，一般是指大学生遭遇自认为的不幸事件而引发的长时间难以消解的消极情绪状态，这类情绪也被称作减力情绪或负性情绪。另外情绪问题还涵盖因极度喜悦事件导致的过度兴奋，这种过度兴奋同样可能对身心健康造成不利影响。上述两种情况统称为劣性情绪。

强烈的消极情绪对大学生的身心健康危害极大，过度的情绪体验会引发生理的病变，如高血压、冠心病及消化系统疾病。研究表明，人在生气的时候，体内免疫细胞活性下降，人体免疫力下降，抵御病毒侵害的能力减弱，不仅可能导致器官功能障碍，还会增加罹患各种传染性疾病的风险。此外，消极情绪还具有感染性和弥散性，会干扰人的理性判断，进而影响其行为表现和社会适应能力。

（二）大学生情绪问题的主要表现

1. 焦虑

焦虑是一种普遍存在的心理状态，表现为无明显客观原因的内心不安或无根据的恐惧，是对未来潜在不良后果的预期性不安，融合了紧张、恐惧和担忧的情绪。焦虑不仅体现在生理反应上，如肌肉紧绷、出汗、嘴唇干燥和眩晕等症状，还伴随着认知层面的担忧，即对将来可能发生的不愉快事件的预见和顾虑。

焦虑是大学生常见的情绪状态，通常在学习、工作、生活各方面遭遇挫折或担心需要付出巨大努力的事情来临时，便会产生这种体验。焦虑的影响具有双重性，既可以起促进作用，也可以起阻碍作用。实验证明，中等程度的焦虑能使人维持适度的紧张状态，注意力高度集中，促进学习，但过度焦虑则会带来不良影响。高焦虑水平的大学生，常常会感到内心极度紧张不安，惶恐害怕、心神不宁、思维混乱、注意力不能集中，甚至记忆力下降，同时还容易产生头痛、失眠、食欲不振、胃肠不适等不良生理反应。

大学生常见的焦虑有自我形象焦虑、学习焦虑、情感焦虑、健康焦虑以及选择焦虑等。自我形象焦虑是担心自己不够漂亮、没有吸引力，体貌过胖或矮小等，也有因为粉刺、雀斑等影响形象而引起的焦虑。学习有关的焦虑有考试焦虑。情感焦虑多数是由于恋爱受挫而引发的自我否定，认为自己不具备爱人与被爱的能力，因过度担心而产生的焦虑。

2. 抑郁

抑郁是一种持续时间较长的低落、消沉的情绪体验，它常常与苦闷、不满、烦恼、困惑等情绪交织在一起，当事人体验不到生活、学习的乐趣，对所有活动失去兴趣，渴望一个人独居，并伴随身体症状，如常常乏力，起床变得困难，睡得太多或者早晨醒得太早且不能再次入睡。也可能出现饮食紊乱，吃得过多或过少，随之而来的体重激增或剧减。抑郁也伴随着个体思维方式的转变，比如注意力不集中、记忆力衰退或者很难做出决定，消极地看待世界，过度责备自己，对未来感到悲观。

当个体感到无法应对外界压力时，常常会产生这种消极情绪。一部分大学生由于不喜欢所学的专业，感到前途渺茫，或是由于失恋、人际关系困扰等问题而情绪低落，甚至萎靡不振，自暴自弃，出现抑郁症状。一般来说，这种情绪常见于性格内向、孤僻、敏感多疑、依赖性强、社交意愿低、历经挫折且长期努力未获回报的大学生群体中。

3. 易怒

愤怒是由于客观事物与人的主观期望相悖或愿望受阻时，内心产生的一种强烈的情绪反应。作为人类的一种正常情感，愤怒本身具有积极面，能激发力量，促使我们克服困难、解决问题，达成目标。但是，如果不能妥善地处理愤怒，它便可能成为负面因素，导致行为失当，损害身心健康，伤害他人，破坏人际关系。

处于精力充沛、血气方刚的青年时期的大学生，在情绪发展上往往容易产生好激动、易动怒的特点，遇事常常缺乏冷静的分析与思考，图一时之快，逞一时之勇。这种愤怒情绪在大学生中颇为常见，如有的大学生因一句刺耳的话或一件不顺心的小事而暴跳如雷，有的因别人的观点或意见与自己相左而恼羞成怒。

"愤怒是以愚蠢开始，以后悔结束。"心理学研究表明，当愤怒发生时，可能导致心跳加快、心律失常、高血压等身体健康问题，同时还会削弱甚至剥夺个人的自制力，导致思维混乱。

4. 恐惧

恐惧是一种因周围不可预知因素引发的强烈心理或生理反应，常促使人们采取回避行为以保护自身免受伤害。在面临自然灾害、战争或车祸等紧急情况时，恐惧情绪尤为显著。

恐惧情绪可分为两类：一类源于个体心理准备或能力不足，难以应对环境变化，如熟悉情境突变导致的失控感；另一类则表现为对无害事物的异常恐惧，尽管理智上认识其无害，却难以遏制担忧与逃避，且恐惧程度远超常人。这种情绪若持续加剧，可能演变为恐惧症，如社交恐惧症，表现为公众演讲恐惧、目光回避，伴随脸红、紧张、呼吸急促、身体颤抖等症状。

阅读与思考

愤怒的后果

迈克·泰森曾是世界上最年轻的重量级拳击冠军，以其强大的力量和凶猛的打法闻名于拳坛。然而，在他的职业生涯中，也多次因愤怒和情绪失控而陷入困境。其中最著名的一次事件发生在 1996 年，泰森在与拳王伊万德·霍利菲尔德的二番战中，因对霍利菲尔德的头部多次进行咬击而被判负，并失去了 WBC 和 WBA 重量级拳王的金腰带。这一行为不仅震惊了拳坛，也让泰森的声誉一落千丈。

据事后报道，泰森在比赛中情绪失控的原因是对霍利菲尔德的搂抱和头部撞击感到愤怒和不满。然而，作为一名职业拳击手，他本应以更加冷静和理智的方式应对比赛中的挑战，而不是采取咬击这种极端行为。这次事件对泰森的职业生涯产生了深远的影响。他不仅被禁赛一段时间，还失去了大量的赞助和粉丝支持。尽管后来泰森试图重返拳坛，但始终未能再次达到巅峰状态。

约翰·加尔布雷斯是一位在商界有着显著成就的企业家，他拥有一家成功的投资公司。然而，他在商业决策中经常因为愤怒和情绪失控而做出错误的判断。他对员工的严厉批评和不合理要求，导致团队士气低落，人才流失严重。更重要的是，他在面对市场波动和投资失败时，无法保持冷静和理智，而是盲目地追求高风险高回报的投资机会，试图通过激进的投资策略来弥补损失。

这种情绪失控的行为最终导致了他的投资公司陷入严重的财务困境。他的错误决策和投资失败让公司背负了巨额债务，最终不得不宣布破产。加尔布雷斯的个人财富也大幅缩水，他的商业帝国轰然倒塌。

思考：

你会时常体验到愤怒的情绪吗？你是怎样应对愤怒情绪的？

心理自测

焦虑自评量表（SAS）

填表注意事项：下面有 20 道题，请仔细阅读每一道，把意思弄明白，然后根据你最近一星期的实际情况在适当的方格里打√。每一段文字后有 4 个格，A 表示没有或很少时间，B 表示小部分时间，C 表示相当多时间，D 表示绝大部分或全部时间。

题目	A	B	C	D
1. 我觉得比平时容易紧张或着急				
2. 我无缘无故感到害怕				
3. 我容易心里烦乱或感到惊恐				
4. 我觉得我可能将要发疯				
5. 我觉得一切都很好				

续表

题目	A	B	C	D
6. 我手脚发抖打战				
7. 我因为头疼、颈痛和背痛而苦恼				
8. 我觉得容易衰弱和疲乏				
9. 我觉得心平气和，并且容易安静坐着				
10. 我觉得心跳得很快				
11. 我因为一阵阵头晕而苦恼				
12. 我曾晕倒过，或觉得要晕倒似的				
13. 我吸气呼气都感到很容易				
14. 我的手脚麻木和刺痛				
15. 我因为胃痛和消化不良而苦恼				
16. 我常常要小便				
17. 我的手脚常常是干燥温暖的				
18. 我脸红发热				
19. 我容易入睡并且一夜睡得很好				
20. 我常做噩梦				

评分标准：

正向计分题（1、2、3、4、6、7、8、10、11、12、14、15、16、18、20）A、B、C、D按1、2、3、4计分；反向计分题（5、9、13、17、19）按4、3、2、1计分。

总分乘以1.25取整数，即得标准分，分值越小越好，分界值为50。

结果解释：

以50～55分为界，超过55分为异常，说明你的情绪处于焦虑状态。

第三讲　学会管理自己的情绪

导　语

亚里士多德说："发火很容易，但以恰当的方式、在合适的时机、对适当的人、适度地表达愤怒，就不那么容易了。"这句话揭示了情绪管理的复杂性。心理学家发现，人的情绪如同眼睛一样也有"盲点"，它主要包括三个方面：一是不了解自己的情绪变化，二是不会控制自己的情绪变化，三是看不见别人的情绪变化。

稳定的情绪是一个人成长的重要标志。懂得如何去控制和合理发泄自己的情绪，如何用自己的情绪去感染他人，是一件非常重要的事情。情绪管理就是帮助大学生认识自己和他人的情绪，消除不合理信念，锻炼理性思考能力并发展情绪智力，从而增强内心的力量。学会管理自己的情绪，保持良好、健康、积极的情绪状态，将有助于提高对外界环境的适应能力和心理健康水平。

案　例

有一个男孩脾气很坏，于是他的父亲就给了他一袋钉子，并告诉他，当他想发脾气的时候，就钉一根钉子在后院的围篱上。第一天，这个男孩钉下了40根钉子。慢慢地，男孩可以控制自己的情绪，不再乱发脾气，所以每天钉下的钉子也随之减少了，他发现控制自己的脾气比钉下那些钉子来得容易一些。终于，父亲告诉他，从现在开始，每当他能控制自己的脾气的时候，就拔出一根钉子。一天天过去了，最后男孩告诉父亲，他终于把所有的钉子都拔出来了。于是，父亲牵着他的手来到后院，告诉他说："孩子，你做得很好。但看看那些围篱上的坑坑洞洞！这些围篱将永远不能恢复从前的样子了。当你生气时所说的话，就像这些钉子一样，会留下很难弥补的痕迹，有些是难以磨灭的呀！"

启　示

为什么我们要管理自己的情绪？因为不受约束随意发泄的坏情绪，对人际关系具有极其强烈的破坏作用。我们没有权利只发泄自己的情绪而不顾及他人情绪感受。

学习认知

一、情绪管理的内涵

情绪由刺激所引发，当我们有情绪产生时，在心理、生理、行动等几个层面都会有所表现，而且表现的方式也会因人而异。情绪对每个人而言都很重要，它可以传递信息，认识引发情绪的刺激可让人了解事实的真相，因此更能掌握主动权。同时，情绪也是一个调适系统，压抑、沉溺或过度反应都会有问题产生。

情绪管理是通过有效的方法，合理地控制和调节自己的情绪，使自己总是处于一种积极的情绪状态。如果人们能够在日常学习、工作和生活中有效地进行情绪管理，挖掘和培植自己的情绪智商，培养驾驭自己情绪的能力，建立和维护良好的情绪状态，就能时时刻刻体会到积极的情绪带来的心理和生理上的变化，不断提高自己的身心健康水平。

二、情绪管理的策略

所有的情绪都是必要的。情绪管理并不是要去除或压制情绪。我们对于情绪的态度应该是：在觉察情绪后，允许并接纳其存在，同时适当地表达情绪，做到在适当的情境、以适当的方式表达情绪。一个人对于生活是否有幸福感，并不在于他遇到的负面情绪多或少，而在于他是否能够正确地应对。

（一）觉察自身情绪

情绪管理的第一步是情绪的觉察。情绪是无所不在的，它可以从脸部表情、行为举止和处事态度看得出来。个人的情绪很容易受到外界刺激或个体的身心变化而改变，小至他人的一个表情，大到社会文化环境，都会影响情绪的起伏。情绪是与生俱来的，要想管理好自己的情绪，就要深入了解情绪的本质和规律。找一个独处的时间，在一个安全的空间自言自语，大声把任何感觉不加责备地说给自己听。

可以用"3W法"来深入觉察自己的情绪：

What——我现在有什么情绪？情绪管理的第一步就是要先能察觉自己的情绪，并且接纳情绪。只有当我们认清自己的情绪，才能掌握情绪，才能为自己的情绪负责，而不会被情绪所左右。

Why——我为什么会有这种情绪？比如我为什么生气？我为什么难过？我为什么感到无助？找出引发情绪的原因，才能对症下药。

How——如何有效处理情绪？即情绪的管理。

（二）调节消极情绪

众所周知，当水库的水位超过警戒线时，水库就必须做调节性泄洪，否则会危害到水库的安全。倘若此时不但没有泄洪，反而又不断进水，水库就会崩溃。心理分析大师弗洛伊德就用"水库"的观念，比喻说明人类情绪的处理过程。他认为每个人的身体里面仿佛都有一座"情绪水库"，当负面情绪出现时，就会存放在"情绪水库"之中，如果"情绪水位"累积到所谓的警戒线，个体就会开始出现脾气暴躁，无法适当控制情绪的情形，而导致容易发脾气。如果再一直恶化下去，"情绪水位"崩溃的结果就是出现心理方面的问题。因此，保持心理健康的重要一点，就是不要让自己的"情绪水库"累积太多的水量，要想办法将"情绪水位"疏解掉。对于造成"情绪水位"的负面情绪，我们首先要无条件地接纳，然后科学合理地使之疏解。常用的疏解办法有：

1.认知重构法

情绪受认知的支配。艾利斯的合理情绪理论（又称 ABC 理论）认为，情绪的来源是个体的想法和观念，个体可以通过改变这些因素来改变情绪。该理论认为，使人难过和痛苦的，不是事件本身，而是对事情的不正确解释和评价。事情本身无所谓好坏，但当人们赋予它自己的偏好、欲望和评价时，便有可能产生各种无谓的烦恼和困扰。积极的观念往往使人能够快乐地生活，反之，消极的思想或与现实脱节的观念则容易引发情绪困扰。一旦我们能够识别出那些影响情绪的非理性想法，就能有针对性地应对。非理性想法大致可以归纳为两大类型，一种是"夸大"，另一种是"不切实际的要求"。另外，还有一些对人们生活有较大影响的非理性信念，如一个人应该被周围所有的人喜欢和称赞；一个人必须无所不能，十全十美，才有价值；那些坏人都应该受到严格的法律惩罚；事情不能如愿以偿时，那将是可怕的伤害；一切不幸都是由外在因素造成的，个人无法控制；面对困难和责任选择逃避，因为逃避比面对更容易；过去的经验决定了现在，而且是永远无法改变的。

唯有借助理性分析与逻辑思辨的力量，转变引发情绪困扰的不合理信念，树立起合理且正确的理性观念，我们才能有效克服自身的情绪难题，以合理的人生观来创造生活，并以此来维护心理健康，促进人的全面发展。

2. 宣泄法

我们可以采用多样化的方法来排解负性情绪，例如，当生气和愤怒时，可以到空旷的地方去大喊几声，或者去参加一些重体力劳动，也可以做一些比较剧烈的运动，跑两圈，扔几个铅球，将内心的能量转化为体力上的释放，这样能有效缓解怒气，平复心情。在过度痛苦和悲伤时，哭也不失为一种排解不良情绪的有效办法。

3. 心理暗示法

心理暗示是指在无对抗的条件下，通过语言、行动、表情或某种符号，对个体心理及行为施加影响的过程。心理暗示包括对他人的暗示和对自己的暗示。心理学家认为，人的意识或潜意识就像一片沃土，对自己进行心理暗示，就像在这块土地上播撒种子。积极或消极的暗示，会对我们的情绪和心态产生重大影响，并影响我们的行动。对自己实施积极的暗示，是调整自己情绪的好方法。当不良情绪要爆发或感到心中十分压抑的时候，可以通过心理暗示的作用，使不良情绪得到缓解。如将要发怒的时候，可以用语言来暗示自己：别做蠢事；发怒是无能的表现，既伤自己，又伤别人，还于事无补。这样的自我提醒，就会使心情平静一些。

4. 肌肉放松法

当我们感到紧张、焦虑或压力过大时，可以采用肌肉放松法来有效缓解这些不良情绪。例如，找一个安静舒适的地方坐下或躺下，先紧紧握紧拳头，感受手臂肌肉的紧张，然后慢慢松开拳头，体会肌肉放松的感觉，仿佛所有的压力和紧张都随着肌肉的松弛而消散。接下来，可以依次对肩膀、颈部、背部、腹部、腿部和脚部的肌肉进行紧张和放松的练习。每紧张一次，就深深地吸一口气，然后在放松时缓缓地呼出来，让身体逐渐沉浸在这种放松的状态中。通过反复练习，我们可以学会在紧张情绪出现时，迅速运用肌肉放松法来平复心情，恢复内心的平静和安宁。这种方法简单实用，是调节情绪、缓解压力的有效手段之一。

5. 自然疗愈法

大自然的壮丽景色能够开阔心胸，愉悦身心，陶冶情操。到大自然中走一走，对于调节人的心理状态有显著效果，切莫将自己封闭在狭小的空间内独自懊恼。对于长期处于学业压力的大学生来说，定期前往大自然中放松身心，不仅有助于维护身体健康，还能有效缓解身心的紧张状态。

6. 升华法

指不良的内心能量转化为具有积极建设性的活动能量。我们可以通过自身努力增强自身的才能，完善个人品格，成为卓越之人，把不良情绪的能量引到正确的方向上去，将遇到的挫折转化为前进的力量，将压力转变为推动自我前进的动力。

（三）增强抗压能力

增强抗压能力，是一个古老的话题。两千多年前孟子就写过："故天将降大任于是人也，必先苦其心志，劳其筋骨，饿其体肤，空乏其身，行拂乱其所为，所以动心忍性，曾益其所不能……"孟子的这一名句之所以千古传诵，正是因为它精准地阐述了人才成长的真谛：唯有历经重重挫折与磨难，方能成就非凡事业。

对于那些无法承受生活压力的人而言，他们难以实现长远的进步，更不用说取得显著成就。随着时代的发展，人们愈加认识到抗挫折能力的重要，众多有识之士纷纷提出，一定要加大对下一代抗挫折能力的培养力度。

（四）妥善应对他人情绪

识别他人的情绪，以获得更良好的人际环境与社会支持，是情绪管理的又一重要内容。良好应对他人的情绪主要应注意两点：

1. 积极倾听

倾听是一个复杂的过程，包括感官与心理过程，不仅听到别人所讲的内容，也听懂别人所欲表达的含义。倾听包括生理专注与心理专注。生理专注指的是身体适度倾向说话者，与对方保持眼神接触，保持轻松、自然、开放的姿势与表情。心理专注就是积极倾听，除了听到对方口语表达的内容，也领会到对方非口语的行为所蕴含的意义，注意到他的肢体动作、声调、语气、面部表情等。积极倾听可以让对方感觉到自己受到充分的尊重，可以促进人际关系的和谐，为自己赢得更多的社会支持。

2. 培养同理心

同理心，是指深入体验他人内心世界的能力，即我们通常所说的感同身受、将心比心，站在对方立场体会其感受，理解其内心的想法，并将这种理解反馈给对方。对他人的关注与理解往往能赢得相应的关怀，使我们感受到来自周围人的温暖。这种情感的交流与共鸣，是维持良好情绪状态的有效方式。

（五）发展情绪智力

情绪智力的概念是由萨洛维和玛伊尔提出，指个体监控自己及他人的情绪和情感，并识别、利用这些信息指导自己的思想和行为的能力。这一概念在现今社会中被广泛称为情商（EQ）。

萨洛维认为，情绪智力主要体现在以下五个方面。①认识自身情绪的能力，就是能认识自己的感觉、情绪、情感、动机、性格、欲望和基本的价值取向等，并以此作为行动的依据。②妥善管理自身情绪的能力，指对自己的快乐、愤怒、恐惧、爱、惊讶、厌恶、悲伤、焦虑等体验能够自我认识、自我协调，主动摆脱焦虑和不安情绪。③自我激励，指面对自己欲实现的目标，随时进行自我鞭策、自我说服，始终保持高度热忱、专注力和自制力，使自己有高度的办事效率。④认识他人的情绪，即对他人的各种感受，能快速且准确地进行判断，了解他人的情绪、性情、动机、欲望等，并能作出适度的反应。⑤人际关系的管理，指管理他人情绪的艺术，即如何有效地与他人沟通、协调、合作，以建立和谐的人际关系。一个人的人际和谐程度和这项能力有关。

阅读与思考

林肯的建议

林肯在担任美国总统期间，曾有一位陆军部长斯坦顿找到他那里气呼呼地对他说，一位少将用侮辱的语言指责他偏袒某些人。林肯建议斯坦顿写一封内容尖刻的信回敬那个家伙："你可以狠狠骂他一顿！"斯坦顿立即写了一封措辞强烈的信，然后拿给总统看。"对了，对了"，林肯高声叫好，"要的就是这个！好好训他一顿，真写绝了，斯坦顿。"但是当斯坦顿把信装进信封里时，林肯却叫住他："你干什么去？""寄出去呀！"斯坦顿有些摸不着头脑了。"不要胡闹！"林肯大声说，"这封信不能发，快把他扔到炉子里面去，凡是生气时候写的信，我都是这样处理的。这封信写得好是因为你在写的时候已经发泄了情绪，现在感觉好多了吧？那就请你把他烧掉，再写第二封吧。"

思考：

这则故事给你的启示是什么？

心理自测

情商测试问卷

共 33 题，测试时间 25 分钟，最大 EQ 为 174 分。请如实回答。

第 1～25 题：请从下面的选项中，选择与自己最相符的一项，尽可能少选中性答案。

1. 我有能力克服各种困难。（   ）
   A. 是的　　　　　　　B. 不一定　　　　　　　C. 不是的
2. 如果我能到一个新的环境，我要把生活安排得（   ）。
   A. 和从前相仿　　　　B. 不一定　　　　　　　C. 和从前不一样
3. 一生中，我觉得自己能达到我所预想的目标。（   ）
   A. 是的　　　　　　　B. 不一定　　　　　　　C. 不是的
4. 不知为什么，有些人总是回避或冷淡我。（   ）
   A. 不是的　　　　　　B. 不一定　　　　　　　C. 是的
5. 在大街上，我常常避开我不愿打招呼的人。（   ）
   A. 从未如此　　　　　B. 偶尔如此　　　　　　C. 有时如此
6. 当我集中精力工作时，假使有人在旁边高谈阔论，（   ）。
   A. 我仍能专心工作　　B. 介于 A 和 C 之间　　C. 我不能专心且感到愤怒
7. 我不论到什么地方，都能清楚地辨别方向。（   ）
   A. 是的　　　　　　　B. 不一定　　　　　　　C. 不是的
8. 我热爱所学的专业和所从事的工作。（   ）
   A. 是的　　　　　　　B. 不一定　　　　　　　C. 不是的
9. 气候的变化不会影响我的情绪。（   ）
   A. 是的　　　　　　　B. 介于 A 和 C 之间　　C. 不是的
10. 我从不因流言蜚语而生气。（   ）

A. 是的　　　　　　B. 介于 A 和 C 之间　　C. 不是的

11. 我善于控制自己的面部表情。（　　　）

A. 是的　　　　　　B. 不太确定　　　　　　C. 不是的

12. 在就寝时，我常常（　　　）。

A. 极易入睡　　　　B. 介于 A 和 C 之间　　C. 不易入睡

13. 有人侵扰我时，我（　　　）。

A. 不露声色　　　　B. 介于 A 和 C 之间　　C. 大声抗议，以泄己愤

14. 在和人争辩或工作出现失误后，我常常感到震颤，精疲力竭，而不能继续安心工作。（　　　）

A. 不是的　　　　　B. 介于 A 和 C 之间　　C. 是的

15. 我常常被一些无谓的小事困扰。（　　　）

A. 不是的　　　　　B. 介于 A 和 C 之间　　C. 是的

16. 我宁愿住在僻静的郊区，也不愿住在嘈杂的市区。（　　　）

A. 不是的　　　　　B. 不太确定　　　　　　C. 是的

17. 我被朋友或同事起过绰号、挖苦过。（　　　）

A. 从来没有　　　　B. 偶尔有过　　　　　　C. 这是常有的事

18. 有一种食物使我吃后呕吐。（　　　）

A. 没有　　　　　　B. 记不清　　　　　　　C. 有

19. 除去看见的世界外，我的心中没有另外的世界。（　　　）

A. 否　　　　　　　B. 记不清　　　　　　　C. 是

20. 我会想到若干年后有什么使自己极为不安的事。（　　　）

A. 从来没有想过　　B. 偶尔想到过　　　　　C. 经常想到

21. 我常常觉得自己的家庭对自己不好，但是我又确切地知道他们的确对我好。（　　　）

A. 否　　　　　　　B. 说不清楚　　　　　　C. 是

22. 每天我一回家就立刻把门关上。（　　　）

A. 否　　　　　　　B. 不清楚　　　　　　　C. 是

23. 我坐在小房间里把门关上，但我仍觉得心里不安。（　　　）

A. 否　　　　　　　B. 偶尔是　　　　　　　C. 是

24. 当一件事需要我作决定时，我常觉得很难。（　　　）

A. 否　　　　　　　B. 偶尔是　　　　　　　C. 是

25. 我常常用抛硬币、翻纸、抽签之类的游戏来预测吉凶。（　　　）

A. 否　　　　　　　B. 偶尔是　　　　　　　C. 是

第 26 ~ 29 题：下面各题，请按实际情况如实回答，仅需回答"是"或"否"即可，在你选择的答案后打"√"。

26. 为了工作我早出晚归，早晨起床我常常感到疲惫不堪。是＿＿＿＿＿否＿＿＿＿＿

27. 在某种心境下，我会因为困惑陷入空想，将工作搁置下来。是＿＿＿＿＿否＿＿＿＿＿

28. 我的神经脆弱，稍有刺激就会使我战栗。是＿＿＿＿＿否＿＿＿＿＿

29. 睡梦中，我常常被噩梦惊醒。是_____否_____

第 30 ～ 33 题：本组测试共 4 题，每题有 5 种答案，请选择与自己最切合的答案，在你选择的答案下打"√"。答案标准如下：1 表示从不，2 表示几乎不，3 表示一半时间，4 表示大多数时间，5 表示总是。

30. 工作中我愿意挑战艰巨的任务。1 2 3 4 5

31. 我常发现别人好的意愿。1 2 3 4 5

32. 能听取不同的意见，包括对自己的批评。1 2 3 4 5

33. 我时常勉励自己，对未来充满希望。1 2 3 4 5

评分标准：

第 1 ～ 9 题，每回答一个 A 得 6 分，回答一个 B 得 3 分，回答一个 C 得 0 分。计_____分。

第 10 ～ 16 题，每回答一个 A 得 5 分，回答一个 B 得 2 分，回答一个 C 得 0 分。计_____分。

第 17 ～ 25 题，每回答一个 A 得 5 分，回答一个 B 得 2 分，回答一个 C 得 0 分。计_____分。

第 26 ～ 29 题，每回答一个"是"得 0 分，回答一个"否"得 5 分。计_____分。

第 30 ～ 33 题，从左至右分数分别为 1 分、2 分、3 分、4 分、5 分。计_____分。

总计为_____分。

结果解释：

近年来，EQ（即情商）逐渐受到重视，世界 500 强企业还将 EQ 测试作为员工招聘、培训、任命的重要参考标准。通过以上测试，你就能对自己的 EQ 有所了解。

90 分以下：说明你的 EQ 较低，你常常不能控制自己，极易被自己的情绪所影响。你的事业可能会毁于你的急躁。对此，最好的解决办法是能够给不好的事物一个好的解释，保持头脑冷静，使自己心情开朗，正如富兰克林所说："任何人生气都是有理的，但很少有令人信服的理由。"

90 ～ 129 分：说明你的 EQ 处于中等水平，对于一件事，你的反应可能因时而异，这取决于你的意识状态，你比 EQ 较低的人更有情绪管理意识，但这种意识并非时刻保持，因此需要加强自我提醒和关注。

130 ～ 149 分：说明你的 EQ 较高，你是一个乐观向上、不易被恐惧和担忧所困扰的人。对于工作热情投入、敢于负责，为人更是正义正直、同情关怀，这是你的优点，应该努力保持。

150 分及以上：你是个 EQ 高手，情绪智慧是你事业成功的关键因素之一。你能够灵活应对各种情绪挑战，为事业的发展奠定坚实基础。

第五篇

大学生的人格发展

第一讲　人格概述

导　语

　　人格是一个人区别于其他人的独特的精神面貌和心理特征。"人有千面，各有不同"，就是因为不同的人具有不同的人格特征，不同的人格造就了个体千差万别、各不相同的心理面貌：有的人热情奔放，有的人含蓄内敛；有的人急躁冒进，有的人稳扎稳打；有的人天真烂漫，有的人老成持重等。正是这些具有千差万别个性的人，组成了我们这个生动活泼、丰富多彩的世界和既相互联系又相互制约的人类群体，推动着历史的前进和时代的变迁。

　　人格是由多种心理现象构成的。心理学对人格做了大量研究，人格对心理健康的影响也越来越受到重视，它是伴随着人的一生不断成长的心理品质，每个人都有某些优秀的人格特质。人格的成熟意味着个体心理的成熟，人格的魅力展示着个体心灵的完善。大学生正处在人格发展和定型的关键时期，会面临很多相关的心理矛盾和困惑，要正确认识人格，主动完善人格。

案　例

　　某大学一年级学生晓雯从小便是个性格内向、腼腆的女孩。中学时期繁重的学习压力叠加青春期的闭锁心理，使她愈发减少了与他人的交流。当时由于同学们都埋头读书，人际交往的需求并不强烈。进入大学远离家乡后，置身于全然陌生的环境，她愈发注意到自己内向、不善言谈的特征。晓雯平时与同学交流很少，但这并非她所希望的，只是晓雯总找不到合适的话题与同学开启对话。久而久之，同学们误以为她难以相处，晓雯感到越来越孤单了。每当看到三五成群谈笑风生的同学，孤独感便如潮水般漫上心头，甚至影响到学习。晓雯迫切渴望改变自己的性格，可是她也在困惑：性格是天生的吗？能改变吗？我能让自己变成外向活泼的人吗？

启　示

　　性格是人格的一个方面。人格既有稳定性，也存在可塑的空间。大学生的人格处于尚未完全定型的阶段，是可以在某种程度上进行塑造的。晓雯可以在一定程度上完善自己的人格。

学习认知

一、人格是什么

（一）人格的定义

人格一词来源于拉丁文 persona，意指戏剧舞台上演员所用的假面具，代表的是剧中人物的身份，后来引申多义。人格较为确切的定义应该是：以一定的社会经济条件下的伦理道德为主导，在遗传和实践基础上形成的人的生理、心理和行为特质的总和。它涵盖了三个层面：其一，人的道德品质；其二，人的性格、气质、能力、需要、兴趣、动机、理想、价值观、世界观等要素；其三，人作为权利义务主体的资格及其外在表现。心理学上研究的人格主要指上述第二个层面的含义，也称为个性。

人格的形成是一个缓慢而复杂的过程，在人生的漫长岁月中，每个人同时受到家庭、学校、社会等多方面因素的影响，其人格形成的特点也不尽相同。健全的人格能帮助人从困惑中走出，调节不良的心态，使人快乐地生活；不良的人格特征会使人陷入痛苦的境地，导致心理失衡。正所谓"金无足赤，人无完人"，每个人人格中都会有不足的部分。人只有了解了自己人格中的不足，才能加以调整，使自己的人格日趋完善。

（二）人格的特性

1. 功能性

外界环境的刺激是通过人格的中介才起作用的，因而，一个人的行为总会打上他的人格的烙印。一位先哲说过："性格决定命运。"同样面对挫折，坚强的人不会灰心，怯懦的人则会一蹶不振；面对悲痛，有人可以将其化为力量，有人则会长久地消沉。所以，人格能决定一个人的生活方式，甚至能决定一个人的生活成败。

2. 稳定性

由各种心理特征构成的人格结构是比较稳定的，它对人的行为的影响是一贯的，是不受时间和地点的限制的，这就是人格的稳定性。那些偶然表现出来的行为，属于一时性的心理特性，不能称其为人格特征。例如，性格内向的人因为喝了些酒比较兴奋，一时话多了点，并不表明这个人具有活泼好动的性格特点。所谓"江山易改，禀性难移"，说的就是人格的稳定性。正是人格具有稳定性的特点，我们才能把一个人和另外一个人在精神面貌上区别开来，我们才能预料到一个人在某种情况下将会做什么。

人格的稳定性并不是说它是一成不变的。它是在一个人的长期生活经历中逐渐形成起来的，一经形成就比较稳固，但是随着社会生活条件的变化和一个人的发育成熟，作为人的生活历程的反映的人格特点也会发生或多或少的变化。

3. 整体性

人格的整体性是说，包含在人格中的各种心理特征构成了一个有机的整体，它具有内在的一致性，虽然不能直接观察得到，但表现在行为中，让人的各种行为所表现出来的特征是一个整体，体现了一个人独特的精神风貌。当一个人的人格结构各方面彼此和谐一致时，就会呈现出健康人格特征；否则，就会使人出现心理冲突，产生各种适应困难。

4. 独特性

每个人的人格都由独特的心理倾向和个性心理特征所构成，即使是同胞兄弟姐妹，他们在遗传因素方面可能是完全相同的，但人格品质也会有所区别。因为一个人的人格是在遗传、环境和学习等许多因素影响下发展起来的。这些因素及因素之间的相互关系都不可能是完全相同的。所以每个人的人格都反映了自身独特的、与他人有所区别的心理状态和表现。

然而，人格的独特性并不排斥人与人之间在人格上的共性。生活在同一社会群体中的人，又会有一些相同的人格特征。人格特征的独特性和共同性的关系是共性和个性的关系，个性中包含着共性，共性又通过个性表现出来。

5. 自然性和社会性的统一

一个人的人格是在各种内外因素的影响下形成和发展变化的。人既具有生物属性，又具有社会属性，因此人的人格也具有自然性和社会性。

人的心理包括人格是大脑的机能，人格的形成必然要以神经系统的成熟为基础。人的自然的生物特性虽不能预定人格发展方向，然而它却构成人格形成的基础，影响人格发展的道路和方式。

在承认人格的自然的生物学意义的同时，不能把人格归结为先天的、固有的，也不能把它的发展看成由遗传所决定的特征的成熟过程。人格的形成和发展既有生物因素的影响，也与后天的培养、社会的熏陶有关，一个人的人格必然会反映出社会文化的特点和他受到的教育的影响。这说明人格具有社会制约性。所以，人格是人的自然性和社会性的统一。

（三）人格的结构

人格是一个复杂的结构系统，简单地说，主要包括人格的倾向性和人格的心理特征两个方面。前者是指人格的动力，后者是指个体之间的差异。

人格的倾向性包括需要、动机、兴趣、理想、价值观等内容，是人格中最活跃的因素，是人格积极性的源泉。人格的倾向性决定着人对现实的态度，决定着人对认识对象的趋向和选择。

人格的心理特征是人的多种心理特点的独特的结合，构成了一个人心理面貌的独特性，说明了心理面貌的个体差异。

二、人格的心理特征

人格的心理特征包括人的气质、性格、能力三种成分。

（一）气质

1.气质的含义及气质类型学说

心理学上所说的气质是指心理活动表现在强度、速度、稳定性和灵活性等方面动力性质的心理特征，相当于我们日常生活中所说的脾气、秉性或性情。

心理活动的动力特征既表现在人的感知觉、记忆、思维等认知活动中，也表现在人的情感和意志活动中，特别是在情感活动中表现得更为明显。例如，一个人言谈举止的敏捷性、注意力集中的程度、思维的灵活性，以及情绪产生的快慢、强弱程度，情绪的稳定性和变化的速度，意志努力的强度等，都是其心理活动的动力特征的表现。

气质有很多的特征，按这些特征的不同组合，可把人的气质分为几种不同的类型。2500年以前，古希腊医生希波克拉底根据自己的观察，将人划分为胆汁质、多血质、黏液质和抑郁质四种气质类型。后来，罗马医生盖伦在此基础上，提出了气质这一概念。之后出现过多种气质类型学说，比如在日本比较有影响的血型说，认为A型血的人消极保守、焦虑、冷静但缺乏果断，富于情感；B型血的人积极进取，灵活好动，善于交际，爱说寡信，多管闲事；O型血的人胆大好胜，自信，意志坚强，爱支配人；AB型血的人，其外表像B型血的人，内在却像A型血的人。其实，人的血型不止这几种，而且在实际生活中血型相同而气质不同，或者气质相同而血型不同的现象并不少见，所以血型说也是缺乏科学根据的。巴甫洛夫运用动物条件反射实验的方法建立了高级神经活动类型学说，确定了四种高级神经活动类型，即兴奋型、活泼型、安静型和抑制型，较好地解释了气质的生理基础，得到了广泛认同。在气质类型众多分类中，一直沿用至今并被公认的仍是希波克拉底对气质类型的划分。

2.气质类型及表现

（1）胆汁质

胆汁质的神经过程的特征是强但不平衡。和这种特点相适应，胆汁质的人一般感受性低而耐受性高，能忍受强的刺激，能以极大的热情和旺盛的精力投身于事业，有理想、有抱负、有独到见解、反应迅速、行为外向，给人以直爽热情、善于交际的印象，情绪兴奋性高，但心境变化剧烈，脾气暴躁，往往比较粗心、难于自我克制，易感情用事，有时显得刚愎自用和鲁莽。

（2）多血质

多血质的神经过程的特点是强、平衡且灵活。和这种特点相适应，多血质的人感受性低而耐受性高；活泼好动，言语行动敏捷，反应速度、注意转移的速度都比较快，行为外向；容易适应外界环境的变化，善交际，不怯生，容易接受新事物，表现出较强的工作能力和较高的办事效率。但是他们的情绪不够稳定，体验也不够深刻，注意力容易分散，兴趣多变，缺乏耐心和毅力。

（3）黏液质

黏液质神经过程的特点是强、平衡但不灵活。和这种点相适应，黏液质的大学生感受性低而耐受性高，反应速度慢，情绪兴奋性低但很平稳；举止平和，行为内向；头脑清醒，做事有条不紊，踏踏实实，坚忍不拔，埋头苦干；注意力容易集中，稳定性强；不善言谈，交际适度。但是他们不善于随机应变，习惯于墨守成规，容易循规蹈矩，做事缺乏灵活性和主动性。

（4）抑郁质

抑郁质的神经过程的特点是弱，且兴奋过程更弱。和这种特点相适应，抑郁质的人感受性高而耐受性低；沉着冷静，感情细腻，情绪体验深刻；做事认真仔细；能够注意到别人注意不到的事物；喜爱独处，不爱交往；多愁善感，防御反应明显。

事实上，单纯地属于某一种气质类型的人并不多，在生活中绝大多数人是两种或两种以上气质类型的混合型。气质没有好坏之分，每一种气质都有其积极的方面和消极的方面，每一种气质类型的人都有做出杰出贡献者。关键是要在了解自己气质类型的基础上，发扬自己气质的长处，改进气质的短处，如胆汁质的学生应注意克服急躁情绪，学会克制和忍耐；多血质的学生应克服兴趣易转移的缺点，培养耐力、意志力、坚持性及持久性；黏液质的学生应增强主动性和灵活性，提高表达能力；抑郁质的学生应克服封闭和孤独心理，主动交往，培养乐观开朗的性格。

（二）性格

1. 性格的含义及影响因素

性格是人对客观事物稳定的态度以及与这种态度相适应的习惯化的行为方式。它是人与人相互区别的重要特征之一。人们常用勇敢或怯懦、勤劳或懒惰、诚实或狡猾、谦虚或骄傲等词语来描述一个人的性格特征。

影响性格形成的因素是多方面的，生物因素、环境因素和主观心理因素都对性格的形成有一定影响。大脑的功能完好性、性别因素、外表特征、发育早晚等，是影响性格形成的生物因素；家庭教养方式、家庭结构状况及家庭氛围，学校的校风、班风，同伴群体、社会风气以及重大生活事件等，是影响性格形成的环境因素；自我意识的发展水平，则是影响性格形成的重要心理因素。

2. 性格类型及表现

从心理活动倾向性上划分，性格可分为外倾型和内倾型。

性格外倾的大学生，心理活动倾向于外部，经常对外部事物表示关心，容易适应环境的变化。他们性情活泼开朗，善于交际，善于在集体活动与群体交往中表达自己的情绪和情感。他们不愿独自苦思冥想，而要依靠他人或集体活动来满足个人情绪的需要。在行动上，他们动作快，不拘小节，自由奔放，当机立断，易做出轻率举动。

性格内倾的大学生比较偏重自己的主观世界，珍视自己的内心体验，在情感方面经常自我满足，很少向别人显露自己的喜怒哀乐。他们一般较难适应外部环境的变化，在外人面前容易害羞，说话紧张，不愿在大庭广众面前抛头露面，做事深思熟虑，缺乏实际行动，常给人忧虑、闷闷不乐之感。

性格的外倾与内倾也没有好坏、优劣之分，与智力水平的高低没有关系，不能成为一个人的事业和社会价值的决定因素，但它与职业选择密切相关。一般来说，外倾性强的人，比较适于创业、开拓新事业或成为领导管理人才；内倾性强的人，适于从事学术性或精细性的工作。

（三）能力

1. 能力的含义

能力是人们成功地完成某种活动所必须具备的并直接影响活动效率的个性心理特征。能力是在活动中形成、发展，并在行为活动中表现出来的，如语言表达能力、数理逻辑能力、人际交往能力、认知能力、空间能力、运动能力等。

人的能力发展和知识、技能的发展是不完全同步的，发展轨迹也是不同的。知识和技能在一生中可以随着年龄的增长而不断积累，而能力的发展随着年龄增长却有一个发展、停滞和衰退的过程。据研究，知觉能力发展最早，也最早下降，其次是记忆能力，然后是思维能力。比较和判断能力在80岁开始急剧下降，动作反应速度在18～29岁发展到最高峰，以后保持一段较高水平后则逐渐下降。知识多了，能力不一定高，两个成绩同样优秀的大学生，一个可能能力超群，另一个可能"高分低能"，只会死记硬背。但是，能力又是在掌握知识和技能的过程中得到提高的，离开学习和训练，任何能力都不可能得到发展。

2. 能力差异

大学生的能力存在个体差异，这种差异表现在：不同学生的能力类型不同，各人有不尽相同的特殊能力；在同一种能力上，存在能力发展水平高低和能力表现的时间早晚不同的情况。高等教育是在全面发展的基础上，认可差异、鼓励多元发展的教育，大学生应充分利用在校时间，一方面注重德、智、体、美、劳全面发展，一方面加强与专业相关的能力的培养，并积极发展自己的特长和特殊能力，成长为适应社会需要的人才。

阅读与思考　　　　　　**内向与外向**

内向并不是缺点。著名瑞士心理学家荣格在其心理学理论中指出："人可以从不同的事物中汲取能量——外向的人可以从和他人的相处中得到能量，而内向的人可以从独自的思考中得到能量。"内向的人不应当彻底改变自己，而应当庆幸自己拥有这样的个性，并通过最适合自己的方法获得能量。让一个很外向的人整天独自思考，他会觉得压力很大；同样，让一个内向的人去参加大派对或面对数千人发表演讲，他也会觉得压力很大。因此，善于发挥自己的特长，以自己擅长的方法获得成功，才是最重要的。

另外，内向和外向之间并不是非此即彼的关系，而是有一个可以动态调整的范围。比方说，假如用1到10共10个数字来标记人的性格，1为极端内向，10为极端外向，那么，要一个人从内向的2跳到外向的9显然是不现实的，但要让他从2跳到4，就不会很困难了。事实上，每一个人都有一个属于自己的动态范围，可以在较为内向和较为外向的范围内，根据需要调整自己的性格。

思考：

如何看待自己的性格类型？

心理自测

气质测验

气质测验60题，是目前国内应用较广的一种气质测验工具。它既可以用于大学生班级、年级的集体测试，也可用于个人自测。测试时间一般为15～20分钟。

下面60道题，可以帮助你大致确定自己的气质类型。你认为很符合自己情况的，记2分；比较符合的，记1分；介于符合与不符合之间的，记0分；比较不符合的，记-1分；完全不符合的，记-2分。

1. 做事力求稳妥，一般不做无把握的事。
2. 遇到可气的事情就怒不可遏，想把心里话全说出来才痛快。
3. 宁可一个人干事，不愿很多人在一起。
4. 到一个新环境很快就能适应。
5. 厌恶那些强烈的刺激，如尖叫、噪声、危险镜头等。
6. 和人争吵时，总是先发制人，喜欢挑衅。
7. 喜欢安静的环境。
8. 善于和人交往。
9. 羡慕那种善于克制自己感情的人。
10. 生活有规律，很少违反作息制度。
11. 在多数情况下情绪是乐观的。
12. 碰到陌生人觉得很拘束。
13. 遇到令人气愤的事，能很好地自我克制。
14. 做事总是有旺盛的精力。
15. 遇到问题总是举棋不定，优柔寡断。
16. 在人群中从不觉得过分拘束。
17. 情绪高昂时，觉得干什么都有趣；情绪低落时，又觉得什么都没意思。
18. 当注意力集中于一事物时，别的事很难使我分心。
19. 理解问题总比别人快。
20. 碰到危险情境，常有一种极度恐惧感。
21. 对学习、工作、事业怀有很高的热情。
22. 能够长时间做枯燥、单调的工作。
23. 符合兴趣的事情，干起来劲头十足，否则就不想干。
24. 一点小事就能引起情绪波动。

25. 讨厌做那种需要耐心、细致的工作。

26. 与人交往不卑不亢。

27. 喜欢参加热烈的活动。

28. 爱看感情细腻、描写人物内心活动的文学作品。

29. 工作学习时间长了，常感到厌倦。

30. 不喜欢长时间谈论一个问题，愿意实际动手干。

31. 宁愿侃侃而谈，不愿窃窃私语。

32. 别人总是说我闷闷不乐。

33. 理解问题常比别人慢些。

34. 疲倦时只要短暂休息就能精神抖擞，重新投入工作。

35. 心里有话宁愿自己想，不愿说出来。

36. 认准一个目标就希望尽快实现，不达目的，誓不罢休。

37. 学习、工作同样一段时间后，常比别人更疲倦。

38. 做事有些莽撞，常常不考虑后果。

39. 老师讲授新知识时，总希望他讲得慢些，多重复几遍。

40. 能够很快地忘记那些不愉快的事情。

41. 做作业或完成一件工作总比别人花的时间多。

42. 喜欢运动量大的剧烈体育运动或参加各种文艺活动。

43. 不能很快地把注意力从一件事转移到另一件事上去。

44. 接受一个任务后，就希望能把它迅速解决。

45. 认为墨守成规比冒风险强些。

46. 能够同时注意几件事物。

47. 当我烦闷的时候，别人很难使我高兴起来。

48. 爱看情节起伏跌宕激动人心的小说。

49. 对工作抱认真严谨、始终如一的态度。

50. 和周围的人的关系总是相处不好。

51. 喜欢复习学过的知识、重复做能熟练做的工作。

52. 希望做变化大、花样多的工作。

53. 小时候会背的诗歌，我似乎比别人记得清楚。

54. 别人说我"出语伤人"，可我并不觉得这样。

55. 在体育活动中，常因反应慢而落后。

56. 反应敏捷、头脑机智。

57. 喜欢有条理而不甚麻烦的工作。

58. 兴奋的事常使我失眠。

59. 老师讲新概念，常常听不懂，但是弄懂了以后很难忘记。

60. 假如工作枯燥无味，马上就会情绪低落。

评分标准：

将每题得分填入下表相应"得分"栏内，计算每种气质类型的总得分数。

胆汁质	题号	2	6	9	14	17	21	27	31	36	38	42	48	50	54	58	总分
	得分/分																
多血质	题号	4	8	10	16	19	23	25	29	34	40	44	46	52	56	60	总分
	得分/分																
黏液质	题号	1	5	11	13	18	22	26	30	33	39	43	45	49	55	57	总分
	得分/分																
抑郁质	题号	3	7	12	15	20	24	28	32	35	37	41	47	51	53	59	总分
	得分/分																

结果解释：

1. 如果某类气质得分明显高出其他 3 种（均高出 4 分以上），则可定为该类气质。如果该类气质得分超过 20 分，则为典型；如果该类得分在 10 ~ 20 分，则为一般型。

2. 两种气质类型得分接近，其差异低于 3 分，而且又明显高于其他两种，高出 4 分以上，则可定为这两种气质的混合型。

3. 3 种气质得分均高于第 4 种，而且接近，则为 3 种气质的混合型，如多血 - 胆汁 - 黏液质混合型或黏液 - 多血 - 抑郁质混合型。

需要强调的是，运用短时的观察和实验法来确定气质类型时，有一定的局限性。全面而准确的测定需要通过长时间和多方面的观察，并了解和分析被试者的整个生活历程，才能真正看出一个人高级神经活动类型的最稳定的特征。因此，本测试对被试者气质类型的确定只是一种"大致的确定"。

第二讲　塑造健康人格

导　语

人格塑造是大学生成长发展的重要课题。健康人格作为心理发展的理想状态，既包含对自我的正确认知与接纳，也体现在对外界变化的积极适应中。大学生在掌握专业知识的同时，应注重心理品质的塑造与提升，主动通过日常学习生活的点滴积累，逐步培养自立自强的精神品格、理性平和的处事态度以及适应社会发展的综合素养，为全面成长奠定坚实的心理基础。

案　例

某高校经济管理系有两个即将毕业的女大学生，共同到一家企业应聘总经理办公室的一个职位。在上百个求职者中，经过初试、复试，最后只剩下她们两个符合要求，但名额只有一个，怎么办呢？总经理说你们先回去，明天再做决定。两个大学生在走出公司大门时，其中一个看到路上有颗图钉，便俯身捡起来。这种无意识的举动立刻引起了总经理的注意。总经理走过来问："你为什么要捡起这颗图钉呢？"她说："每天有很多人经过这儿，这颗图钉或许会扎破自行车轮胎，或许会扎破某个人的脚，可能会造成麻烦。"总经理当即就说："你明天来上班。"

启　示

捡图钉的大学生表现出了更强的责任心、关心他人等心理品质和积极主动的性格。在知识、学历等各方面不相上下的情况下，人格因素成为影响大学生成功的关键因素。

学习认知

一、健康人格的标准

健康人格是指各种良好人格特征在个体身上的集中体现。这种人格特征不仅能帮助人正确认识自己，也是适应社会、建立良好人际关系的重要基础。关于健康人格的标准，心理学界有不同看法，其中人本主义心理学家罗杰斯的理论广受认可：

① 经验的开放性。具有健康人格的人对一切经验持开放态度，能接受一切情绪和态度，相信任何经验都有其价值。

② 存在主义的生活方式。生活于存在的每一个瞬间，不过多纠结于过去和未来。

③ 信任自己。人格健康的人犹如一切资料都程序化了的计算机，并不徒劳地思虑所面临

的每一件事。

④ 富有自由感。具有健康人格的人所作的决定都是源于自己意愿，相信未来是由自己决定的。

⑤ 高度创造力。富有创造力和创新能力，而非消极适应社会和文化传统。

二、大学生健康人格的内容

大学生健康人格的内容主要应包括以下几方面：

① 正确的自我意识。具有健康人格的大学生对自己应有恰如其分的评价，充满自信，悦纳自我。

② 良好的情绪调控能力。人格健康的大学生应具有调节和控制情绪的能力，经常保持愉快的心境，并且具有幽默感。当消极情绪出现时，能合情合理地宣泄、排解、转移、升华。

③ 良好的社会适应能力。人格健康的大学生能和社会保持良好的接触，以一种开放的态度主动关心社会、了解社会，具有社会责任感，同时能适应社会和新的环境。

④ 和谐的人际关系。人格健康的大学生乐于与他人交往，能与别人建立良好的关系，同时也受到他人的喜爱和接纳。

⑤ 乐观的生活态度。人生态度乐观向上，积极热情，能充分发挥自身的智慧和能力，创造性地生活，有意义地生活，追求更高的人生价值，实现人的自我完善。

21 世纪要求大学生更具有竞争意识、责任意识、机遇意识、创新意识和效率意识，具有面向世界、面向未来、面向现代化的素质，而这些往往与自信、外向、乐观、进取、顽强、灵活、守信等人格特征联系在一起。因此，加强对大学生的人格健康教育，培养大学生在人格方面的自我教育能力，乃是时代的呼唤。

三、大学生健康人格的塑造

大学生作为社会的未来建设者和接班人，其人格塑造对社会有着深远的影响。健全的人格有助于培养具有高尚品德、强烈的社会责任感和良好行为习惯的新时代青年。这些品质不仅能够帮助他们在社会中立足，还能够促进社会的和谐与进步。此外，健全的人格也有助于提升国家的整体竞争力，因为具备健全人格的人才在竞争中更具优势。因此，当代大学生应努力寻找塑造健康人格之路，逐步完善自己的人格。

1. 了解自己，优化品格

完善人格需要以准确自我认知为基础，通过发扬优良品质和改进不足之处来实现。具体而言，一方面要主动选择自信、勇敢、勤奋等积极品质作为培养目标，另一方面需针对自卑、胆怯、冷漠等消极倾向进行自我修正。这两个过程通常是相辅相成、同步推进的，既要在实践中培育正面特质，也要在日常行为中有意识地克服人格弱点，从而达到整体提升的效果。

2. 精进学识，夯实基础

荣格有句名言："文化的最后成果是人格。"培根也说："知识就是力量。"学习科学文化知识、增长智慧的过程，也是优化人格的过程。事实上，有不少人格发展缺陷源于无知，如无知容易使人怯懦、粗鲁，而丰富的知识则使人自信、坚强、理智等。

各学科的全面发展是人格健康发展的智力基础，因为各学科的知识同处于一个庞大的系统中，其间既相互联系，又能在各自的发展中相互迁移、相互促进，可以说，有了智力基础，人格发展的速度与质量才有保证。对此，培根的论述很深刻："读史使人明智，读诗使人灵秀，数学使人周密，科学使人深刻，伦理学使人庄重，逻辑修辞之学使人善辩，凡有所学，皆成性格。"具体到生活中，在当前教育环境下，理工科大学生的人文知识储备相对薄弱，文科大学生的科学素养培育尚有提升空间，这种情况可能影响综合素质的全面提升。建议大学生在专业学习过程中，宜注重科学精神与人文素养的协调发展，通过跨学科的知识交融促进人格的健全发展。

3.躬身实践，积微成著

实践是人格发展的必由之路。无论是知识的获取、能力的形成，还是意志的磨炼都离不开实践。诸如一个人的勤奋、坚韧、乐观、细致等人格特征都是长期实践锻炼的结果。大学生应积极参加各种有益身心健康的实践活动，对于大学生人格的发展与塑造很有意义。

一个人的一言一行往往是其人格的外化，反过来一个人日常言行的积淀成为习惯就是人格，例如个人有刷牙、梳头、洗手、勤换衣服、常剪指甲等习惯，就反映了他具有"清洁"这一人格特点。因此，完善人格要从眼前的小事做起，无数小事可"聚沙成塔"，最终构建成优良的人格大厦。

4.和谐人际，融入集体

人格发展、塑造的过程是个体实现社会化的过程，是个体与他人、集体、社会相互作用的过程。人格是在行为中表现的，健全的人格也只有在与人交往中才能体现出来。塑造健全人格，必须发展良好的人际关系，通过尊重社会习俗、关心他人的需要、真诚地赞美、不作无建设性的批评、多与他人沟通意见、保持自尊和独立等途径和方式，营造和谐的人际氛围。

集体是人格塑造的土壤，通过与集体交往，自己的某些人格品质或受到赞扬、鼓励，或受到压制、排斥，从而有助于做出有针对性的调整，而且集体能够伸出手来帮助个体择优汰劣。

5.强健体魄，锤炼意志

体质健康是人格健全发展的重要基础。通过规律性的体育锻炼，不仅能增强生理机能，也有助于培养坚韧意志品质。而长期处于亚健康状态可能制约个体的心理调适能力和行为表现，因此在人格塑造过程中需重视体能训练与意志磨炼的结合，促进身心协调发展。

6.把握分寸，适度而为

凡事都有"度"，人格发展和表现的"度"是十分重要的，人格塑造过程中应把握辩证法，掌握好度，否则就会过犹不及，适得其反。

具体说来，应该是：自信而不自负，自谦而不自卑，勇敢而不鲁莽，果断而不冒失，稳重而不犹豫，谨慎而不怯懦，豪放而不粗俗，好强而不逞强，活泼而不轻浮，机敏而不多疑，忠厚而不狡猾，干练而不世故等。

人格"度"的把握还表现在不同的人格特质要协调发展，做到"刚柔兼济"。"刚"者应多发展些"柔"，"柔"者应多发展些"刚"，这样才能形成合理、和谐的人格结构。此外，还要因人因时因地地表现人格特征，有时表现"刚"比表现"柔"好，有时表现"柔"比表现"刚"好，有时应多表现自信，有时应多表现谦恭，即所塑造出的人格应有韧性，有较强的应变、适应能力。

健康人格的塑造，是一项系统的自我改造、自我实现的工程，要从小做起，贵在坚持。只要坚持不懈地努力，就可以使我们的人格更加健康、个性更加完善。

阅读与思考 马斯洛的健康人格标准

美国心理学家马斯洛认为，自我实现是人生追求的最高境界，他列举历史上 38 位最成功的名人，包括富兰克林、林肯、罗斯福、贝多芬、爱因斯坦等，从他们的人生历程中，马斯洛归纳出如下 16 条共同的人格特征：

1. 了解并认识现实，持有较为实际的人生观。
2. 悦纳自己、别人以及周围的世界。
3. 在情绪与思想表达上较为自然。
4. 有较广阔的视野，就事论事，较少考虑个人利害。
5. 能享受私人生活。
6. 有独立自主的性格。
7. 对平凡事物不觉厌烦，对日常生活永远有新鲜感。
8. 在生命中曾经有过引起心灵震撼的高峰体验。
9. 热爱人类并认同自己为全人类之中的一员。
10. 有至深的知交，有亲密的家人。
11. 有民主风范，尊重别人的意见。
12. 有伦理观念，能区别手段与目的，绝不为达到目的而不择手段。
13. 带有哲学气质，有幽默感。
14. 有创见，不墨守成规。
15. 对世俗和而不同。
16. 对生活环境有改造的意愿和能力。

马斯洛认为，以上述人格特征为参照，是塑造健康人格、达到自我实现的主观条件。那么现实生活中有多少人能达到这一标准呢？马斯洛曾在美国布兰代斯大学做了一次调查，结果他在 3300 名大学生中才发现一名大学生达到了完全的心理健康的标准。不能完全达到心理健康标准，并不意味着一定会发展成严重的心理疾病，但有可能会成为向前进步的阻碍。所以，一个人只有选择向充分健康水平发展才是明智的人生选择。

思考：

对比马斯洛提出的标准，你认为自己在哪些方面需要改进和提高？

心理自测 A 型行为测验（TABP）

测验说明：请仔细阅读每一道题并根据自己实际情况进行作答，在作答过程中不得漏题，在同一题上不要斟酌太长时间，答案没有对错之分。

试题题目：

1. 我觉得自己是一个无忧无虑、悠闲自在的人。

    A. 是   B. 否

2. 即使没有什么要紧的事，我走路也快。

    A. 是   B. 否

3. 我经常感到应该做的事太多，有压力。
　　A. 是　　　　　　　B. 否

4. 我自己决定的事，别人很难让我改变主意。
　　A. 是　　　　　　　B. 否

5. 有些人和事常常使我十分恼火。
　　A. 是　　　　　　　B. 否

6. 我急需买东西但又要排长队时，我宁愿不买。
　　A. 是　　　　　　　B. 否

7. 有些工作根本安排不过来，只能临时挤时间去做。
　　A. 是　　　　　　　B. 否

8. 上班或赴约会时，我从来不迟到。
　　A. 是　　　　　　　B. 否

9. 当我正在做事，谁要是打扰我，不管有意无意，我总是感到恼火。
　　A. 是　　　　　　　B. 否

10. 我总看不惯那些慢条斯理、不紧不慢的人。
　　A. 是　　　　　　　B. 否

11. 我常常忙得透不过气来，因为该做的事情太多了。
　　A. 是　　　　　　　B. 否

12. 即使跟别人合作，我也总想单独完成一些更重要的部分。
　　A. 是　　　　　　　B. 否

13. 有时我真想骂人。
　　A. 是　　　　　　　B. 否

14. 我做事总是喜欢慢慢来，而且思前想后，拿不定主意。
　　A. 是　　　　　　　B. 否

15. 排队买东西，要是有人加塞，我就忍不住要指责他或出来干涉。
　　A. 是　　　　　　　B. 否

16. 我总是力图说服别人同意我的观点。
　　A. 是　　　　　　　B. 否

17. 有时连我自己都觉得，我所操心的事远远超过我应该操心的范围。
　　A. 是　　　　　　　B. 否

18. 无论做什么事，即使比别人差，我也无所谓。
　　A. 是　　　　　　　B. 否

19. 做什么事我也不着急，着急也没有用，不着急也误不了事。
　　A. 是　　　　　　　B. 否

20. 我从来没想过要按自己的想法办事。
　　A. 是　　　　　　　B. 否

21. 每天的事情都使我精神十分紧张。
　　A. 是　　　　　　　B. 否

22. 就是去玩，如逛公园等，我也总是先看完，等着同来的人。
　　A. 是　　　　　　　B. 否

23. 我常常不能宽容别人的缺点和毛病。
　　A. 是　　　　　　　B. 否

24. 在我认识的人里，个个我都喜欢。
　　A. 是　　　　　　　B. 否

25. 听到别人发表不正确的见解，我总想立即就去纠正他。
　　A. 是　　　　　　　B. 否

26. 无论做什么事，我都比别人快一些。
　　A. 是　　　　　　　B. 否

27. 人们认为我是一个干脆、利落、高效率的人。
　　A. 是　　　　　　　B. 否

28. 我总觉得我有能力把一切事情办好。
　　A. 是　　　　　　　B. 否

29. 聊天时，我也总是急于说出自己的想法，甚至打断别人的话。
　　A. 是　　　　　　　B. 否

30. 人们认为我是个安静、沉着、有耐性的人。
　　A. 是　　　　　　　B. 否

31. 我觉得在我认识的人之中值得我信任和佩服的人实在不多。
　　A. 是　　　　　　　B. 否

32. 对未来我有许多想法和打算，并总想都能尽快实现。
　　A. 是　　　　　　　B. 否

33. 有时我也会说人家的闲话。
　　A. 是　　　　　　　B. 否

34. 尽管时间很宽裕，我吃饭也快。
　　A. 是　　　　　　　B. 否

35. 听人讲话或报告如讲得不好，我就非常着急，总想还不如我来讲。
　　A. 是　　　　　　　B. 否

36. 即使有人欺侮了我，我也不在乎。
　　A. 是　　　　　　　B. 否

37. 我有时会把今天该做的事拖到明天去做。
　　A. 是　　　　　　　B. 否

38. 当别人对我无礼时，我对他也不客气。
　　A. 是　　　　　　　B. 否

39. 有人对我或我的工作吹毛求疵时，很容易挫伤我的积极性。
　　A. 是　　　　　　　B. 否

40. 我常常感到时间已经晚了，可一看表还早。
　　A. 是　　　　　　　B. 否

41. 我觉得我是一个对人对事都非常敏感的人。
　　A. 是　　　　　　　B. 否

42. 我做事总是匆匆忙忙的，力图用最少的时间办尽量多的事情。
　　A. 是　　　　　　　B. 否

43. 如果犯有错误，不管大小，我全都主动承认。
　　A. 是　　　　　　B. 否

44. 坐公共汽车时，尽管车开得快我也常常感到车开得太慢。
　　A. 是　　　　　　B. 否

45. 无论做什么事，即使看着别人做不好，我也不想拿来替他做。
　　A. 是　　　　　　B. 否

46. 我常常为工作没做完，一天又过去了而感到忧虑。
　　A. 是　　　　　　B. 否

47. 很多事情如果由我来负责，情况要比现在好得多。
　　A. 是　　　　　　B. 否

48. 有时我会想到一些说不出口的坏念头。
　　A. 是　　　　　　B. 否

49. 即使领导我的人能力差、水平低、不怎么样，我也能服从和合作。
　　A. 是　　　　　　B. 否

50. 必须等待什么的时候，我总是心急如焚，缺乏耐心。
　　A. 是　　　　　　B. 否

51. 我常常感到自己能力不够，所以在做事遇到不顺利时就想放弃不干了。
　　A. 是　　　　　　B. 否

52. 我每天都看电视，同时也看电影，不然心里就不舒服。
　　A. 是　　　　　　B. 否

53. 别人托我办的事，只要答应了，我从不拖延。
　　A. 是　　　　　　B. 否

54. 人们都说我很有耐性，干什么事都不着急。
　　A. 是　　　　　　B. 否

55. 外出乘车、船或跟人约定时间办事时，我很少迟到，如对方耽误我就恼火。
　　A. 是　　　　　　B. 否

56. 偶尔我也会说一两句假话。
　　A. 是　　　　　　B. 否

57. 许多事本来可以大家分担，可我喜欢一个人去干。
　　A. 是　　　　　　B. 否

58. 我觉得别人对我的话理解太慢，甚至理解不了我的意思似的。
　　A. 是　　　　　　B. 否

59. 我是一个性子暴躁的人。
　　A. 是　　　　　　B. 否

60. 我常常容易看到别人的短处而忽视别人的长处。
　　A. 是　　　　　　B. 否

评分标准：

1. TH: 反映时间匆忙感，时间急切感和做事快等特性。

TH 里 2、3、6、7、10、11、21、22、26、27、32、34、40、42、44、

46、50、53、55、58回答"是"和1、14、19、30、54回答"否"计1分。

　　2. CH：反映争强好胜、有敌意和缺少耐心等特性。

　　CH 里 4、5、9、12、15、16、17、23、25、28、29、31、35、38、39、41、47、57、59、60回答"是"和18、36、45、49、51回答"否"计分1分。

　　3. L：为回答真实性检测题。

　　L 里8、20、24、43、52回答"是"和13、33、37、48、56回答"否"计1分。

　　4. L分 ≥ 7，反映回答不真实，答卷无效；TH+CH= 总分，总分 ≥ 36 分，视为具有 A 型行为特征；总分在 28 ~ 35 分之间，视为中间偏 A 型行为特征；总分在 19 ~ 26 分之间，视为中间偏 B 型行为特征；总分 ≤ 18 分，视为具有 B 型行为特征；总分为 27 分，视为极端中间型。

第六篇

大学生的学习心理

第一讲 大学阶段学习的特点

导 语

学习是人的一种重要活动，贯穿于人的生命全程。大学是人生的关键阶段，是学习的黄金时期。作为一名学生，学习是这段时期最重要的任务，是大学生的主业，也是大学生的责任和义务。当然大学阶段的学习和中学阶段有很大不同，同学们在学习上必然会面临一些新的情况和问题。只有及早了解大学阶段学习的特点，尽快适应大学阶段的学习变化，积极管理自己的学业，才能让人生这段黄金时期过得充实、有意义、有价值。

案 例

张华是一位来自县城、家庭经济困难的大学新生。中学阶段学校严抓学习，同学间竞争激烈，张华成绩一直不错。考入大学后，张华忽然感到学习没有了动力，生活没有了目标，上课打不起精神，学习得过且过。课堂以外的空闲时间，张华因无聊都花在游戏上了。有时想到家中辛辛苦苦供养自己的父母，也恨自己不争气，但是他不知道怎样才能找回学习的动力。

启 示

很多同学像张华一样，把考上大学作为自己学习的目标，一旦这一目标实现，便失去了奋斗的方向，"没劲""无聊"成为他们的口头禅和真实感觉。考入大学是学习的终极目标吗？进入大学不是终点，而是一段新的旅程的开始。旅程不能没有目的地，人生任何阶段都不能没有目标。

学习认知

一、大学阶段学习的特点

有人曾说："在中学里，他伏案学习；在大学里，他应该站起来四面瞭望。"这句话很形象地说明了中学和大学阶段学习方式的显著区别。大学教育的目的，是使学生学会学习、学会思考，因此在学习目的、学习内容、学习方式、学习途径上与中学时期有很多不同。

（一）学习目的的实用性

中学阶段的学习主要是为继续深造和将来的就业打下基础，进行基础文化教育。而高等教育的一个重要目的则是直接服务于就业，这一阶段的学习更加注重培养学生的实践能力。

（二）学习内容的专业性

中学阶段的学习不分专业，同年级学生学习的内容基本相同。大学生则从一入学就有一个专业定向的问题，专业性是大学学习的一个显著特点。各专业在课程设置、教学内容、教学安排及培养目标上存在较大差异，而专业兴趣会直接影响学习热情。

（三）学习方式的自主性

中学时期，学生往往对老师有较大依赖，课程安排紧凑，自主时间有限。而进入大学后，可支配时间大幅增加，老师对学习过程的直接督促减少。课后的复习、知识拓展等更多依赖于学生的自觉性。同时，课程选择范围扩大，学生能在一定程度上自主决定学习内容。

（四）学习途径的多样性

在中学时期，学生的学习主要围绕着课堂教学展开。受限于时间和考试要求，其他学习方式所占的比重相对较小。进入大学后，虽然课堂教学依然是学生获取知识的重要方式，但学习环境变得更加多元。图书馆资源、网络资源、各类校园活动以及社会实践等多种途径，为大学生提供了更为广阔的学习空间。在这个阶段，学会有效利用这些资源，进行自主学习和自我教育，成为大学生必须掌握的一项重要技能。这些内容对于大学生的心理健康教育而言，具有重要的指导意义。

二、大学生的学习心理特点

学习心理是指人们在学习过程中的心理反应、特点及活动规律。大学生的学习心理包括学习意识、学习动机、学习智力和学习自我评定能力几个方面。

（一）学习意识增强

随着心理的不断成熟，大学生对世界的认知更加宽广，对传统与未来有了更深层次的探索。他们开始真正意识到学习对人生的重要性，体会到求知的乐趣，更加主动地选择通过学习来推动自身的全面发展。在学习意识上，他们展现出更强的独立性、自主性和自我管理能力，自学能力显著提升。

（二）学习动机呈现多元化特征

大学生的学习动机既包含对专业知识的兴趣、自我实现的追求等内在驱动，也存在就业压力、家庭期待等外部因素。相较于中学阶段，大学生学习自主性增强，目标选择更具个体差异，但部分学生易因环境等因素的影响出现动机减弱的现象。值得注意的是，多数学生的学习动机会随着认知发展和实践经验动态调整，呈现出阶段性波动特点，需通过自我觉察与合理规划保持持续动力。

（三）学习智力达到最佳水平

研究表明，人的智力发展通常在20岁左右达到高峰。因此，大学阶段正处于人生智力发展的最佳时期，学生接受新知识、独立探索学问以及完成学习任务的能力都达到了较高的水平。

（四）学习自我评定能力日益增强

学习自我评定能力包括对学习动机的自我评定，对智力、能力活动及效率的自我评定，对知识、技能掌握程度的自我评定等。大学生在学习自我评定能力方面不断增强，他们能够基于自己的学习成果，自动调节和控制学习活动，进而制订出与个人智力和能力发展相匹配的计划。

三、大学生常见的学习心理问题

大学阶段部分学生出现了学习目的不明、学习动力不足、学习方法不当、学习态度不端正等学习心理问题，不但影响了学业顺利进行，而且影响到综合能力的提高乃至未来人生的发展。

（一）学习目的不明

在高中阶段，学生的学习目标主要是升学，学习几乎占据了他们的全部生活。然而，高考结束后，许多学生在感到轻松的同时，也陷入了迷茫：没有了高考的压力，他们似乎失去了新的学习目标，体验到了前所未有的困惑。此外，部分学生对自己的未来发展缺乏明确规划，盲目追随他人，别人学什么，自己就跟着学什么，虽然学了很多，但真正适合自己的却寥寥无几，收获有限。

（二）学习动力不足

学习目标不明确直接导致学习动力不足，学生缺乏学习欲望和热情，每天的学习只是为了应付，比如应付作业和考试。他们不愿去上课，即使坐在教室里也心不在焉，不愿意听讲。考试前只能临时突击，考完后很快便将所学内容遗忘。

（三）学习态度不端正

受社会环境的影响，部分学生的学习动机变得过于"功利化"，希望投入的学习时间和努力能够迅速得到回报。他们倾向于只学习那些看似"有用"的课程和知识，而对于一些认为将来可能用不上的课程，如基础科学、政治理论和人文素养等，则采取敷衍了事的态度。然而，大学阶段仍是奠定人生基础的关键时期，这种以急功近利的心态来选择学习内容的状况，容易导致基础薄弱、知识面狭窄，进而影响未来的长远发展。

（四）学习方法不当

大学阶段的教学具有进度快、内容多、难度高的特点，教师不再像中学那样进行全面细致的辅导，而是要求学生具备较强的自学能力。因此，有些学生感到部分课程学习起来颇为吃力。有些同学虽然非常努力，整天待在教室或图书馆里，但由于学习方法不当，学习效率低下，学习效果并不明显，努力付出却未能换来理想的成绩，这让他们既感到疲惫又苦恼。

（五）专业兴趣缺乏

部分大学生进行专业选择时较为盲目，入学后又未能培养起对所学专业的兴趣，找不到自己的专业定位和激励因素。

（六）考试焦虑

考试焦虑是人由于面临考试而产生的一种特征的心理反应，它是在应试情境刺激下，受个人的认知、评价、个性等影响而产生的以对考试成败的担忧和情绪紧张为主要特征的心理反应状态。考前体验到一定程度的紧张或焦虑，属于正常的焦虑反应，此类焦虑有助于提高注意力和反应速度，而过度的焦虑则会影响考场表现，甚至波及身心健康。

四、不良学习心理的自我调适

针对上述学习心理问题，大学生应加强自我调适，包括树立科学的学习观、增强学习动机、克服学习焦虑等方面。

（一）树立科学的学习观

学习观是价值观在学习生活中的反映，是人们对学习的目的、意义、价值等所持的看法、立场与态度。大学生应树立终身学习的观念。现代社会知识更新的速度越来越快，人类已经进入知识经济时代，"终身教育""学习化社会"等观念深入人心，学习能力成为人的一项核心竞争能力。作为大学生，要想适应瞬息万变的社会，实现自身价值，对社会有所贡献，就必须做一个终身学习者，不断进行知识更新。刚进入大学的学生必须尽快调整自己的学习观，将为高考而学习转变为适应时代需要而学习，为终身发展而学习。联合国教科文组织 1996 年提出了 21 世纪教育的 4 个支柱，即学会认知、学会做事、学会共处、学会生存，这也应当成为大学生的学习观。大学生应充分利用进入职业生涯之前的这最后一段在校集中学习的时光，端正学习态度，努力学习，为未来打下坚实的基础。

（二）增强学习动机

中学时期的学习动机虽然强烈，但主要聚焦于短期的目标——高考。进入大学后，不少学生会陷入"动力缺失期"。因此，他们需要明确自己的理想和信念，并将其转化为新的学习动力，建立起与社会责任紧密相连的长远学习动机。正如高尔基所言："一个人追求的目标越高远，他的才能发展就越迅速，对社会的贡献也就越大。"

新的学习动机的培养，可以从以下方面入手：

一是要找到新的奋斗目标。目标的确立要注意使个人目标与社会责任感联系在一起，把近期目标与长远目标结合起来，这样的目标才会激发持久的动力。

二是要通过培养专业兴趣来增强内在学习动机。"知之者不如好之者，好之者不如乐之者"，兴趣是学习的源动力，一个人对什么感兴趣，从哪些活动上能获得满足和愉快的体验，将直接引导他认知活动的方向。著名心理学家皮亚杰说过："情感决定着对情境是接近还是回避的倾向，从而影响人的智能努力朝着什么方向和方面去发挥。"研究表明，兴趣的形成和发展，大都经历了无趣—有趣—乐趣—志趣这样的过程。大学生应努力去了解所学专业的工作性质、前景及社会意义，培养专业兴趣。一旦乐趣形成，学习就成为一种自发的追求和享受，无须用意志来控制。

三是通过社会实践，强化学习动机。大学生要主动利用节假日参加社会实践，将学到的知识加以运用，在实践中既能体会知识的作用和力量，也会感受到"书到用时方恨少"，以强化已有的学习动机。

需要说明的是，学习动机不是越强越好，根据耶克斯 - 多德森定律，只有适度的学习动机才有助于提高学习效率，过强的动机反而可能导致学习疲劳和效果下降。

（三）克服学习焦虑

在学习中，完全没有焦虑感的学生可能会缺乏学习动力；适度的焦虑可以激励学生学习；而过度的焦虑则会对学习产生负面影响。考试焦虑是学习焦虑的一种典型表现。适度的考前紧张和焦虑有助于复习考试，它能让人保持注意力集中，提高警觉性，并调动身体能量，确保考试时精力充沛。因此，需要克服的是严重的学习焦虑和考试焦虑。

要克服考试焦虑，首先要调整对考试的态度，避免对考试性质和意义存在误解，不应过分夸大或过分看重考试的作用。其次，平时学习要认真努力，考前复习要全面充分，并掌握必要的应试技巧，做到有备无患。最后，要以平和的心态对待考试焦虑，既不忽视也不过度担忧、恐惧或急于摆脱，要学会接受它的存在。对于特别严重的考试焦虑，可以寻求心理咨询师的帮助，进行放松训练或系统脱敏治疗等方法来缓解。

（四）科学缓解学习疲劳

缓解学习疲劳的关键在于学会科学合理地使用大脑。科学用脑意味着要遵循自身的生物钟规律，保持规律的作息，做到劳逸结合。每个人在一天中的不同时间段精力状况是有所不同的。如果能有效利用精力最充沛的时间段，可能只需 20% 的努力就能取得 80% 的成果。因此，应该将一天中精力最旺盛的时间用来完成最需要集中注意力的学习任务，而在感到疲劳时则转而做一些不太费脑筋的事情。

此外，要注意避免用脑过度，连续学习的时间不宜过长。因为人体的工作机能有一定的限度，超过这个限度，大脑皮层就会自动进入抑制状态，停止工作。这是一种保护机制，防止大脑皮层神经细胞因过度劳累而受到损害。此时如果强行学习，不仅效率低下，还会对神经细胞造成伤害，得不偿失。

为了避免大脑过度疲劳，还可以适当变换学习的内容，比如在学习了一段时间的英语后，可以转而做一些数学题，这样也有助于缓解大脑的疲劳。

科学用脑还应注意保持健康的生活方式，确保大脑获得充足的营养。脑科学研究显示，在影响脑功能的诸多因素中，营养发挥着关键作用。有益于大脑的食物包括核桃仁、动物内脏、红糖、水果、黄绿色蔬菜、鱼虾海藻、豆类食品、五谷杂粮以及蛋黄等。

阅读与思考

拿破仑的选择

拿破仑出身于法国一个衰落的贵族家庭。在贵族学校度过的五年时光里，他常常遭受富裕同学的嘲笑与轻视。这些经历激发了他的决心，他暗自发誓要证明自己的价值超越这些同学。后来，他选择加入军队，但在军队中，由于身材矮小，他未能获得心仪的职位。面对这一困境，拿破仑调整了策略，转而通过埋头苦读来为自己的梦想铺路。他矢志要让世人见识到自己的才华，并以此为导向来选择阅读的书籍。

在接下来的几年里，拿破仑坚持不懈地阅读，做了大量的读书笔记，并常常在脑海中构想自己作为总司令，运用数学方法策划科西嘉岛的战略防御。他在数学上展现出的卓越才能，使他有机会在操练场上负责需要复杂计算的任务。

1797 年，年仅 28 岁的拿破仑在激烈的竞争中脱颖而出，当选为法兰西科学院数学部院士。1799 年，他更是成为了法兰西第一共和国的执政官。

思考：

学习对于大学生有什么重要意义？制定你在大学期间的学习计划和学习目标。

心理训练

考试的经历

从小学到大学，我们经历了无数次大考小考。在你的记忆中，有没有令你记忆深刻的考试？考试前、考场上、考试后你都有哪些想法呢？这些想法带来了什么？请回忆这次考试，并填写表格。

时间	我的想法	导致的结果
考前		
考中		
考后		

第二讲　学会有效学习

导　语

比尔·盖茨曾指出，21世纪人们竞争的关键不在于学习本身，而在于学习的速度。在相同的学习条件下，有的同学能够轻松高效地学习，而有的则不然，这种差异很大程度上源于学习策略的不同。对于大学生而言，要提升学习能力与效率，学会自主学习，就需要从以下几个方面着手调整自己：增强自主学习能力，制订切实有效的学习计划，善于利用各种学习资源，掌握科学的学习方法，并加强时间管理。通过这些努力，大学生可以更好地适应新的学习环境和学习要求，实现自我提升。

案　例

小雪是某大学的一名新生。刚踏入校园时，她满怀憧憬，下定决心要努力学习，争取拿奖学金、考取技能证书、通过英语六级，并为将来的考研做准备。为此，她精心制订了第一学年的学习计划，详细规划到了每月、每周乃至每天。

然而，不久之后，小雪发现计划总是难以如期完成。班级里经常有集体活动需要参加，精彩的讲座也不容错过，周末时老乡来访不能不顾及，同学间的相互帮助更是义不容辞……每一件事都看似重要且必须完成，但处理完这些事情后，留给学习的时间就所剩无几了。

随着时间的推移，小雪的学习计划一再落空，这让她心情十分沮丧。每一天的过去都让她感到焦急和挫败，她不知该如何应对这种局面。

启　示

在生活中，我们身处社会与人群之中，每个人都有许多必须履行的责任和义务，我们的时间往往并不完全由自己支配。那么，如何有效地管理自己的时间呢？哪些事情是必须完成的，哪些又是可以省略的？哪些任务需要优先处理，哪些又可以稍后安排？这些问题不仅在大学阶段至关重要，更贯穿于我们的整个职业生涯，需要我们不断面对和解决。掌握时间管理的技巧，能够让我们的学习和生活变得更加高效且从容。

学习认知

爱因斯坦曾着重指出，高等教育必须着重培养学生思考和探索问题的能力。在大学期间，大学生需要掌握一定的学习策略，具备自主学习的能力和独立获取信息的技能，学会高效学习，以提升学习效率，并避免因学习带来的各种心理负担。

一、培养自主学习能力

自主学习是学习者根据自己的学习能力、学习任务的要求，积极主动地调整自己的学习策略和努力程度的过程，也就是积极主动地学习。培养自主学习能力，包括培养积极主动的学习态度和良好的自学能力。

（一）培养积极主动的学习态度

在大学里，没有了老师对学习的严格督促，如果不能迅速从中学时期的"要我学"这种被动学习方式转变为"我要学"的自主学习，就很难实现高效学习。从踏入大学校园的第一天起，大学生就需要从被动学习转向主动学习，积极管理自己的学业，规划好自己的大学生活，成为自己未来的主宰。李开复曾说："理由很简单：因为没有人比你更在乎你自己的工作与生活。'让大学生活对自己有价值'是你的责任。"积极主动意味着对自己的所有事情负责，勇于面对人生，不逃避、不搁置困难。只有事事用心、事事尽力，并做好充分准备，才能抓住机遇，甚至创造机遇。

（二）培养良好的自学能力

自学能力，即个人独立学习并汲取知识的能力，是一项能够让人受益终身的关键技能。它不仅对当前学业至关重要，对毕业后持续的学习与职业发展同样有着深远的影响。据微软公司统计，其员工所掌握的知识中，仅有约10%源自过往的学习与工作经历，其余90%则是在入职微软后重新习得的。这表明，缺乏自学能力的人在职场上往往难以取得长足发展。因此，自学能力的培养应始于大学时期。

在大学，教师更多扮演着引导者的角色，大学生不应仅仅跟随教师的步伐，而应主动超前，自主学习、探索与实践。正如古语所云："学而不思则罔。"思考与质疑是提升自学能力的核心。在学习中，应多角度思考问题，勇于创新；力求"理解"知识而非单纯"记忆"，对每个知识点多追问几个"为什么"。一旦真正理解了，便能触类旁通，甚至达到无师自通的境界。

二、设定明确目标与制订合理计划

科学的学习目标和合理的学习计划，能够有效帮助大学生高效利用宝贵的学习时间，确保在校期间尽可能全面地掌握各种必需的知识与技能。

（一）设定明确的学习目标

学习目标可以分为长期目标、中期目标、短期目标。长期目标一般规划大学期间自己所要完成的全部学业目标；中期目标一般以年或学期为单位设定，主要是自己半年或一年内要完成的比较具体的学习目标；短期目标可以以月、周或日为时间单位，主要是一些具体的操作性计划。目标的设定要高于自己目前的水平，所谓"取其上者得其中，取其中者得其下"，同时又要合理，使自己能够"跳一跳，够得着"，才能有效地激发自己的学习热情。

有人做过计算，假如有一张足够大的白纸，把它折叠51次，它的高度将超过地球和太阳之间的距离！但如果仅仅是将51张白纸叠放在一起，不过几厘米的高度。没有目标和方向的人生，就像是将51张白纸简单叠在一起，今天做做这个，明天做做那个，每次努力之间并没有一个联系，哪怕每件事都做得非常出色，它们对你的整个人生来说也不过是简单的叠加而已。而拥有明确的目标，哪怕只是一个简单的方向，坚定地做下去，最后也能达到别人不可企及的高度。

（二）制订合理的学习计划

在明确学习目标的基础上，还要为自己制订一个切实可行的计划，将实现目标的努力落实在每天的行动上。大学生活可以分为几个阶段，每个阶段都有需要完成的重点与难点任务，这些重点和难点也就是学习计划的核心。不少同学都有制订学习计划的经历，但往往计划容易制订，坚持执行却很难，导致许多计划最终流于形式，未能如愿完成。行动才是实现目标的关键，为此，可以尝试采用签订学习合约的方式（可参考相关课后练习），来对学习进行规划和自我监督，确保计划得以有效执行。

三、掌握有效的学习方法

"工欲善其事，必先利其器。"在学习上，如果想取得好的学习效果，必须有科学、高效的学习方法。"授人以鱼，一饭之利；授人以渔，终身益之"，在学习上，学习方法与具体知识的关系也类似"渔"与"鱼"的关系。

（一）通用的学习方法

学习方法多种多样，不是每种方法都适合自己，但也有一些通用的学习方法，比如：

① 划线。划线的关键是划出自己认为重要的信息。划线的过程本身就是对学习材料的理解和加工提炼，划线还有助于快速找到和复习学习材料中的重要信息。大学生应学会在划线的旁边作注释，用圈点、记号、评论、总结等促进对材料的深入思考。

② 做笔记。笔记的意义不仅是存贮信息和用以复习，更能促进新信息的精细加工和整合。做笔记重要的是记下关键词及重要内容、图表，记录时可以自己创造一些小符号、简称等代替一些常用术语，以提高速度。笔记本最好进行区域划分，如左边记录老师讲的内容，右边记录自己的想法、反思、总结等。课后可对重要笔记进行整理，及时复习，巩固知识。

③ PQ4R 方法。这是由托马斯和罗宾逊提出来的，PQ4R 分别代表预览（preview）、设问（question）、阅读（read）、反思（reflect）、背诵（recite）和回顾（review）。这个过程通俗地讲，就是学习者首先快速浏览材料，对材料的主题和副主题有个初步了解，然后根据标题问自己一些问题，带着问题阅读材料寻找答案，读后进行延伸思考，把材料内容与自己的经验经历联系起来，背诵材料，在脑海中回顾材料，不能回顾的地方再重新阅读。这个方法被视为"最能帮助学生理解和记忆的学习技术"。

（二）提高记忆能力的方法

学习中，记忆是一项至关重要的能力，因为许多知识都需要我们记住。培根曾说过："一切知识归根结底都是记忆。"记忆是所有复杂高级心理活动的基础。大学生在记忆知识时，不能再像中小学生那样仅仅依靠多写、多背、多读这些简单方法，而应该注重记忆的技巧。心理学家指出，遗忘往往是因为信息输入大脑后强度不够，或者没有及时巩固，或者在提取时遇到困难。因此，增强记忆信息的强度，及时复习巩固，以及将记忆内容系统化，都有助于减少遗忘，提高记忆效果。

具体来说，常用的提高记忆效果的方法有：

① 要系统化识记材料。在学习时，我们应该同时构建起知识体系，善于发现和比较事物的相似之处与差异，并将知识与实际应用场景相结合。当知识之间建立起联系时，记忆起来会更加容易。正如俄罗斯著名军事学家苏沃洛夫所建议的："记忆是智慧的仓库，但是在这个仓库里有许多隔断，因而应当尽快地把一切都放得井井有条。"

② 及时复习。艾宾浩斯通过对遗忘进程的研究，提出了著名的"遗忘曲线"，即遗忘的

进程是不均衡的，有先快后慢的特点，学习之后在很短时间内就会遗忘大部分内容。根据这一规律，复习要及时进行，最好安排在记忆刚开始下降之前，分别于学习后的 1 小时、1 天、1 周、1 个月各复习一次，识记内容就能够进入人的长时记忆。

③ 尝试回忆。即在学习一篇材料时，一边阅读，一边自己提问题自己答，或自己背诵。这样可以根据自己回答或背诵的情况，检查错误和薄弱环节。

另外，宋代大学者朱熹发明的"三到"读书法也很值得借鉴。他说："读书有三到，谓心到、眼到、口到。心不在此，则眼不看仔细，心眼既不专一，却只漫浪诵读，决不能记，记亦不能久也。三到之中，心到最急，心既到矣，眼口岂不到乎？"心理学研究表明，人从听觉获得的知识，能够记住 15%，从视觉获得的知识，能够记住 25%，但是如果把听觉和视觉结合起来，就能够记住知识的 65%。耳听，眼看，口读，手记，或亲身去做——学习时使用的感官越多，理解和记忆的效果就越好。

此外，还有多种方法可以帮助提升记忆力。例如，将最重要的记忆任务安排在学习的开始和结束阶段，对基础知识和技能进行反复练习直至达到熟练掌握的程度，通过实践来学习，以及运用位置记忆法、首字联想法、视觉联想法、关键词法等技巧。针对不同的学习内容，我们可以灵活地选择最适合的记忆方法。

四、学会利用身边的学习资源

学习资源是指一切可用于学习的条件和方式。在高中阶段，课堂教学通常是学习的主导途径，教材和参考书则是高中生获取知识的主要来源。相比之下，大学为学生提供了更为丰富多样的学习资源，这些资源有助于大学生提升知识水平并培养专业技能。大学生可以充分利用的学习资源主要包括人才资源和物质资源两大类。

（一）人才资源

人才资源涵盖了老师、同学以及其他共同学习的伙伴。正如古语所说，"三人行必有我师"，在大学里，通过参与课堂讲授、学术报告和讲座、社团活动与沙龙、选修课等多种途径，我们可以在正确的引导和相互帮助中学习到大量的知识和技能。

（二）物质资源

物质资源则主要包括图书馆、网络资源等，它们对于培养大学生独立学习和研究的能力起着重要作用。

① 图书馆。大学生应充分利用课余时间，自主收集资料进行学习，以补充和巩固课堂上学到的知识。而图书馆正是收集资料的首选之地。了解本校图书馆的具体情况，并学会利用图书馆查找所需资料，是每个大学生都应掌握的基本学习技能。

② 网络。随着互联网技术的不断进步，网络已成为当今最大的信息宝库。上网查阅资料已成为学习者最常见的行为之一。网上查询资料主要有两种方式：一是通过专业网站查询，比如各大期刊网站和数字资源库；另一种方式是利用一般网站进行查询，这通常需要借助搜索引擎来完成，虽然这类网站信息量大，但专业性相比专业网站要稍逊一筹。

五、学会管理时间

尽管大学生拥有了更多可以自由支配的时间，但仍有许多学生感到自己忙忙碌碌，却似乎没有完成多少任务。这可能是因为他们的时间管理不够科学。

在时间管理上，最重要的是分出事情的先后次序。可以在每天的开始，花一点时间把需要完成的事项列出一个任务清单，然后根据事情的轻重缓急、重要程度，在清单上标出不同的优先次序，并要求自己把这天最重要的三件事做完。晚上睡前回顾这一天的完成情况。

另外，还要懂得区分"重要事"和"紧急事"。一位心理学家曾用两个大玻璃缸、一堆大小不一的石头和沙子做了一个展示。他在一个玻璃缸中先把小石头和沙子倒进去，最后大石头就放不下了。而另一个玻璃缸中先放大石头，再放进小石头，最后沙子仍然可以慢慢渗入。两个玻璃缸一样大，最终装进去的东西的多少却大不相同。他以此为比喻说："时间管理就是要找到自己的优先级——大石头。如果颠倒顺序，一堆琐事占满了时间，重要的事情就没有空位了。"在《高效能人士的七个习惯》一书中，作者史蒂芬·柯维提出，人的惯性是先做最紧急的事，但这么做会导致一些重要的事被荒废掉。每个人都有许多"紧急事"和"重要事"，想把每件事都做到最好是不切实际的，因此要学会寻求二者之间的平衡，不要让"紧急事"占满了你每天的时间，导致时间利用低效。不必过于苛求事事完美，学会判断和取舍，必须做的事要把它做到最好，有些事尽力而为就可以了。

只有分清事情的轻重缓急，做到条理清晰，才能在有限的时间里取得更好的成绩，同时也能让你的学习和工作更加得心应手，达到事半功倍的效果。

六、学会在实践中学习

美国华盛顿儿童博物馆墙上有一句格言："我听到的会忘掉，我看到的能记住，我做过的才真正明白。"这告诉我们，有些能力如果不通过实践和动手操作是无法获得的。将学习与实践相结合，可以做到知识的融会贯通，反过来又能加深对知识体系的理解，使学过的知识更加牢固。因此，在大学期间，应积极寻找与专业相关的实践机会。在校内，可以在老师的指导下参与一些实际工作或项目；在校外，也可以通过打工等方式进行实践，只要不影响学业，这些都是值得提倡的。这个阶段的实践活动，关键不在于薪酬待遇，而在于实践的机会和经历本身，这不仅能促进专业学习，还能为将来的就业打下良好基础。

阅读与思考

初中毕业的"桥吊专家"

许振超是青岛港一名普通的码头工人，他仅有初中学历，可他凭借苦学苦练，成了一名"桥吊专家"，当选为全国人大代表、全国劳模，被誉为"当代产业工人的楷模"。

许振超的脱颖而出，没有什么秘诀，用他的话说就是要学习。20世纪70年代，他刚进港口的时候，别人上班包里只装个饭盒，他的包里却多一本书。到上海港学桥吊，别人周末去逛上海滩，而他却一门心思泡在码头上鼓捣图纸。许振超相信，知识能够改变命运，岗位能够成就事业！他说过一句令工友们感到震撼的话：一个人可以没文凭，但不可以没知识；可以不进大学殿堂，但不可以不学习。他用一种严谨的求学态度鞭策自己。他的学习与实际工作联系很紧密，用学来的知识解决了大量的实际问题，入港30年，实现了年年有创新，创造了世界一流装卸效率，并多次刷新集装箱单船装卸世界纪录。他还将自己多年来驾驶、维修桥吊的技术总结编制了一本《装卸桥吊司机操作手册》，把成才的捷径教给工友们，带动了一批"桥吊专家"成长起来。

几十年如一日勤学不辍，刻苦钻研，使许振超这个初中生，成功地跟上了当代产业技术飞速发展的步伐，成为拥有多手技术"绝活"的"行家里手"。

思考：

许振超的成长经历对你有什么启示?

心理训练

与你自己签订学习合约

目标：帮助你制订学习计划，管理学习时间，形成学习的自我激励机制。

内容：

1. 制订一个切实可行、符合自身实际、具体明确的 10 天的学习目标和学习计划，将这份"与我自己的学习合约"认真填写好。

2. 将填写好的合约交给老师或同学保管，10 天后取回，同时邀请同桌或好友对自己的学习情况进行监督。

3. 自己记录下每天的学习情况，10 天后填写合约中的"具体完成情况"，并进行反思。

合约说明：这份合约是我对自己的一个承诺，期限为 10 天。我会遵守我的学习合约，如期保质保量完成合约所规定的学习任务。

学习目标		具体完成情况（10 天后根据学习记录填写）	原因
学习目标 1	具体项目 1		客观
			主观
	具体项目 2		客观
			主观
	具体项目 3		客观
			主观
学习目标 2	具体项目 1		客观
			主观
	具体项目 2		客观
			主观
	具体项目 3		客观
			主观
学习目标 3	具体项目 1		客观
			主观
	具体项目 2		客观
			主观
	具体项目 3		客观
			主观

合约制定者：　　　　　　　　　　　　　　　　　　　　　年　　月　　日

讨论：

1. 向大家介绍一下你的合约的内容，合约签订之后这 10 天里你的思想和行动有了哪些变化?

2. 你如期完成了学习合约的内容吗? 谈谈你是怎样信守合约并一步步完成的。若没有完成，谈谈造成你违约的原因是什么。

第三讲　创新思维与创造力

导　语

　　学习重在创新。学习的目的不仅仅是接受已有的知识，更重要的是能够运用这些知识去解决自己遇到的新问题。人类文明的发展历程，实质上就是一部不断解决问题的历史，创新和创造是推动历史前进的关键动力。在快速变化的 21 世纪，自主创新能力已成为衡量一个社会发展水平的重要标准，也是一个国家核心竞争力的体现。缺乏创新能力的民族，难以在世界先进民族之林站稳脚跟。社会的进步迫切需要具备创造力的人才，"为创造性而教"已成为全球教育的重要目标之一。创造性是大学生应具备的重要品质。创造力是可以通过训练和实践来开发和培养的。创新思维是创造力的核心。在学习过程中，大学生不应局限于前人的知识和经验，而应勇于探索新的路径，寻找新的突破点，从多角度思考问题，培养创新思维，提升创造能力。

案　例

　　无锡市高校科技创新成果展在无锡某大学举行。尽管是在校大学生的科技创新成果，但其专利价值在提高生产效率、促进生产力发展方面的作用却令人刮目相看，一些参观者惊叹道：原来，大学生的发明创造也挺能赚钱的。

　　一位工作人员指着一个小小的装置说："别看这个装置不起眼，但它半年的经济效益已经超过了 200 万元，具有很大的市场需求。"这个名为"数字式多功能电机保护器"的装置，是无锡一所职业院校的学生设计的。设计历经半年完成，由无锡一家公司买断生产并向市场进行销售。据介绍，该装置的主要功能是对大型电机起到保护和预警作用，厂家可以减少由于电机问题带来的损失，所以很受市场欢迎，半年的销售额已达 200 万元。设计者说，他是学机电一体化及数控专业的，一直关注电机保护问题，知道市场很大，所以才想到进行改进设计，"其实这样的装置，市场之前也有，但是不够完善，我自己的这个装置也需要进一步改进，但是目前确实市场反应很好！"

启　示

　　发明创造其实并不像我们通常认为的那样艰难。只要怀揣热忱、用心观察，以创造性的视角和方法去探索和解决问题，大学生完全具备进行创新和创造的能力。

一、创新思维及其培养

（一）什么是创新思维

我们每个人都有一个能想会算的头脑，通俗地说，"想"和"算"就是思维。心理学认为，思维是具有意识的人脑对于客观现实的本质属性和内部规律的自觉的、间接的和概括的反映。而创新思维，是指思维不仅能揭示客观事物的本质及内在联系，而且能在此基础上产生新颖的、具有社会价值的、前所未有的思维成果，是一种开拓人类认识新领域、开创人类认识新成果的思维活动。

人类能够成为地球的主人，就在于人类具有创新思维能力。创新思维可以说是人类思维的最高形式，是创造力的核心内容，是创造力的灵魂。

（二）创新思维的构成

1. 积极的求异性

积极的求异性是创新思维的一个重要特征。它鼓励我们探索客观事物之间的差异，发现现象与本质之间的不一致，认识到已有知识、理论和认识的局限性。对于习以为常的现象，创新思维敢于提出疑问；对于广受赞誉的人和事，它勇于"挑刺"，寻找不足；对于已有的权威观点，创新思维持有一种分析和批判的态度。

2. 敏锐的洞察力

这种能力主要体现在日常观察中。通过不断将观察到的新事物与已知事物进行对比联系，找出它们的相似之处和独特之处，进而揭示它们之间的内在联系和本质特征。

3. 创造性想象

创新思维与想象密不可分。想象是发明、发现以及其他各种创新活动的源泉。

4. 新颖的表达

新颖且独特的表达方式，不仅关乎创造性思维成果能否被大众接纳，它也是创新思维不可或缺的一部分。要实现表达的新颖性，首先需提出新颖的概念；其次，要构建能体现新思维方式的结构体系；最后，要运用准确、清晰、生动且不拘一格的语言、动作或图形等方式，使表达具有创新性和吸引力。

（三）创新思维的特点

1. 思维的流畅性

指在限定时间内产生观念数量的多少。在短时间内产生的观念数量越多，说明思维的流畅性越大，反之，说明思维缺乏流畅性。

2. 思维的变通性

指头脑中产生的观念涉及面大、范围广。

3. 思维的独特性

指能够突破常规的思维定式，产生与众不同的观念或想法。

（四）创新思维的培养

创新思维是在一般思维的基础上发展起来的，它是后天培养与训练的结果。卓别林说过："和拉提琴或弹钢琴相似，思考也是需要每天练习的。"我们可以有意识地从以下几个方面培养自己的创新思维。

1. 培养发散思维

发散思维是指在思考问题时，能够突破原有的知识框架，从某一点出发向多个方向展开，通过重新组合知识和观念，探索出多种解决问题的方法或得出多种答案。研究表明，创造力与发散思维能力紧密相连，发散思维能力的强弱直接影响创新思维能力的强弱。在这种思维模式下，人们可以灵活多变地探索各种可能的答案，充分展现思维的创造性。例如，在思考"砖头有哪些用途"时，可以想到造房子、砌院墙、铺路、作为斜坡停车的制动工具、当作锤子使用、压纸、代替尺子划线、垫东西、作为搏斗的武器等多种用途。发散思维能够显著提升思维的流畅性和灵活性，从而增加有价值方案和解决办法的数量。

2. 发展直觉思维

直觉思维，是指不经过一步一步分析而突如其来的领悟或理解。很多心理学家认为它是创造性思维活跃的一种表现，它既是发明创造的先导，也是百思不解之后突然获得的硕果，在创造发明的过程中具有重要的地位。物理学上的"阿基米德定律"，就是阿基米德在跳入澡缸的一瞬间，发现澡缸边缘溢出的水的体积跟他自己身体入水部分的体积一样大，从而悟出的著名的比重定律。为了培养创造性思维，当新想法、新观念突然涌现时，我们应迅速抓住它们，并借此机会锻炼和发展自己的直觉思维能力。

3. 重视逆向思维

逆向思维指有意识地从常规思维的反方向去思考问题的思维方式，它是与传统的、逻辑的思维方式完全相反的一种思维。逆向思维具有挑战性，常能出奇制胜，取得突破性解决问题的方法。如司马光打破水缸救落水同伴的故事中，7岁的司马光就是采用了逆向思维法，从下部砸破水缸实现了救人的目的。逆向思维体现了创造者所应具备的怀疑精神，正如鲁迅先生所说："从来如此，便对吗？"逆向思维一般可分为功能反转、结构反转、因果反转、状态反转四种类型，实质就是"换个角度想一想"，一种思路无法解决的问题，用另一种相反的思路却往往能迎刃而解。

4. 利用侧向思维

侧向思维，是一种通过把注意力引向外部其他领域和事物，从而受到启示，找到超出限定条件之外的新思路的思维方式，实质上是一种联想思维。如乌鸦喝水的故事中，一只乌鸦想喝水，但瓶子口小，水又少，它喝不到。于是它利用瓶子周围的小石子，使瓶内的水面逐渐升高，乌鸦终于喝到了水。这就是利用了侧向思维：乌鸦为解决喝水问题，先做的不是直接与喝水有关的事情，而是解决水面升高的问题，水面升高了，喝水问题也就迎刃而解了。

5. 培养想象力

想象力是人类运用储存在大脑中的信息进行综合分析、推断和设想的思维能力。在思维过程中，如果没有想象的参与，思考就会发生困难。特别是创造想象，它是由思维调节的。

爱因斯坦说："想象力比知识更重要，因为知识是有限的，而想象力概括着世界的一切，推动着进步，并且是知识进化的源泉。"爱因斯坦的"狭义相对论"，就是从他幼时想象人跟着光线跑，并能努力赶上它开始的。世界上第一架飞机，就是从人们想象造出飞鸟的翅膀而开始的。想象不仅能引导我们发现新的事物，而且还能激发我们做出新的努力和探索，去进行创造性劳动。

二、创造力及其培养

（一）什么是创造力

创造力是运用一切已知的信息，产生出某种新颖、独特、有社会或个人价值的产品的能力。创造力不仅是国与国之间竞争的实质所在，也是一个人事业进步、走向成功的决定因素，是现代人应当具备的基本素质。

（二）创造型学生的个性特点

根据国内外研究，创造型学生具有兴趣广泛、好奇心强、目标专一、有毅力、独立性强、自信心强、情感丰富、一丝不苟等个性特征。

在学习上，创造型大学生不满足于对教学内容或教师所阐述问题的记忆，喜欢自己对未来世界进行探索；对语词或符号特别敏感，能在与别人的交谈中，利用一切机会捕捉问题、发现问题；不仅能获取课内外的知识，而且有求知的高度自觉性、主动性和独立性，能得到不同寻常的观念，并分析批判地加以吸收。

（三）创造性活动中的心理状态

创造力强的人在从事创造性活动时，心理上会展现出以下几个特点。他们会全神贯注于当下。在创造的热情高涨之时，他们会完全忘却时间、地点和周遭现实，全心全意地投入当前的创造性活动中。他们会进入一种忘我境界。在进行创造性活动时，他们不再进行自我审视和批判，不再感到羞涩或尴尬，也不再压抑内心的冲动和想法，更不会轻易受他人影响。相反，他们会变得更加勇敢和有力量，敢于探索未知、新颖和不寻常的事物，这时，他们就像无畏的勇士，敢于面对一切挑战。

（四）创造力的培养

我国近代著名教育家陶行知先生在《创造宣言》中写道：人类社会"处处是创造之地，天天是创造之时，人人是创造之人"。但如果不去开发，创造潜力就会被埋没，永远不会显露出来。大学生应从以下几方面着手去培养和训练自己的创造力。

1. 培养强烈的求知欲

古希腊哲学家柏拉图和亚里士多德认为积极的创造性思维往往源自人们对某一事物感到"惊奇"的那一刻，这时探索的兴趣会在心中熊熊燃起，驱使人们深入探究事物的本质。因此，要激发自己的创造性学习热情，首先得培养强烈的求知欲。我们可以主动给自己设置挑战，或是去钻研那些历史遗留的未解之谜，以此点燃内心的求知欲。青年人通常拥有最旺盛的求知欲，但如果不将其引导到对科学和新知的追求上，这种求知欲可能会逐渐消退。求知欲能激励我们探索未知的领域，发现新知，甚至创造出全新的观点和事物。

2. 培养良好的个性品质

创造力与通过智力测验测出的智商并没有太大关系，并非智商越高创造力越强。中等以上智力水平是创造力发展的基本条件。而非智力因素，尤其是积极的心态，对创造力的发挥具有重要作用。一项针对日本160名有突出成就的科学家的调查发现，这些人都具备下述性格特征：有恒心、有韧劲，在希望渺茫的情况下仍能坚持到底；从童年起就有强烈的求知欲望；喜欢尝试；有鲜明的独立倾向和独创精神；有主见；雄心勃勃，肯努力，不甘虚度一生；自信，敢于坚持自己的看法；精力充沛，干劲十足。大学生要注重培养良好的个性品质，积极主动，才能"思人之所未思"，去创造性地解决问题，全身心地投入，克服创造过程中的重重困难。

3. 加强学习和实践

创造性成果往往会在不经意间突然出现在人们的脑海中，给人以"众里寻他千百度，蓦然回首，那人却在灯火阑珊处"的惊喜。然而，这种突如其来的灵感离不开平时长期的积累和努力。1979 年诺贝尔物理学奖得主、美国科学家格拉肖曾指出："广泛涉猎知识可以拓宽思维……对世界和人类社会的各种事物了解得越多，越有助于进行抽象思维。"创造力的三个关键要素——思维的流畅性、灵活性和独创性，都是建立在广博知识的基础之上的。就像诸葛亮所说的"眉头一皱，计上心来"，这背后是他平时深思熟虑和广泛阅读兵书的积累。因此，大学生应该加强学习和知识积累，积极参与实践活动，将课堂上学到的知识与生活实际紧密结合，创造力往往蕴藏在长期不懈的努力和坚持之中。

4. 注意劳逸结合

德国物理学家赫尔姆霍兹发现，他的灵感往往不是在精神疲惫或伏案工作的时候出现，而是在一夜酣睡之后的早上，或在晴朗的天气中缓步登山时出现的。从科学史来看，在乘车、坐船、钓鱼、散步中，都可能出现灵感。当对一个问题长时间苦思冥想仍不能解决时，先放一放，暂时不去想它，去休息、娱乐、锻炼。这时我们的潜意识仍在对我们的知识结构进行整合、更新。经过这样一个酝酿过程，创造性灵感更容易出现。

5. 接受创造教育的训练

爱迪生说："天才是百分之九十九的汗水加百分之一的灵感。"实践证明，通过教育与训练，任何一个人的创造力都能得到显著的提高。大学生可接受一些创造教育的指导与训练。如 20 世纪 60 年代，美国心理学家曾采用"暴风雨式的联想"的方法来训练大学生思维的流畅性。训练时，要求学生像夏天的暴风雨一样，迅速地抛出一些观念，不要迟疑，也不要考虑质量的好坏或数量的多少，评价在结束后进行。这种自由联想与迅速反应的训练，对于打破习惯性思维的束缚，促进创造性思维的发展都有很大帮助。运用小组讨论、脑力激荡等方法进行训练，也能够有效地拓宽我们的思路，提高创造性。

阅读与思考

人人都有创造力

马斯洛认为，每个人天生都具备潜在的创造性本能，尽管这种本能容易受到外界环境的影响。创造性是做事情的一种倾向，包含在每一个人的行为方式、思维方式之中。例如，一位未受过教育的家庭主妇，一生居住在小村庄里，她的生活重心是家务劳动。尽管她从未接受过专业的烹饪训练，但她的烹饪技艺却十分高超，即便是普通的萝卜白菜，也能烹饪得让家人回味无穷。她能巧妙地将简单的家具布置得别致有序，用一些瓶瓶罐罐搭配出比古董还具韵味的效果。她利用碎布为孩子制作的玩具，让孩子喜爱不已，甚至超越了商店里精致的洋娃娃。

思考：

1. 在生活中，你是一个有创造力的人吗？你的创造力表现在哪些方面？

2. 开展"脑力激荡"训练。全班同学以 6～8 人为一组，每组在 10 分钟内就某个题目（如"怎样减轻生活和学习压力""愉快度过大学生活的方法""改善人际关系的方法"等）

发表意见，列举种种可能的方法，由一个人记录在纸上。看哪个小组办法最多，哪个办法最实用、最幽默、最有想象力等。应遵守三条规则：不评论他人意见正确与否，尽可能多地出主意，争取超过别的小组。通过训练让学生去体验：创造就是打破固有的思维模式，发挥每个人的潜能。同时，体验"人多力量大"的道理。

心理自测

试试你的创造力

1. 与别人发生意见分歧时，你是（　　）。
  A. 立即作出结论并付诸行为（3分）
  B. 冷静地从多方面进行考虑（2分）
2. 对老师、领导和长者的意见，你是（　　）。
  A. 原封不动地接受（3分）
  B. 有些疑问和想法（2分）
  C. 同自己原先的想法结合起来（1分）
3. 你买东西回来后（　　）。
  A. 总是直接使用（3分）
  B. 常常稍作改变后再使用（2分）
4. 工作学习有困难时，你是（　　）。
  A. 放弃初衷（3分）
  B. 请教别人（2分）
  C. 冥思苦想（1分）
5. 平时你喜欢（　　）。
  A. 打桥牌、下围棋、下象棋（1分）
  B. 看侦探小说、惊险影片（2分）
  C. 看滑稽有趣的闹剧，同别人聊天（3分）
6. 休息日去公园，你（　　）。
  A. 总是去某个公园（3分）
  B. 经常变换场所（1分）
  C. 听听其他人的意见（2分）
7. 你对智力游戏（　　）。
  A. 无所谓（2分）
  B. 不喜欢（3分）
  C. 很喜欢（1分）
8. 针对眼前的某件东西（例如茶杯）你能想出它的几个新用途？（　　）
  A. 3个以上（3分）
  B. 8个以上（2分）
  C. 15个以上（1分）
9. 刷牙时发现牙出血，你是（　　）。
  A. 怨牙刷不好（3分）
  B. 担心是牙周炎（2分）
  C. 设法使牙不出血（1分）

10. 当有人向你提出没有用的建议时，你是（　　　）。

　　A. 不予理会（3分）

　　B. 看看还有没有可取之处（2分）

　　C. 问他还有没有别的建议，鼓励他多多益善（1分）

结果解释：

对照每题后的得分求和。得分越高，表明您的创造力越有待提高。如果总分小于15分，那说明您的创造力较强。

第七篇

大学生的挫折心理

第一讲 挫折的产生及影响

导　语

常言道："人生不如意事十之八九。"每个人都期盼生活一帆风顺，但追求、欲望与需求的存在，往往伴随着失败、失望与失落。失败和挫折，就像是梦想与愿望的伴侣，在个人的成长旅途中，总是紧紧相随。大学生在复杂多变的现实生活中，同样难以避免地会在学习、生活、就业等多个方面遇到各式各样的挫折。然而，若能妥善处理这些挫折，它们便能转化为推动成长的内在力量，促进个体的全面发展。因此，深入了解挫折的影响因素及其应对方法，对于大学生的健康成长至关重要。

案　例

大一女生小米，来自一座省会城市，是家中的独生女。她的父亲是一名机关干部，母亲则是高级知识分子，家庭经济条件相对宽裕。在班级里，小米自视甚高，时常在同学面前炫耀自己家乡的繁华、父母的高雅生活以及自己在穿着打扮上的讲究，对周围的同学多有轻视：觉得某位同学的方言太土；某位同学的卫生习惯不佳；还有某位同学过于节俭，只用廉价化妆品，从不购买水果和零食。

渐渐地，先是同宿舍的同学，随后是班级里的其他人，都开始有意无意地疏远小米。大家三三两两地聚在一起，有说有笑，唯独对小米保持敬而远之。小米觉得这是同宿舍的同学在嫉妒她、排挤她，于是多次找到辅导员，要求调换宿舍。然而，搬离原宿舍后，新舍友对她的态度也是不冷不热。小米感到越来越孤独，脸上的笑容逐渐消失，甚至产生了退学的念头。

另一名高校毕业生小张，自实习以来参加了多场招聘会，简历投出了近百份，却都如石沉大海，没有回音。不久前，小张开始变得焦虑不安、食欲不振，睡眠也受到影响。周末回家时，他终于在父母面前忍不住大哭了一场。求职的屡屡受挫让小张和他的同学们一听到招聘会就心情烦躁，情绪低落。

启　示

人们在实现某种目标的过程中，不可能事事都能顺遂人意，挫折是在所难免的。小米和小张分别在人际关系和就职方面遇到了挫折，由于不能正确认识和对待挫折，他们的情绪、学业等都受到了影响。挫折及其应对，是大学生走向社会必须学习的一个课题。

一、挫折的概念及形成

（一）挫折的概念

挫折是指个体在实现自身愿望和计划的过程中，由于遭遇阻力或障碍，致使愿望无法顺利达成，个人需要无法获得满足而产生的紧张状态和情绪反应。

大学生作为满怀理想与追求的青年群体，对生活抱有诸多期待：期望在专业学习及未来事业上能够一帆风顺、取得成就；渴望在社会交往中赢得他人的认可与尊重，收获真挚的友谊与美好的爱情；也希望在生活中能享有富足安逸、物质充裕的生活。为实现这些目标，许多人会不懈努力。然而，当这些努力未能如愿以偿，需求无法得到完全满足时，他们可能会经历焦虑、沮丧、忧郁、苦闷等负面情绪和心理状态，这在心理学上被称为挫折感。

（二）挫折的形成机制

心理冲突是引发挫折感的一个重要源头。在日常生活中，冲突与挫折常常如影随形。心理冲突，指的是人内心深处的一种矛盾状态。由于人的多种欲望、需求和动机可能同时涌现，而每种欲望和需求都会引发相应的情绪和行为反应变化，当人们在选择面前难以抉择时，心理冲突便产生了。

挫折的产生与以下五个方面紧密相关：一是人的需求和由此产生的动机；二是在动机驱使下采取的有目的行为；三是挫折情境，即导致需求无法满足或目标无法实现的内外障碍或干扰情境，这种情境可以是真实的，也可以是当事人想象中的；四是对挫折情境的评价，即挫折认知，它既可以是对实际挫折情境的认知，也可以是对想象中可能出现的挫折情境的认知；五是因遭遇挫折而产生的情绪和行为反应，称为挫折反应，常见的有焦虑、紧张、愤怒和攻击等。

在挫折的形成过程中，挫折认知是产生挫折感的关键因素。因为只有在感知到挫折情境后，人们才会产生挫折感。否则，即使挫折情境真实存在，只要不被感知，人们也不会产生挫折感。因此，挫折感实质上是当事人的一种主观感受。当事人是否有挫折感以及挫折反应的强弱，主要取决于他们对情境的感知、对自己的动机、目标与结果之间关系的认识。因此，不同的人即使面对相同的挫折情境，也可能产生不同的挫折反应。例如，同样是求职被拒绝，有的同学可能从此一蹶不振、意志消沉；有的同学则满腹牢骚、焦虑不安；还有的同学能够及时调整心态、总结经验教训、积极寻找新的机会。这些不同的反应是由他们对求职不顺利这一挫折情境的不同认知所导致的。正如巴尔扎克所言："一块石头，你可以把它当作垫脚石，让自己站得更高；也可以把它当作绊脚石，让自己一蹶不振。"

（三）挫折的性质及其转化

从挫折的形成机制来看，挫折具有其必然性和普遍性，任何人的人生旅程中都难以避免地会遇到各种大小的挫折，这些挫折可能出现在我们的成长、学习、人际交往、情感生活以及择业或创业等各个方面。挫折本身具有积极和消极两方面的特性。

从积极的角度来看，挫折能够锻炼人的意志，使人变得更加成熟和坚强。它促使人们在逆境中奋起，从而获得进一步的发展。而从消极的角度看，挫折则可能让人感到失望和沮丧，甚至引发消极对抗的行为。

然而，挫折的消极性和积极性并不是绝对的，它们之间是可以相互转化的。我们应当对挫折可能带来的消极影响有充分的思想准备和清醒的认识。面对挫折，我们应当以积极的态度去学习，将挫折转化为前进的动力。我们需要以顽强的毅力继续奋斗，或者根据实际情况重新调整目标，努力促使挫折中的消极因素向积极方面转化。

二、影响挫折形成的主要因素

挫折的形成与自然条件、社会环境以及个体的内在因素都紧密相连，因此，导致挫折的原因是多种多样的。大学生正处于蓬勃向上的青年阶段，对未来满怀憧憬，对生活、学业、社交以及职业发展都抱有理想化的期望和规划。然而，大学生以往大多生活在相对封闭的家庭和学校环境中，受到家人和老师的悉心呵护，社会经验相对匮乏。尽管他们在生理上已步入"成年"行列，但心理上仍保留着孩童和少年时期的单纯与依赖性，面对挫折的心理准备并不充分。

（一）构成挫折的外界因素

1. 自然因素

构成挫折的自然因素是指个人无法预料和控制的天灾人祸、时空限制、意外事件等，如地震、洪水、恶劣气候、由自然灾害引起的交通事故、疾病、死亡等。

由于自然因素普遍具有的不可预知、无法逆转、难以控制及偶发性，造成它作用和影响的对象也具有不确定性。每个人在自己的人生历程中，都有可能因自然因素而使意愿最终难以达成、目标不能实现。

2. 社会因素

构成挫折的社会因素是指个人在生活中受到各种人为因素的限制与阻碍，如社会生活中的政治、经济、军事、法律、道德、风俗习惯等对人的限制。

任何人都生活在特定的社会历史环境当中，社会的发展与重大变革必然会引起人的思想道德观念、利益关系和行为方式及心理状态的变化，当这种变化与旧有的一切发生冲突时，内心就会感到困惑不已。社会因素的矛盾与冲突，让渴望生活完美的大学生在不同心理动机的驱使下，真正感受到了"人有悲欢离合，月有阴晴圆缺，此事古难全"的无奈。

（二）构成挫折的个体因素

个体因素导致的挫折，是指由于个人在生理条件、心理状态、知识水平、社会经验及阅历等方面的限制，使得个人的需求与目标无法实现而产生的挫败感。例如，有的同学因为身体健康问题而不得不中断学业；有的同学缺乏集体生活的经验，导致宿舍关系紧张；有的同学则因为过于理想化地看待周围事物，在生活中遭遇种种不如意；还有的同学因为高考填报志愿时缺乏考虑，选择了不感兴趣的专业，从而陷入既想努力学习又缺乏动力的矛盾境地。面对这些由个体因素引发的挫折，大学生需积极寻求适合自己的应对策略，以促进个人成长和心理调适。

三、大学生心理挫折的常见形式及反应特点

（一）大学生心理挫折的常见形式

根据大学生心理挫折的来源，可将其分为以下几种形式：

1. 生活挫折

大学生生活环境改变容易带来适应困扰，同时物质生活的需求与实际经济条件的限

制也容易引起挫折感。一些同学远离家乡，告别父母亲人，独自开始大学学习生活，一方面体验着因分离引起的焦虑情绪，另一方面来到新的环境，在语言、气候、饮食等方面可能感到不适应，如果不能及时调整解决，就会使他们出现心理挫折感。攀比也是大学生挫折的来源之一。大学生的年龄大多在 18～23 岁之间，正是注重个人外在形象，容易受潮流影响的年纪。当经济现状无法满足攀比需求时，又会使他们陷入失望和自卑的情绪之中。

2. 个人发展挫折

个人发展挫折指在大学生成长成才过程中，目标与计划因各种阻力与障碍而无法顺利达成和实施所产生的紧张状态和情绪反应。具体包括：

① 学业挫折。调查发现，学业挫折是大学生面临的主要挫折之一。一方面，学业成败关系到大学生各项评比及未来发展。另一方面，部分大学生选择志愿时存在盲目性和非自主性，当发现所学专业非己所爱时，容易陷入冲突痛苦之中。此外，学习方法不当、时间规划不科学等因素也容易让大学生体验到学业挫折。

② 就业挫折。当代大学生在拥有更多择业自主权的同时，也面临着更大的就业竞争。随着高校扩招政策的持续推进，大学生数量迅速增加，与此同时，就业市场的需求却相对有限，导致大学生在就业中竞争激烈。

③ 成长挫折。大学生对于自己将来过什么样的生活，做什么样的人，从事什么样的职业，取得什么样的成就往往有较高的心理期望，但理想与现实之间的差距可能会给大学生带来挫折感。

3. 情感挫折

步入大学，很多大学生怀揣着对爱情的憧憬与期待。但同时，大学生所处的年龄阶段使其对亲密关系的认识和处理并不成熟。有的同学失恋后情绪低落、茶饭不思；有的同学陷入"单相思"的泥潭中难以自拔，经受着痛苦的煎熬。

4. 人际交往挫折

大学生内心渴望得到他人的理解和尊重，期盼受到关注，但往往在人际交往中缺乏有效沟通的技巧，习惯性地以自我为中心，期望他人能够处处配合并谦让自己。同时，由于大家来自五湖四海，拥有不同的生活环境、生活习惯和作息规律，性格特征、语言风格以及文化背景也各不相同，这些因素共同导致了人际交往中挫折感的产生。因此，学会如何在平等、理解和尊重的基础上，建立起和谐健康的人际交往关系，成为大学生活中不可或缺的一门必修课。

（二）大学生的挫折反应特点

面对挫折情境，大学生会因不同的挫折认知而产生各异的反应。这些反应有的表现得较为激烈，有的则相对含蓄；有的持续时间较长，甚至可能改变一个人的个性特征和发展轨迹，有的则较为短暂；有的反应呈现出消极态度，而有的则以积极的方式去应对。通常而言，大学生对挫折的反应主要集中在以下两个方面：

1. 理智反应

理智反应是指个体在经历挫折后，尽管也会有紧张和情绪上的波动，但他们能够保持相对冷静和客观的心态，正视现实，努力减轻或消除内心的挫折感，并积极寻求摆脱困境、克服困难的方法。或者，他们会根据实际情况灵活调整自己的目标和需求，以确保问题得以有效解决。这种调整并非出于畏惧困难，而是一种实事求是的态度，有助于减少因目标设定不当而引发的挫折感和焦虑情绪。

理智反应是应对挫折的一种积极方式。在遭遇挫折后，能够采取理智反应的人通常勇于面对各种阻力和挑战，展现出坚韧不拔、越挫越勇的精神风貌和灵活应变的智慧。

2.情绪性反应

情绪性反应是指人们在受到挫折时，伴随着强烈的紧张、愤怒、焦虑等情绪所作出的反应。情绪性反应多为消极性反应，可能表现为强烈的内心体验，也可能表现为特定的表情或行为反应，如焦虑、冷漠、退化、幻想、固执、攻击等。

焦虑是一种个体在面临挫折时产生的负性情绪，主要表现为紧张不安、提心吊胆、坐立不安、心跳加快等症状。

冷漠是个体在受挫后，所表现出的麻木、无动于衷和漠不关心的态度。一般冷漠的情绪性反应出现在个体遭受重大打击或连续多次遭遇挫折之后，这是一种近乎绝望的心理状态。

退化是个体在受挫时所表现出的与自己年龄和身份极不相称的幼稚行为，如有些大学生在遇到挫折后，像孩子似的大哭大闹、耍赖撒泼等。

幻想是个体受挫后不去面对现实，而企图将自己置于一种想象的虚幻情境中的行为。这种做法可使当事人得以从现实的挫折情境中摆脱出来，减轻其痛苦感受，偶尔为之实属正常，但遇到挫折便以幻想应对，对于大学生的身心发展及生活适应能力的提高都是极为不利的。

固执是指个体屡次受挫后，失去信心和应变能力，而形成刻板的反应方式，盲目地重复单调、机械、无效的行为，不听从同学、朋友和老师的忠告，一意孤行，我行我素。

攻击指当个体遭受挫折时在情绪与行为上产生的对人或物的攻击性抵触反应，有时是对构成挫折的人或物通过殴打、谩骂、怒目相向等进行直接攻击；有时则是将愤怒的情绪发泄到比自己弱小、相对安全的其他人或物（即寻找"出气筒"）上的间接攻击。当挫折对当事人的打击过于突然而沉重，当事人又不能及时获得外力帮助与支持时，部分人可能产生自暴自弃、厌世轻生的想法和行为，以伤害自己的方式来结束内心痛苦。

（三）挫折对个性的影响

挫折对个性的影响，一般是在人们连续经历挫折，或者遭受特别重大挫折的情况下产生的。由于导致挫折的情境和条件相对稳定并长期持续，由此产生的紧张状态和挫折反应就会反复出现，久而久之这些反应方式就会逐渐固定下来，使受挫者形成了习惯和一些突出的个性特点。挫折对个性的形成与发展产生积极还是消极影响，在很大程度上取决于人们对挫折的适应情况，对挫折的消极反应如果得不到及时纠正，并在心理和行为上固定下来，就会造成对挫折的适应不良，对受挫者的个性形成与发展就会带来不利的影响。

阅读与思考

轮椅上的勇士

21岁时，史铁生因脊髓疾病双腿瘫痪，一度陷入绝望，甚至多次尝试自杀。他形容那段日子"职业是生病，业余在写作"。那段日子里，母亲每天推着他到地坛公园散步，用沉默的陪伴帮他撑过最难的时光。在地坛的静默中，史铁生通过观察四季变换，感悟自然的生生不息，逐渐领悟：死是一件不必急于求成的事，人生该考虑的是如何活。

他拿起笔开始写作，将痛苦化为文字。但史铁生的写作之路并不顺利，初期稿件屡遭退稿，但他并没有放弃，一遍遍修改、一次次投稿，最终写下《我与地坛》。书中，史铁生用笔记录下了内心的痛苦与挣扎，也表达了对生活的热爱与向往。这种坚韧不拔的精神力量，不仅激励了他自己，也鼓舞了无数在人生路上艰难前行的读者。

思考：

史铁生如何将困境转化为继续前进的动力？

心理训练

挫折原因反思

按照 4 ～ 8 人分成小组，每名同学在组内轮流发言，回顾一下自己所经历过的挫折，回答 3 个问题：

1. 问题究竟出在哪里？
2. 是否一定会这么糟糕？
3. 对此，我能够有什么补救？

第二讲　心理防御机制

导　语

　　面对挫折，每个人的反应和应对方式都各不相同。心理防御机制能在一定程度上帮助人们暂时减轻负面情绪。然而，这种机制并不能改变挫折本身的存在。了解心理防御机制的相关知识，对于大学生来说至关重要。在挫折面前，如果能主动选择最适合自己的心理防御方式，并有意识地运用这些机制进行自我心理调节，就能充分发挥其积极作用，同时避免其可能带来的消极影响。这样一来，大学生的挫折承受能力将得到提升，心理状态也能得到更好的维护和保持。

案　例

　　小李约会迟到了。他跟对方说："我很早就出了家门，没想到路上严重塞车，结果竟然迟到了。真是对不起……"事实上，他是因为忙于别的事情忘了约会时间，猛然想起后匆匆赶来才迟到的。

　　考试前，小张仍沉迷于武侠小说，舍不得放下。考试时他只好胡乱应付。成绩公布后，小张看到自己不太理想的考试成绩，禁不住对别人解释"原因"："我之前重点复习的部分，老师竟然一点都没考，这题出得太偏了！"——其实他心里很明白，他就是因考前未认真复习才考砸的。

启　示

　　小李和小张在面对因个人过失导致的挫折（如未能按时赴约或考试失败）时，不自觉地运用了心理防御机制来减轻自身的心理压力和挫折感。这些防御性的反应在我们的日常生活中颇为常见，对我们的心理既可能产生积极影响，也可能带来消极影响。

学习认知

一、心理防御机制及其功能

（一）什么是心理防御机制

　　心理防御机制是人们为了应对心理压力、挫折及适应环境，自然而然形成的一种精神上的自我保护方式，它对于维护身心健康至关重要，是一种重要的心理适应性反应。

心理防御机制有如下特点：

① 心理防御机制是潜意识的。也就是说，人们常常在不知不觉中运用它们。

② 心理防御机制的作用是避免或减轻消极的情绪状态，它不仅可以作用于焦虑，也可以作用于心理冲突和内在的挫折。

③ 大多数心理防御机制是通过对现实的歪曲起作用的。

④ 任何与个人的愿望相冲突的刺激，都可能自发地唤起防御机制。

⑤ 防御机制并不改变事实，而只是简单地改变人对这些问题的理解或处理方式。

（二）心理防御机制的功能

每个人在其行为发展过程中，都会逐渐学会运用心理防御机制，以便在自我受到压力与挫折的困扰时，随时采用自动的心理防御行为。心理防御机制能够使人消除负性情绪，从自身内在的具有危险的冲动中保护自己，缓和伤感的体验，减轻失望感，消除个人内在与外在因素的冲突，使个人能从"紧绷"着的精神状态中摆脱出来。作为一种自我保护方式和心理策略，心理防御机制具有调和自我与环境矛盾的功能。

二、常见的心理防御机制

心理防御机制作为一种普遍存在的心理现象，能在不同程度上减轻人们的挫败感和痛苦感。其中，有些心理防御机制具有积极的、建设性的作用，能够帮助个体灵活巧妙地解决矛盾和冲突，我们称之为积极的心理防御机制。相反，有些心理防御机制不仅无助于问题的解决，反而可能对个体的身心健康造成负面影响，我们称之为消极的心理防御机制。还有一些心理防御机制则兼具积极与消极因素，运用得当便能发挥其积极作用，运用不当则表现出消极的一面，这类机制我们称之为妥协性或中性的心理防御机制。

（一）积极的心理防御机制

1. 升华

当某种自然的欲望或冲动无法被社会接受时，人们会将其转化为一种符合社会规范的形式表现出来，这种行为调整的心理过程被称为升华。通过这种方式，个人既能满足自身需求，又能以对社会有益的行为展现出来。

2. 利他

利他是指人们在（可能）遭遇挫折的时候，采取的一种行动，这种行动不仅能直接满足自己的欲望，而且又有利于他人。这种心理防御机制具有与升华机制相类似的作用。

澳大利亚墨尔本皇家儿童医院的心理学家佛兰克·奥博可莱德和玛格特·皮派尔在17年里跟踪观察了2500个家庭里的孩子的行为模式，结果发现，每个孩子在出生时都是不同的，甚至有些人天生就有暴力倾向。随意对人拳脚相向当然不能为社会所允许。那些天生就具有暴力倾向的孩子，可以通过系统的专业学习与训练，成长为优秀的拳击运动员等，这也是对利他机制的合理运用。

3. 幽默

幽默是一种在遇到困难或尴尬时，通过运用含蓄、巧妙的语言来委婉表达内心感受，间接传达深层意图的方式。它能帮助人们避开冲突的尖锐点，营造一个轻松愉快的氛围，缓解紧张情绪，从而顺利渡过难关或摆脱困境。幽默被视为一种成熟的心理调适手段。心理发展较为成熟的人，往往懂得在合适的场合运用恰当的幽默，将复杂问题简化，小事轻松化解，有效应对挑战，避免尴尬场面。

（二）消极的心理防御机制

1. 逃避

主要包括否定、幻想和退行三种心理防御机制。

否定是指在潜意识中对构成挫折的既成事实或客观存在加以否定的应对方法。它是最原始最简单的心理防御机制。如儿童闯祸后本能地用双手蒙住眼睛，人在遭遇突发事件时像鸵鸟一样埋起头来采取视而不见、听而不闻的态度，就是否定机制的具体表现。通过躲避问题来代替面对问题，希望借此保护自己免受情感上的伤害。

幻想是指当一个人的动机和欲望受到阻碍、无法实现时，以想象的方式使自己从现实中脱离出来，在空想中获得内心动机或欲望的满足。如有的大学生因为害怕失败给自己带来的巨大打击，习惯以"白日梦"的方式使自己耽于幻想，企图以非现实的虚构来应对挫折或获得满足。

退行指一个人遇到挫折和困难时，使用较原始而幼稚的方法应付困难，仿佛退回到童年时代，利用自己的退行来获得他人的同情和照顾，以避免面对现实问题或痛苦的行为表现。如有的同学在进入大学后，因无法适应全新的环境，经常患病（感冒、头痛、肚子痛等）使自己得到老师和同学的关心与照顾，形成对他们的依赖。而这些疾病事实上是无意识的，并非当事人故意装出来的。

2. 投射

投射是指把自己的过失、不当行为或内心存在的不良动机和思想观念、欲望转移到别人身上，说别人同样如此，以此减轻自己内疚和焦虑不安的情绪。这是凭主观想法去推及外界的事实，或把自己的过错归咎于他人的心理防御机制。如当一个平时学习不努力的学生考试作弊被抓后觉得自己倒霉，认为别的同学也作弊，只不过手段比自己高明未被发现，或监考老师对自己有成见，专跟自己过不去。"以小人之心，度君子之腹"就是这种机制的表现。

3. 发泄

发泄是个体在遭遇挫折时，因愤怒情绪而展现出的攻击性行为，它是对挫折的一种特殊应对方式。发泄行为主要分为三种类型：第一种是直接攻击性发泄，表现为对引发挫折的对象实施身体上的攻击或言语上的谩骂，这种冲动行为往往是为了逃避面对自己真实情感的一种失控表现；第二种是间接发泄，比如发牢骚、抱怨或表达怨恨等言语上的不满；第三种是转移型攻击与发泄，个体为了缓解受挫的情绪，会寻找一个"替罪羊"或比自己更弱小的对象作为发泄对象，有时甚至将这种情绪转向自己，通过自我伤害的方式来宣泄愤恨。

4. 反向

反向指个人采取一种与其内在动机完全相反的行为，来掩饰内心不被自己和社会接受的欲望的心理防御机制。正常情况下，人的外在行为与内心欲望、内在动机在方向上是一致的。但是，有时一个人表现于外的行为，却与他的内在动机在方向上恰好相反，即对自己极为需要或爱好的东西，反而在行为上极力加以反对。如有的人明明对钱财有着强烈的渴望，却总在人前表现得清心寡欲、"视金钱如粪土"；有的人总以过度的自尊来掩饰内心的自卑等。

（三）妥协性的心理防御机制

1. 补偿

当人们发现困难与挫折已不可避免时，往往寻找另一种成功来补偿。为减轻挫折带来的不适感，将精力转移到别的方面，并努力取得成就，即"失之东隅，收之桑榆"。如有的人学业成绩一般，便在社交场合大放异彩。有的人因嗓音条件不能实现成为歌唱家的梦想后，便改变努力方向转而成为音乐评论家。

适度使用补偿机制可以增进安全感、提高自尊心，有利于心理健康。但是过分的补偿则害多益少。

2. 合理化

合理化作用又称文饰作用或自我安慰，是指个人无法达到所要追求的目标，或行为表现不符合社会规范时，用有利于自己的理由来为自己辩解，将面临的窘迫处境加以文饰，隐瞒自己的真实动机或愿望，缓解心理压力的一种心理防御机制。

合理化作用是人们运用得较多的一种心理防御机制，其实质是以似是而非的理由证明行动的正确性，掩饰个人的错误或失败，以保持内心的安宁。合理化并不意味着真的"合理"，它把逻辑上或社会上认可的动机加在自己所遭受的失败上，把自己的失败看成合理的或适当的。合理化是一种借口，比如，"酸葡萄"心理和"甜柠檬"心理，都是人们用以安慰自己的防御机制。比如，有人损失了财物，就说"破财免灾"，打碎了东西，就说"碎碎（岁岁）平安"。这种心理防御机制，若运用得当，可以消除心理压力；而运用过度，就会妨碍人们去追求真正需要的东西。

3. 压抑

是指个体把意识所不能接受的，使人感到困扰或痛苦的思想、欲望、冲动或本能，压抑到无意识当中，以致在一般情况下，当事人不能觉察到或回忆起，只有通过一些无意识的外显行为才能暴露深藏内心的矛盾。通常表现有口误、失态等。适当地使用压抑有助于保持内心平衡，但长期压抑内心冲突可能会导致压力不能得到缓解，引发退缩和恐惧。

阅读与思考

成事的过程就是生命升华的过程

俞敏洪曾是北大教师，但由于在外兼职做英语培训被北大处分，而且是在北大广播中公布。这一情节现在听上去似乎非常不值一提，但是在十几年前，那是一种很大的羞辱。那个处分之后，俞敏洪离开了北大，踏上了一条"不归路"，因为只有在这条路上他才能自我证明，能找回自尊。

北大后面的民房成了俞敏洪创业的起点。那里破旧的胡同和他出生的农村在贫穷这一点上毫无二致。这对于他这样一个敏感而细腻的人来说，其心境可想而知。在北大就读四年毕业留校当上大学教师又辞职后，他的人生似乎又倒回到了十几年前。这一点比起中国历史上那些受尽挫折、历尽沧桑的人来说不值一提。但是，有的时候，我们自己的痛苦不会因为世界上还有比这更大的或者更值得的痛苦而变得微不足道，我们内心的每一次痛苦都是那样的真切，那样的可感知。

自卑也好，伤痛也好，都需要化解，都需要转化，否则他也会变成一个自卑的人，一个带着伤痛的人，一个充满着委屈的人或者对社会和他人充满敌意的人。但俞敏洪显然不是，而俞敏洪的经历使他最有可能成为上述几种人。这里的关键点就在于转化，转化之后我们看到今天的俞敏洪是一个自信乐观、充满着人道精神的人，是一个有着生命激情并且通过他的事业表达、传递这种激情的人，是一个敢掀开自己心底的任何一个角落的人，是一个坦诚的人。

这里所说的转化就是去掉自卑的壳，就是化解心中的伤痛。而这个过程就发生在他创办新东方并将新东方带到今天这个规模的过程。由于要成事，已有的自卑、痛苦和后来所遇到的更艰难的困境都在实现目标的过程中远离他了，淡了，消失了。而这个过程让他不断升华出更多的关于生命的感悟，感悟之后也就更加豁达。

思考：

俞敏洪在遭遇挫折时运用了哪些心理防御机制？对我们有什么启示？

第三讲　挫折心理的自我调适

导　语

　　西方有一则寓言，说的是一个年轻人向一个年长的智者请教智慧的秘诀。年轻人问："智慧从哪里来？"智者说："正确的判断。"年轻人又问："正确的判断从哪里来？"智者说："经验。"年轻人进一步追问："经验从哪里来？"智者说："错误的判断。"纵观历史，古今中外，凡是有所建树之人，无一不是在挫折面前经受住了考验，而铸造了一个不平凡的人生的。霍奇斯曾说："失败往往是黎明前的黑暗，继之而出现的就是成功的朝霞。"生活中的挫折和磨难，并不都是坏事。挫折会给人以打击，带来损失和痛苦，但也能使人奋起、成熟，从中得到锻炼。

案　例

　　有一位学生曾经问李开复："开复老师，今年我刚刚上大一。我为学校做了许多事，也得到了老师的肯定。但最近我却很是烦恼。此前，因为我看不惯某某同学的做法，在背后说了一些气话。有一次，他竟利用身为学生会干部的职权，在领导面前捏造了我许多罪名。因为他和领导关系很好，领导在没有调查落实的情况下就处分了我，把我入党积极分子的资格也取消了。我特别气愤，为什么领导连调查都不调查就处分我呢？我真的没有犯错误。难道真的应该这样吗？"

　　李开复的回答是："这件事确实很不幸，但是既然已经发生了，你只有接受后果。我劝你少想想这件事有多么不公平，因为这些都是已经发生的事情，你无法影响，也不能改变。我劝你多想想，有什么事情是你可以影响和改变的。例如，你有没有想过，如果当初你没有在背后说他的坏话，是不是这一切都可以避免？我并不是说别人做的都是对的，但是，你只能修正你自己，不能修正别人。你必须清楚要如何修正自己才能够避免这样的问题再次发生。如果时光能够倒流，你会做得更好一些吗？你是会控制自己的情绪，还是会改掉背后说人坏话的毛病？你有没有听过'我怎样对待别人，别人就怎样对待我'这句话？如果你不在背后批判别人，很可能别人也不会在背后中伤你。有句谚语说：'虽然我们不能改变风，但我们可以调整风帆。'希望你能在生活和工作中认清楚自己的船帆在哪里。人在挫折中学到的东西会远远多于在成功中学到的。希望你在经过这一次不幸后能够成为一个更成熟、更成功的人。"

启　示

　　挫折对个体而言，既是一种挑战与考验，也是一种成长的机会与宝贵的财富。一个人能否在挫折面前屹立不倒，核心在于其是否拥有承受挫折的能力。面对挫折，大学生应当学习和掌握一些自我调节的方法，以增强自身的挫折承受能力，学会以理性的态度对待挫折，并积极探索将挫折转化为动力的途径，从而保持心理的稳定与平衡。

学习认知

一、调整心态，正确看待挫折

（一）挫折的特点

正确看待挫折，须认识挫折所具有的三个特性：

1. 不可避免性

挫折是人们在追求目标过程中难以完全避免的一部分。无论是个人生活还是职业发展，都会面临各种各样的挑战和困难，这些挑战和困难往往以挫折的形式出现，提醒我们前行的道路并非一帆风顺。无论是技能提升、人际交往还是创新尝试，都可能会遇到阻碍和失败，这是成长和发展过程中不可或缺的一环。

2. 主观感受性

挫折的感受因人而异，同样的事件对不同的人可能产生不同的影响。这取决于个体的心理状态、过往经验、应对能力以及对挫折的认知和解释。对于一些人来说，挫折可能是前进的动力，激发他们更加努力地克服困难；而对于另一些人来说，挫折则可能成为难以逾越的障碍，导致消极情绪和行为的产生。因此，挫折的主观感受性使得每个人在面对挫折时的反应和应对策略各不相同。

3. 成长促进性

尽管挫折带来的是负面的情感体验，但它同时也是一种宝贵的成长机会。通过面对和克服挫折，人们可以学会如何更好地应对压力、调整心态、提升自我认知，并在失败中汲取教训，为未来的成功积累经验和智慧。挫折能够激发人的潜能，培养坚韧不拔的品格和积极应对挑战的心态，从而在逆境中实现个人成长和进步。

（二）正确看待挫折

若对挫折缺乏正确认识和心理准备，一旦遭遇，人们往往容易惊慌失措。要正确看待挫折，首要的是认识到它是人生旅途中不可避免的一部分。因此，我们应做好充分的心理准备，勇于直面挫折，保持坚韧不拔的态度，不轻易灰心、低头或退缩，敢于向挫折发起挑战，将其视为个人成长和成功的垫脚石，从而不断取得进步。

同时，我们还应学会将挫折和逆境视为生活的小插曲。面对经济压力、学习难题、适应困难等挑战时，保持乐观的心态至关重要。相信困难终将过去，这样的人更有力量去迎接生活的各种挑战。

此外，要认识到成就事业的过程往往伴随着战胜挫折的经历。强者之所以强大，并非因为他们从未消沉，而在于他们有能力克服消沉，重新站起来。历史上许多伟大人物，如鲁迅、哥白尼、贝多芬等，都曾经历过挣扎和困境，但他们通过不懈的斗争，最终走向了真理，磨砺了自己的意志。奥斯特洛夫斯基曾说："人的生命似洪水在奔腾，不遇着岛屿和暗礁，难以激起美丽的浪花。"古往今来，许多有所成就的人都是在逆境和坎坷中历练成长起来的。

著名科学家威廉·汤姆逊教授，大西洋海底第一条电缆的设计者，他曾说："有两个字能代表我 50 岁前在科学进步上的奋斗，这就是'失败'。"这正是"宝剑锋从磨砺出，梅花香自苦寒来"的真实写照。因此，乐观而理性地面对挫折，是每个人成长与发展的必经之路。

二、未雨绸缪，加强挫折预防能力

预防挫折的关键在于掌握其产生的规律，我们可以从以下几个方面着手：

① 要把握规律，提前预防。通过深入思考，我们会发现许多挫折其实是可以避免的。关键在于事先做好计划，预见可能遇到的困难，并尽早采取措施应对，做到未雨绸缪，从而将失败的可能性降到最低。

② 明确奋斗目标至关重要。奋斗目标是行动的指南针，没有目标就没有前进的动力。在制定目标时，除了设定总目标外，还应细化为具体、阶段性、可操作的小目标，以便逐步推进。

③ 下定决心、鼓起勇气也非常重要。拿破仑曾说，避免失败的最佳途径就是下定决心取得成功。如果一个人在做任何事情之前就先预设重重障碍，认为自己一定会失败，那么原本可以克服的困难也会变得难以逾越。

④ 培养乐观的思维方式同样关键。不同的思维方式会导致人们对同一事件产生截然不同的感受。尝试从多个角度看待问题，寻找积极的方面。例如，在遇到挫折时，不妨思考这次经历能给自己带来哪些成长和收获。

三、锤炼意志，提高抗挫折素质

（一）抗挫折素质概述

抗挫折素质是指个体遭受挫折后，能够承受和排解挫折的总水平，即个体适应挫折、排解挫折的一种能力，主要由挫折承受力和挫折排解力两个部分组成。

挫折承受力是个体遭受挫折时经受得起挫折的打击、保持心理和行为正常的能力。最初使用"承受力"这一概念的是美国心理测验专家罗森茨威格。他给挫折承受力下的定义是"抵抗挫折而没有不良反应的能力"，即个体适应挫折、抗御和对付挫折的能力。1977 年，萨托拉斯提出三条精神健康标准，其中一条就是能够经受生活的挫折，及时地调适自己的情绪，不仅适应环境，而且能有效地改造环境。由此可见培养挫折承受力对精神健康的意义之大。

挫折排解力指个体遭遇挫折后，对挫折进行直接的调适，积极改善挫折环境，摆脱挫折心态的能力。挫折排解力的强弱，取决于解除挫折冲突时间的长短、解除方式是否积极、挫折解决的结果是更加适应还是偏离了社会的要求，以及排解挫折的经验是否丰富、技术是否高超等。

挫折承受力与挫折排解力共同组成抗挫折素质，前者是后者的基础，后者是前者的进一步发展，是挫折应对的更高阶段。它们的区别主要在于：挫折承受力表现为对挫折的负荷能力，挫折排解力则表现为对挫折情境的改造能力。

每个人的抗挫折素质是不同的。有的人遇到一点轻微的挫折就颓废沮丧，一蹶不振；有的人即使遇到重大打击，仍顽强进取，直到最后胜利。同一个人对不同的挫折情境承受力也不相同，有的大学生能够忍受学业的失败，却不能忍受恋人的背弃；有的人能从容对待人际交往中的困扰，却不能忍受自尊心受到丝毫的伤害。

（二）意志力与抗挫折素质

意志是指人自觉地确定目标，并根据目标调节、支配自身的行动，克服困难，实现预定目标的心理过程。意志是人的意识能动性的集中体现，是人类特有的心理现象，对人的心理状态和外在行为有控制、调节作用。意志力是指人为达到既定目的而自觉努力的意志品质。人的意志力不是与生俱来的，而是在社会实践活动中逐渐培养和锻炼出来的。

在遇到挫折时，意志力强的人其挫折承受力和挫折排解力都较强，能够自觉控制和调节自己的心理和行为，面对现实，找出失败的原因，找到应对困难的方法，将计划执行到底，直至目标实现。意志薄弱的人往往缺少信心和主见，对自我的控制较差，在遇到挫折时，容易改变行为的方向、回避现实，采取消极的应对方式，结果不仅严重影响既定目标的实现，同时还可能降低自信心。

（三）掌握技巧，增强意志力

意志不是人生来就具有的。而是在青年时期逐渐塑造并定型，这一阶段的意志品质具有很大的可塑空间。正因如此，培养良好的意志品质对于提升大学生的抗挫能力显得尤为重要。大学生若想在未来的道路上取得发展，实现个人的远大理想和奋斗目标，就必须在实际生活中不断锻炼自己，积极提升自己的抗挫折能力。

① 要树立远大的理想，设定合适的目标。列夫·托尔斯泰曾说过，理想是人生的指路明灯。没有理想，就如同失去了方向，生活也会变得迷茫。远大的理想和明确的目标是培养学生坚韧意志的基础。这些理想与目标应当符合社会发展的需求，并与现实紧密结合。只有将理想融入日常生活中，成为指导行动的方向标，意志才能得到真正的发展。如果理想过于脱离实际，就会变成空想，意志的培养也就无从谈起。

② 要讲究科学方法，遵循循序渐进的原则。在我国历史上，有许多赞美坚韧和勤奋精神的故事，如"头悬梁""锥刺骨"等。但从现代角度来看，虽然这些故事所体现的精神值得称赞，但其方法却不符合科学原理。有些同学试图通过强迫自己超负荷运转来锻炼意志，但这违背了身心发展的自然规律，不仅不能达到预期效果，反而可能导致身心疲惫，损害健康。因此，增强意志力应以科学为依据。在锻炼意志力时，还需要注意循序渐进。在磨炼意志的过程中，应选择适当的突破口，分阶段、有步骤地进行。可以将目标设置为渐进式排列，每完成一个目标，都是对个人的一种积极反馈，能够增强自信心，从而更有动力去完成下一个目标，形成良性循环。通过这种方式，意志行为逐渐强化为意志习惯，再进一步固化为一种坚定的意志品质，成为个人良好的个性特征。

③ 参与社会实践，坚持从小事做起。意志品质是人们在长期的社会实践与生活经历中逐渐形成的稳定心理素质，它体现在人们克服困难、战胜挫折的实际行动中。在大学期间，无论是学习、劳动、集体活动还是社会实践，都需要我们付出努力，而这些正是培养个人意志的宝贵机会。

从日常生活中的点滴小事到面对艰巨任务，都是磨炼意志的契机。特别是体育锻炼，它是锻炼意志的有效途径。体育运动不仅仅关乎身体的锻炼，更是一个融合了心理挑战与意志磨炼的综合过程。大学生积极参与体育锻炼，能够在汗水中培养出吃苦耐劳、坚持不懈的意志品质。通过这些实践活动，我们的意志将逐渐得到锻炼和增强。

④ 要有应对挫折的心理准备，发扬坚持的精神。挫折既然是不可避免的，我们就应该作好随时应对挫折的心理准备，意志磨炼的过程也就是吃苦耐劳、坚忍不拔的过程。劳苦不仅仅是身体上的，更是精神上的。很多伟大的人物都曾经历过无数灾难，遇到过诸多挫折，就因为他们有摧不垮的精神和不松懈的意志，他们最终获得了成功。

⑤ 注重人格塑造。意志与人格之间存在着紧密的联系。人格中的气质特征为意志品质提供了基础。针对个性中的某些薄弱环节进行有针对性的训练，可以有效提升意志品质。例

如，多血质的同学可以加强坚持性和毅力的培养，胆汁质的同学则需加强自制力，黏液质的同学应重视提高自主性和果断性，而抑郁质的同学则需更加勇敢和顽强。通过这样有针对性的训练，我们可以扬长避短，使意志品质得到进一步完善。

阅读与思考

不当"草莓族"

上海青年研究中心发布的一项调研显示，用人单位对大学毕业生心理素质的满意度排在倒数第二。一些职场新人表现出命令不得、说不起、抗压能力不强等问题，被冠以"草莓族"的称号。

"草莓族"一词最先流行于我国台湾。一些职场新人外表光鲜亮丽，"质地"却绵软无力，遇压就抵抗不住变成一团稀泥。不少用人单位抱怨说，他们工作要钱多、事少、离家近，自尊心又特别强，话稍微说重了就辞职不干，不开心就撂挑子。因此往往一份工作干不长就被辞退或"跳槽"不断，职业生涯发展不顺。

专家分析指出，"草莓族"大多生于物质条件富足的家庭，从小被父母呵护备至，因此很少有真正不顺心的事。在成长过程中，他们又多把精力集中在学习上，以致应试能力强，社会适应能力弱；业务水平出色，心理素质较差，碰到压力甚至很小的挫折就会像草莓一压就扁。专家建议，一方面社会应给他们一份理解和宽容，给他们从"草莓"成长为"荔枝"甚至是"榴梿"的时间；另一方面职场新人也要及时调整心态，笑对压力和挫折。

思考：

为避免将来成为不受用人单位欢迎的"草莓族"，你现在应该从哪些方面着手，提高自己的抗挫折素质？

心理自测

挫折承受力测试

每个人在生活中都会不同程度地受到挫折，下列题目可以测验出你应付困境的能力。请用"同意"或"不同意"作答。

1. 胜利就是一切。
2. 我基本是个幸运儿。
3. 白天学习效果不好或未完成学习任务，会影响我整晚的心情。
4. 一个连续四年都名列最后的球队，应退出比赛。
5. 我喜欢雨天，因为雨后常常是阳光普照。
6. 如果某人擅自动用我的东西，我会气上一段时间。
7. 汽车经过时溅了我一身泥水，但我生气一会儿便算了。
8. 只要我继续努力，我便会得到应有的报偿。
9. 如果有感冒流行，我常是第一个被感染的人。
10. 如果不是因几次霉运，我一定比现在更有成就。
11. 失败并不可耻。
12. 我是有自信心的人。

13. 落在最后，常叫人失去竞争意识。

14. 我喜欢冒险。

15. 假期过后，我需要一天时间才能恢复正常工作状态。

16. 遭遇到的每次否定都使我更进一步接近肯定。

17. 我想我一定受不了被体罚的羞辱。

18. 如果向朋友求助被拒绝，我一定不会再搭理他（她）。

19. 我总是忘不了过去的错误。

20. 我的生活中，常有些令人沮丧气馁的时候。

21. 家庭困难的光景叫我寒心。

22. 我觉得要建立新的人际关系相当容易。

23. 如果周末不愉快，星期一便很难集中精力学习。

24. 在我生命中，我已有过失败的教训。

25. 我对侮辱很在意。

26. 如果竞选班干部失败，我下次仍会尝试。

27. 丢钥匙会令我整个星期不安。

28. 我已经达到不介意大多数事情的心境。

29. 想到可能无法完成某项重要的事情，我会不寒而栗。

30. 我很少为昨天发生的事情烦心。

31. 我不易心灰意冷。

32. 必须有50%以上的把握，我才会冒险把时间投资在某件事上。

33. 命运对我不公平。

34. 我对他人的仇恨维持很久。

35. 聪明的人知道什么时候该放弃。

36. 偶尔做个失败者，我也能坦然接受。

37. 新闻报道中的大灾难，会影响我学习的心情。

38. 任何一件事遭否决，我都会寻求改变的机会。

评分标准：

上述问题，列入"不同意"者为：1、3、4、6、9、10、15、17、18、19、20、21、23、24、25、27、28、29、32、33、34、35、36、37，其余题为"同意"。

依照答案，相符者给1分，相反为0分。

结果解释：

得分在10分及以上：这可能表明你在面对逆境、失望或挫折时较为敏感，容易将困难放大，一旦遇到挑战，可能需要较长时间来恢复。

得分在11至25分之间：这可能意味着在面对一些不幸或挑战时，你需要一定的时间来调整心态并重新振作。不过你却能找到很多的技巧和策略来获取个人的利益。

得分超过25分：这显示出你具有极佳的逆境应对能力。虽然不利的境遇可能会对你产生一定影响，但这种影响往往是短暂的，你能够迅速恢复并继续前行。

第八篇

大学生的网络心理

第一讲　网络与生活

中国互联网络信息中心发布的报告显示，截至 2024 年 12 月，我国网民总数已达 11.08 亿，普及率为 78.6%，标志着互联网已深度融入国民生活的各个角落，成为人们日常生活、工作学习不可或缺的一部分。这一趋势不仅重塑了社会运作的方方面面，也对个体的心理状态产生了深远的影响。大学生作为网络的深度参与者，其认知、情感及心理状态正遭受着网络这一异于现实的虚拟世界所带来的独特影响。因此，网络心理健康成了大学生心理健康的一个重要组成部分。人们总是用"双刃剑"或者"天使还是恶魔"来形容网络，其实网络到底是"天使"还是"恶魔"，这个决定权掌握在每一个使用网络的人自己手中。大学生应树立正确的网络观，培养健康的网络心理，同时强化网络道德自律意识，如此才能畅享现代科技文明赋予的无限便利与欢乐。

案　例

一个年仅 24 岁的女孩，她的生命因一场无端的网络暴力而戛然而止，这一事件令人痛心。郑某某出生于 1999 年，是某师范大学 2022 届本科毕业生。她因出色的表现获得了研究生免试录取资格。2022 年 7 月，郑某某在收到录取通知书后，第一时间赶到医院，希望与病床上的爷爷分享这份喜悦。她拍下了与爷爷分享录取通知书的照片，并将这一温馨瞬间发布到了社交平台上。然而，这张原本用来记录生活喜悦的照片，却意外地引发了网络暴力的风暴。

照片中的郑某某留着粉色中长发，这一发色成为了网暴的导火索。有人攻击她师范生的身份和录取她的学校，认为她染发"不正经"，不配做老师；有人对她和爷爷的关系进行恶意揣测；还有营销号盗用她的照片，编造"专升本"的故事，卖起了课程。网络上的恶意评论如潮水般涌来，她被贴上了侮辱性标签。这些言论不仅对她本人造成了极大的心理伤害，还波及了她生病的爷爷。面对铺天盖地的网络暴力，她并没有选择沉默，逐一给攻击她的人留言、辟谣，表示如果对方道歉，她就不再追究，但有些人并不理会，反而变本加厉。

郑某某一直努力自救，她曾一度尝试卸载各个软件，但那些语气尖锐、用词粗俗而具有攻击性的评论仍在她脑海里盘旋。她因此患上了严重的抑郁症，在向外界寻求专业帮助的同时，她还用雅思课、健身团课把自己的时间安排得满满的，努力寻求自救。尽管一直在努力抗争，但网络暴力的伤害最终还是击垮了她。2023 年 1 月 23 日，这个女孩选择了离开这个世界。她留下了一封遗书，罗列了离世的原因，其中第一条就是网暴。她的离世引发了社会的广泛关注和讨论。

启　示

俗话说：知己知彼，才能百战百胜。网络正在全面进入我们的生活。我们必须更加了解网络的特点，了解自己的网络行为和心理，趋利避害，使网络成为我们生活和工作的助手，避免产生网络心理问题，避免受到网络暴力、网络欺诈等侵害，也不要成为网络暴力的帮凶。

学习认知

一、神奇的网络世界

（一）网络的基本环境和基本功能

网络是由多个环境组成的，在类型上彼此有重合的地方。网络的主要功能有：

① 信息查询。可以利用搜索引擎从浩如烟海的信息中快速找到所需的内容。随着我国"政府上网"工程的不断推进，如今，许多日常事务都可以通过网络轻松完成。

② 接发邮件。这是最早也是最广泛的网络应用。由于成本低廉、操作便捷，电子邮件仿佛拉近了人与人之间的距离，无论身处何地，与朋友或同事的信息交流都变得如同面对面交谈般自然。

③ 网络聊天。随着微信、QQ 等即时通信软件越来越普遍地应用于人们的生活之中，每个人都可以通过网络结交世界各地的网友，相互交流思想，实现了"海内存知己，天涯若比邻"的美好愿景。

④ 电子商务。电子商务就是消费者借助网络，进入网络购物站点进行消费的行为。网络上的购物站点建立在虚拟的数字化空间里，它借助网页来展示商品，并通过多媒体特性提升商品的可视性和选择性。

⑤ 休闲娱乐。通过访问各类网站，我们可以根据自己的兴趣在网上尽情探索，即使足不出户也能了解天下大事。此外，通过互联网，可以轻松获得大量全世界最新、最全的文化产品，如音乐、电影、网络游戏等。

（二）网络空间带给人的心理体验

网络虚拟空间具有不同于现实外部世界的种种特质，例如虚拟性、平等性、自由性、创新性等。在网上，可以随意为自己编造一个身份，没有人知道对方的真实姓名、性别和年龄，更不用说经济和社会地位，有人称之为"身份丧失"。人们在网络中可以插上想象的翅膀，在一个想象的自我中拥有自己希望拥有的一切特征，在网上尝试不同身份的生活体验，创造出任意的自我。在这自由的空间中，有时甚至连自己在网上也找不到真实的"自己"。

网络空间的这些独特特征形成了网络用户在网络世界的特殊体验。①自由感。你可以说自己想说的话，不需要过多的面具，也不必担心别人的看法，按照自己的想法比较真实地表达自己。②平等感。在网上，你的社会地位没有任何作用，你是否受欢迎主要取决于你的话语是否吸引人。平等交流、以理服人是网络中的基本规则。③身份虚幻感。你可以在游戏中或者聊天室编造一个假身份，从而尝试不同的生活。

这些影响肯定是有利有弊。"身份丧失"的好处是可以让一些人宣泄被压抑的情绪，获得一定的心理自疗效果，可以让青年人虚拟尝试新的角色，起到"角色扮演"的作用；它的不足是会使人丧失现实感，混淆虚拟世界和现实世界。

二、网络与大学生心理需求

一般来说，大学生会出于需求、好奇、从众、宣泄、逃避等心理而与网络结缘。网络世界的特点满足了大学生一些独特的心理需求。

1. 网络互动的自主选择

在网络世界里，大学生往往根据自己的兴趣、对方资料的分析判断、对方的用户名等信息，自主能动地选择自己交往的对象，这大大激发他们对网络情境的好奇感。

2. 虚拟空间的心理归属

网络创造了一个虚拟空间，大学生在这里可以自由地表达自我情感，宣泄被压抑的情绪，而不用担心任何社会评价；可以虚拟尝试新的社会角色，还可以通过虚拟空间找到类似族类或群体，使他们有一种群体的归属感，获得自我接受和认同；同时身份虚幻感也满足了大学生潜意识里的角色变换与扮演欲望。

3. 自我价值评价体系的重构

大学生可以在网络中按自己喜欢的方式为人处世，在不断地感性体验和网络思维过程中，对社会交往和对人的认识产生了新的认知方式，他们的自我意识、自我体验、自我发现、自我关注、自我分析、自我控制、自我态度、自我理想等整个自我价值的评价体系也在逐渐发展中得到了重塑。

4. 网络心理空间的自由释放

为了获取社会认同，我们会在现实世界中不同程度地压抑自我。而网络的虚拟性，可以更多地帮助大学生展示被压抑了的真实自我，并从中获得一种"自我表露"的满足，使心理空间得到释放，个性得到充分体现。研究表明，展示真实自我，释放心理压力，对个体保持心理健康是必要的。

三、网络对大学生的影响

网络正在成为社会生活不可或缺的一部分。当网络信息"携带着自己特有的价值和意义渗透到人类活动的每一个场合、角落时"，就决定了网络时代的多元性和开放性特点，决定了它对大学生网民心理健康与发展的影响必然是多层次、多角度和多方面的。

（一）网络对于大学生认知的影响

1. 积极影响

首先，网络扩大了大学生的信息来源渠道，极大地开阔了他们的视野。其次，它为大学生提升自身素质带来了全新的发展机遇，在这个电脑网络普及的时代，若不能利用这一工具增强个人的生存与发展能力，将难以称为现代人。面对网络时代海量的信息，大学生需具备敏锐的机遇捕捉能力，否则可能会错失良机；同时还需具有识别优劣、见微知著、举一反三的洞察力和想象力，否则将只能跟随他人步伐，难有创新和突破；面对繁杂的"垃圾"信息，要具有视而不见的定力，以免沉溺于猎奇而分散精力、耗费时间和金钱。

2. 消极影响

首先，长时间接触网络会降低大学生对时间的感知敏锐度。持续对同一事物的感知易引发感受性减退及认知麻木。对网络成瘾的大学生而言，浏览时长与网络感知敏感度成反比，即浏览越久，感受性越低，进而丧失对时间流逝的准确感知，导致时间被无谓消耗。其次，过量的网络信息输入会导致大学生思维能力钝化。从人的认知活动规律的角度来看，当外界信息的输入超过人的正常负荷之后，不仅会带来心理压力，还易引发思维混乱。这些未经过消化的信息残留会在潜意识层面干扰大学生的学习、思考和价值取向，从而影响思维的深度和广度，导致思维能力的衰退，并且产生一定的信息技术依赖。

（二）网络对大学生情感的影响

1. 积极影响

网络极大地拓宽了大学生情感交流的空间。在网络中，他们可以有极大的自由按照自己的情感和意愿去表露自己，做自己喜欢的事情，说自己想说的话，和自己情趣相投的网友交往，随心所欲、无拘无束地"放纵"自己的情感，在现实世界里不能够、不敢表达的情感，在网络的虚拟世界里却可以轻而易举地实现。这对于大学生情感的完善、发展与丰富有着积极的意义，同时也为他们提供了一个释放负面情绪、缓解心理压力、维护心理健康的有效渠道。

2. 消极影响

著名网瘾治疗专家说过："电脑网络主要是工具，如果放松可以打球、下棋、画画、唱歌，用健康的方式去放松，不要用不健康的方式去放松，网络游戏是越放松越不松。"利用网络游戏暂时逃避现实的放松方式，不仅解决不了现实问题，而且容易使人深陷网瘾难以自拔。另外，尽管在网络中通过文字和符号也可以进行情感的互动交流，然而同现实的面对面的交流与表达还是有区别的，网络中无法体验与感受当面交流的情感色彩，无法发展现实交往能力。许多网络游戏充满血腥和暴力，长时间沉浸在这样的游戏中，可能会导致大学生情感贫瘠和对生命态度冷漠，使他们在现实中不愿意表露自己的情感，不愿意接受他人情感的表达，远离丰富多彩的现实生活，陷入情感异化与迷失的境地。

（三）网络对大学生人格的影响

1. 积极影响

自我意识是人格的核心内容，在崇尚和追求个性化的时代，网络提供了可以让人们充分表达自我、尽情彰显个性的平台，微博、朋友圈、抖音等，能够强化大学生的自我意识，在一定程度上表现出大学生的独立性、自主性和支配性。

2. 消极影响

网络的无中心化的特性能够强化大学生的平等意识和民主观念，但也可能催生自我意识的膨胀和集体意识的淡薄；网络的虚拟性和匿名性可能诱使大学生在行为上过度放纵，失去约束；网络游戏中角色的扮演，容易导致大学生人格的分裂和异化；充满血腥和暴力的网络游戏可能会使部分大学生在现实生活中变得脾气暴躁，态度生硬，对人充满敌意，孤僻、冷漠；频繁在网络与现实中切换多重身份和性别等角色，也容易模糊虚拟与现实的界限，处于似是而非、恍恍惚惚的梦幻状态下，引发自我同一性的混乱，出现心理危机，甚至导致双重人格或多重人格障碍；网络色情也会扭曲大学生心理状态，导致行为的偏离。

（四）网络对大学生人际关系的影响

1. 积极影响

网络极大拓宽了人们的交往空间。人们可以通过网络"周游世界"，与远方朋友沟通，结交网友等。有些大学生由于害怕自己的隐私泄露或缺乏知心朋友，在遇到困难和挫折时，无处无法诉说，往往压抑在内心深处，很容易导致心理问题。而匿名、平等、开放的网络空间使得大学生可以大胆地倾吐自己的内心隐秘，说出自己的压力、抑郁、苦闷，有利于不良情绪的宣泄，还很有可能得到网络交往对象的热情帮助，从而舒缓心理压力，解除心理困惑，维护心理健康。

2. 消极影响

首先，网络空间里鱼龙混杂，其中不乏心怀不轨者散布反动、色情言论及腐朽思想，这对大学生的人生观、价值观、道德观构成潜在威胁，可能导致其观念扭曲变形。其次，网络人际交往容易导致大学生人际交往的简单化和片面化。网络交往的安全、快捷容易使人获得交往的成就感和满足感，而现实生活中的人际交往是一种综合的心理和行为过程，其运行机制较网络交往要复杂得多，且不容易获得成就感和满足感，但它是作为一个有着健全社会性的人所不可缺少的社会互动。在现实人际交往中遇到挫折，如果仅仅通过依赖网络的虚拟人际交往来寻找安慰和满足，可能加剧对现实人际环境的消极态度，形成恶性循环。这种倾向还可能导致在线时精神亢奋，离线时精神倦怠，对身边的人和事漠不关心、冷漠无情，陷入孤立疏懒、空洞贫乏的人生状态和空虚苍白的心理状态。

阅读与思考

高校陌生人现象

一提起同学情，很多人都会倍感温暖，美好的回忆涌上心头。但现在，大学里却出现了这样一种现象："睡在我上铺的兄弟"成了校园里"最熟悉的陌生人"。

其中一个关键变量则是网络与社交软件的发达，让虚拟社交取代了面对面的交流。有调查显示，超过 80% 的受访大学生表示每天都会使用社交媒体平台进行交流，而只有不到 30% 的受访者表示每天都会与同学面对面交流。

在网络社交无远弗届的当下，聊天、打游戏、刷短视频是很多大学生的休闲日常，这是一种大时代的趋势，很难扭转。但不得不承认，线下互动的减少，的确会降低大学生感受现实、情感连接的能力。

部分大学生以线上社交代替线下交流，某种程度上是出于一种消极的逃避心理。报道指出，当前部分大学生"三无"心态加剧，导致社交意愿偏低。所谓"学习无动力、对真实世界无兴趣、对价值追求无方向"，本质上是一种佛系心态、躺平心理。这种精神上的迷茫，可能是多重因素合成的结果。

有研究显示，长期封闭的社交状态会削弱个体心理韧性，极端情况下可能引发恶性事件。更深远的影响在于，当一代青年将社交简化为屏幕间的数据交换，一个社会所需要的共同体精神，可能也将因此受到冲击，影响的是一个社会的未来。

当上下铺的情谊从集体记忆变为稀缺品，我们失去的不仅是青春的温度，更是一个社会最珍贵的黏合剂。这需要青年学子以更开阔的胸襟认识与接纳现实社会，也需要高校提供更丰富更有价值的内容产品，帮助学生在真实的社交中，重新发现朋友的价值。

思考：

举例说明网络对于我们的生活的改变和影响。

心理自测

网络成瘾倾向自测

以下题目是想了解同学们对上网行为的看法。这里的"上网行为"是指上网娱乐、资讯等，不包括上网学习。每一组题有两个陈述句，请阅读后选择你倾向于赞同的观点。

1. a. 我有能力排解大学生活中的空虚而不去上网；b. 大学生活期间的无所事

事驱使我上网。

2. a. 上网的诱惑并非不可抵御；b. 许多次都是环境驱使人上网。

3. a. 能处理好学习、生活中的事情，无需上网发泄；b. 被学习或生活弄得心烦意乱时，会不由自主地上网。

4. a. 戒网是一项只要自己下决心就能成功的事情；b. 上不上网主要取决于自己学习、生活中的事情是否顺利。

5. a. 不管面前有没有电脑，我都能够克制自己不上网；b. 一看见电脑，我就克制不住想上网。

6. a. 如果同学都去上网，我能做到不上网；b. 假如其他人都在上网，对我来说做到不上网是不可能的。

7. a. 假如我确实打算这么做，我就能阻止自己不上网；b. 当我焦虑或不快时，我没办法让自己不上网。

8. a. 只要我们给自己制订上网计划，我们就能控制住上网时间；b. 就上网问题而言，我们大多数人都是受某种无法控制的力量所控制。

9. a. 我控制得住自己的上网行为；b. 每当面临上网的诱惑时，我的意志变得不够坚强。

10. a. 如果大学生们确实想这么做，他们就能控制自己的上网行为；b. 对某些人来说，戒网是不可能的。

11. a. 我有能力拒绝上网；b. 如果有人给我提供上网机会，我不可能拒绝。

12. a. 人们付出的努力程度与他们对网络的控制力有直接关系；b. 有时我无法理解人们怎么才能控制住上网。

13. a. 我能克制住我想上网的欲望；b. 一旦我开始上网，我就停不下来。

14. a. 控制不住上网是因为自己没有努力去克制；b. 很多时候我不理解自己为什么一直上网。

15. a. 假如我再也不能上网，我相信自己也不会怎么样；b. 只有上网我才觉得快乐。

结果解释：

选择 a 越多，抵抗网络心理问题的能力就越强；选择 b 越多，则越容易患上网络成瘾等心理障碍，需立刻引起警惕。

第二讲 大学生常见网络心理问题

你试过在百度搜索引擎中输入"网络成瘾"一词吗？在零点零几秒之内，200多万条相关查询结果迅速涌现。的确，由于网络使用不当而造成的各种网络心理问题尤其是青少年的网络心理问题已经成为一个备受关注的社会问题。高校大学生作为与网络接触最亲密的群体之一，同样因其特殊的人生阶段和心理特征，受到了网络这把"双刃剑"的深刻影响。一项调查报告显示，我国大学生网络成瘾率达到11%以上。和所有的上瘾行为一样，网瘾也是一种逃避和沉溺，逃避工作、课业、人际交往以及生活压力，沉溺在虚拟世界中，催生了许多心理问题，严重时甚至诱发身心疾病。因此，大学生不仅要提高对网络的科学认识，而且要充分认清网络对身心健康的严重危害性，自觉树立网络心理健康观念。

案 例

2007年7月24日，22岁的胡某某和父母吃了最后一顿中饭。这顿饭，有一大碗凉拌牛肉。在父母就着牛肉下饭时，胡某某没有向这个碗里动过一下筷子。吃完饭后，父母回到卧室休息，而他偷偷藏好了父母的手机，开始上网玩游戏。不久，隔壁传来了母亲呼唤儿子拨打120急救电话的声音。但是，此后整整2个小时里，胡某某如同蜡像般凝固在电脑前，他机械地点击着鼠标，沉迷在网络游戏的世界里。直到隔壁父母痛苦的呻吟声在空气里消失，他才离开电脑。随后，胡某某将拌有毒药的牛肉倒掉，并将碗具清洗干净，然后拨打了120急救电话。面对警方的询问，胡某某保持异乎寻常的冷静。他对警方说出自己的猜测，可能是感情一直不和的父母发生激烈的争吵后，母亲投毒杀死父亲后畏罪自杀。但是，警方在胡某某的电脑中发现，他曾以"请问可以毒死人的毒药如何购买""购买毒鼠强"等为关键词在网站上进行搜索。最终，胡某某对自己的犯罪事实供认不讳。

他为何要毒死父母？2006年，20岁的胡某某大专毕业后，留在成都却一直没有找到工作，平时就待在出租房内玩网络游戏。2007年3月，胡某某说想做水产生意，父亲从家里拿了5万元给他，可他却将这笔钱用来购买游戏装备，5万元钱很快被挥霍一空。之后，他感觉越来越紧张，担心此事被发现。7月份父母提出要查账，这触动了他敏感的神经，杀死父母的荒唐念头冒了出来。

2007年12月，法院一审以故意杀人罪判处胡某某死刑。胡某某提起上诉。2008年11月，《网络成瘾诊断标准》通过专家论证，玩游戏成瘾被正式纳入精神病诊断范畴。胡某某的亲属获悉后，正式向省高院申请，请求对他沉迷网络毒杀父母时是否患精神病及刑事责任能力进行鉴定。"被告人是否具有刑事责任能力，并不是以病来推断，而是以案件发生之时，综合被告人的精神状况来考虑。"四川大学华西医院心理卫生中心主治医师、西南司法鉴定中心主检法医师邱昌建说，网络成瘾纳入精神病范畴后，并不等于沉迷网络者犯罪就不追究刑事责任。

启示

许多网络游戏成瘾中的人达到了难以与真实世界区分，从而使个体道德观念逐渐淡化甚至扭曲。胡某某为了掩盖自己挥霍父母钱财的事实，竟不惜毒杀双亲，这种行为在现实中是极其残忍和不道德的，但在他沉迷网络的状态下，可能已经丧失了正确判断行为后果和道德价值的能力。

学习认知

一、网络心理健康的标准

随着时代的进步，网络心理健康成了大学生心理健康的一个重要组成部分。大学生的网络心理健康有五个标准：①正确的网络心理健康的意识或观念；②能够保持在线时和离线时人格的和谐统一，在虚拟性与现实性之间能够做到以现实为主；③不因网络的使用而影响正常的工作、学习；④有正常的人际交往，人际关系和谐；⑤离线时身体没有明显的不适应。

二、网络心理问题的界定

从心理学上讲，一般心理问题和心理障碍这两个概念是有区别的。一般心理问题只是对当事人造成一定的困扰，但社会功能（也称社会适应能力，主要包含生活自理能力、人际交往能力、学习能力、工作能力、按社会文化规范和法律规范等要求进行自控的能力等）基本健全，往往通过当事人自我努力调节或者他人帮助，症状能得到缓解甚至消失；心理障碍比一般心理问题带来的困扰严重，往往会影响当事人正常的社会功能，比如不能正常工作学习和人际交往等，甚至带来躯体障碍，需要系统治疗。值得注意的是，一般心理问题如果得不到及时的疏导调节，最终也可能发展成心理障碍。从广义上讲，心理问题似乎又包含了心理障碍，所有由心理而不是生理导致的异常我们都可以称为心理问题。所以在这一讲里，我们将所有的网络心理问题分别列出来，每一种网络心理问题中既包含了一般网络心理问题也包含了网络心理障碍，它们只是程度深浅不同。

简单地说，网络心理问题就是由于人们使用网络不当而引起的各种心理问题。程度较轻的是一般网络心理问题。程度严重到损害了人的社会功能的称为网络心理障碍，比如当事人往往没有一定的理由，无节制地花费大量时间和精力在网上持续聊天、浏览、游戏等，以致影响正常生活，损害身体健康，并在生活中出现各种行为异常、人格障碍和交感神经功能部分失调，其主要表现包括：情绪低落、无愉快感或兴趣丧失、睡眠障碍、生物钟紊乱、食欲下降和体重减轻、精力不足、精神运动性迟滞和激越、自我评价降低和能力下降、思维迟缓、社会活动减少等。

另外，关于网络心理问题的分类，事实上正如其他心理问题的分类一样，不同心理问题之间不一定非常泾渭分明，常常相互有关联和影响或者同时并存，比如抑郁、焦虑、恐惧症等往往同时存在于某位患者身上并相互影响。各种网络心理问题之间也是同样的关系，例如我们将网络成瘾障碍与其他心理问题分别列出，实际上网络成瘾的症状里面就包含了其他所有的心理问题，网络成瘾患者同时在认知、情感、人际交往和人格上都有可能存在障碍。

三、常见网络心理问题及其表现

1. 认知功能失调

网络使用过度的学生可能因长期疲劳状态导致认知功能失调，具体表现为：

① 感知觉异常。在这里主要是指幻觉，由于长时间激烈的网上游戏、聊天等刺激而产生的虚幻的知觉，是大脑皮层感受区异常兴奋所引起的，与感觉器官无关。

② 注意力管理困难。主要为注意品质的异常，它可表现在注意的强度、广度、稳定性和持久性等方面。如长时间上网沉醉在虚拟世界，病态地对网上图片、游戏、图像等过分注意，表现出不应有的过高警觉性，即所谓的注意增强。而注意强度减弱、注意广度缩小和稳定性下降称为注意减退。注意涣散、注意迟钝、注意力难以集中也都是注意障碍的表现。

③ 记忆能力弱化。过度上网的大学生，长期不学习专业知识，大脑的记忆力不能得到充分的锻炼，会出现明显的记忆力减退。

④ 思维模式单一化。是指思维僵化、自学能力和语言表达能力差。表现为听课、读书抓不住要领和重点，不会举一反三、触类旁通，不善于归纳和总结等。从思维模式上看，读书造就人们发达的想象和强大的逻辑思维能力，而网络媒介则使人的形象思维能力发达，逻辑思维能力较差。网络环境超越简单文字或静态图像的桎梏，具有高度的综合性。然而，信息的高度图像化往往会导致青年大学生渐渐忽视思考、追问本质的思维方式，它的形象化倾向会诱导他们用"看"的方式而不是"想"的方式来认识世界，这导致大学生过多地依赖网上信息而忽视实践，逻辑思维能力得不到锻炼，形成"重表象轻本质"的思维倾向。

2. 情绪调节失衡

网络引发的情感过程障碍主要包括病理性优势心境和情感表达失调。

病理性优势心境是指某种病态心境笼罩着整个人的精神状态。上网学生在游戏中获胜时所表现的一段时间异常持续性的情绪高亢，称病理性愉快心境；而游戏长时间不能过关所表现的异常持续性心境不佳，称病理性情绪低落。

情感表达失调是指情绪的始动机能失调，出现与客观刺激不相符的过高或过低的反应。如表现为反应速度缓慢、强度低下与刺激不相符合，称为情感反应迟钝；如表现为情感活动减退，对周围的任何刺激均缺乏相应的反应，称为情感淡漠；如过分担心威胁自身安全的事件或其他不良后果，伴有焦灼不安、紧张恐惧、顾虑重重，称之为焦虑。学生在网络中的交往主要是人、机对话或以计算机为中介的交流。他们终日与电脑终端打交道，缺乏有感情的人际交往，这易使他们趋向于孤立、自私、冷漠和非社会化，表现在他们对现实生活中他人幸福和社会发展漠不关心。大学阶段是人们人际交往能力和人际关系形成的重要时期。由于网络交往与传统的人际交往大不相同，往往难以形成真实可信和安全的人际关系，大学生在网络交往中一旦受骗上当就容易对现实产生怀疑、悲观和敌意的态度。当前不少大学生上网的大部分时间是在玩网络游戏，而网络游戏不少是以战争、暴力、凶杀等为主要内容的，这使痴迷于网络游戏的学生易造成冷漠、无情和自私的性格。上网过多又会导致他们学习成绩下滑，迟到旷课严重，担心家长责备，害怕学校处分，容易产生焦虑、苦闷和压抑的情绪，对其学业、生活产生不良的影响。

3. 社交适应困难

在网络中，人际交往是虚幻的、间接的"人－机－人"交往，而不是现实中的"人－人"交往，人人都是网络中的"隐形人"。现实中的"人－人"交往的技巧、原则变得多余。久而久之，可能会使大学生产生现实的人际交往异常：对人冷漠、虚假，不愿交往，人际疏远，并相伴产生孤独、苦闷、焦虑、压抑之感，甚至情绪低落、消沉、精神不振等。

许多同学原本是性格内向、不善交往，或是无聊时才上网，结果，上网不但没有提高其人际交往的意识和技能，反而为其提供了逃避人际交往的机会和场所，也更不利于人际交往技能的发展。其结果是，当他们走出网吧，步入现实时，不适应感会更强烈，与他人冲突会更多，由此引发的心理问题更频繁、更严重。

4. 意志行为障碍

上网学生的意志行为障碍主要包括意志增强、意志减退和意志缺乏。

意志增强表现在大学生长时间沉迷于网络游戏等上网行为，不顾疲劳继续用各种方法攻战企图取胜过关等的病态意志。

意志减退是指终日沉醉于虚拟世界的上网学生，经常在上课和做作业时情绪低落，对老师讲课、做作业不感兴趣以致意志消沉，对学习产生厌恶感，并逐步失去信心。

意志缺乏是指学生对除上网以外的任何活动都缺乏动机、要求，对工作、学习无自觉性，个人生活极端懒散，行为孤僻、退缩。

5. 人格障碍

一般是指没有认知过程或智力障碍的情况下，人格显著偏离正常。人格障碍是所有心理障碍中最顽固最难纠正的一种。其突出表现是在特定的文化背景中，表现出对环境和社会持久且根深蒂固的不适应，常伴有主观上的痛苦或精神困扰，以及社会功能和行为上的显著问题。网络人格障碍主要有攻击型和退缩型人格障碍、双重人格或多重人格、网络自我迷失和同一性混乱等。

所谓网络双重人格，就是由于一个人在网络中的长期持续表现与其在现实生活中有很大的反差，甚至判若两人，久之就形成了双重或多重人格。

大学生在网络环境中失去对真实自我的判断能力，无法准确识别、欣赏及促进自我成长，陷入空虚与迷茫之中。网络上的自我往往是虚构的，特征行为往往是非真实的，这容易导致个体对自我的否定；同时，网络交往中的情感表达虚拟且放纵，缺乏真实情境下的参照物和事件，使得个体对自我的评价变得模糊且虚幻。

所谓自我同一性，即确信我就是我本身而非其他的一种心理过程，主要包括"我"的持续性和统一性两个方面，随着自我同一性的发展，会逐步形成相对持久固定的个性特质。然而，大学生如果沉溺于虚拟的网络，便难以在客观现实与虚拟情境间顺利转换角色，这往往会导致心理定位的偏差与行为上的不协调，进而引发自我同一性的混乱状态。

6. 网络成瘾症

也称网络依赖综合征（IAD），学名叫作病理性网络使用（PIU），最早是由葛尔·柏格提出。它是目前最受关注的网络心理障碍之一。网络成瘾是指个体反复过度使用网络而导致的一种精神行为障碍，分为网络游戏成瘾、网络色情成瘾、网络关系成瘾、网络信息成瘾、网络交易成瘾等五类，其中以网络游戏成瘾居多，占82%。此症状不仅可能导致性格内向、自卑，与家人对抗，严重时还可能引发其他精神心理问题，如对自己的学业及工作前途感到悲观、情绪低落、做事没有兴趣等，对正常生活及人生发展有严重影响。

网络成瘾的症状表现有：

① 对网络的使用有强烈的渴求或冲动感。

② 减少或停止上网时会出现周身不适、烦躁、易激惹、注意力不集中、睡眠障碍等戒断反应；上述戒断反应可通过使用其他类似的电子媒介，如电视、掌上游戏机等来缓解。

③ 下述5条内至少符合1条：为达到满足感而不断增加使用网络的时间和投入的程度；使用网络的开始、结束及持续时间难以控制，经多次努力后均未成功；固执地使用网络而不顾其明显的危害性后果，即使知道网络使用的危害仍难以停止；因使用网络而减少或放弃了

其他的兴趣、娱乐或社交活动；将使用网络作为一种逃避问题或缓解不良情绪的途径。

网络成瘾的病程标准为平均每日连续使用网络时间达到或超过 6 个小时，且符合症状标准已达到或超过 3 个月。

阅读与思考

两年前，经过高中阶段紧张的学习，刘某考入上海某大学。猛然从高中阶段的繁重学习任务中解脱出来，平时对自己管教严厉的父母远在千里之外的家乡，大学老师也不像中学老师那样整天监督自己学习，刘某觉得轻松极了，开始自由自在地在自己喜欢的网络世界里畅游，试图弥补因高考而错过的"网络时光"。大一第一学期在网络的伴随下飞快地过去了，刘某已经意识到自己花在网上的时间越来越多，而花在学业上的时间越来越少了，于是痛下决心缩短上网时间。但网络的吸引力实在太大了，面对电脑他就忘了时间和自己的决心，加之他性格内向，不善交际，在大学里没什么朋友，平常不喜欢参加集体活动，远离家人也觉得孤独。在网上就不同了，无论现实生活中有多烦闷，一上网就可以忘掉一切，所以高兴了想上网，烦恼了也想上网。于是刘某就这样恣恣着，不知不觉越来越依赖网络。然而要面对的终究是逃不掉的，大一期末考试他过半的功课不及格，需要补考。这下刘某可陷入成堆的问题中了，如父母的责难，在同学面前感到自卑，需要补上的功课等。面对这一切，不够坚强的刘某没有及时挽回自己的错误，却选择了逃避，他干脆破罐子破摔，一头扎进网络中什么也不想。现实生活中有那么多的烦恼，在网络中他起码感到暂时的快乐；在现实生活中别人瞧不起他，可在网络游戏中他可是高手，他觉得自己就是个天才。刘某终于不可救药地成了网络的奴隶，严重时他连续几天上网不吃不睡，课也不去上。由于旷课过多，几乎门门课程都不及格，最终面临被学校开除的局面。

思考：

1. 本案例中的刘某最终发展到了哪种网络心理问题？这种心理问题的症状表现有哪些？
2. 如果你是刘某或者是他身边的好朋友，应该怎么做来避免本案例结尾的后果？

心理自测

网络成瘾度自测

请根据下列 20 种状况发生的频度，用 0 ~ 5 进行评分。0 ~ 5 的具体含义是：
0= 没有，1= 罕见，2= 偶尔，3= 较常，4= 经常，5= 总是。

1. 你发现你在网上逗留的时间比你原来打算的时间要长。
2. 由于上网上的时间太多，以至于忘记了要做的家务。
3. 你觉得因特网带给你的愉悦超过了亲朋密友之间的亲昵。
4. 你会与网上的人建立各种新的关系。
5. 你的亲友会抱怨你花太长的时间在网上。
6. 由于你花太多的时间在网上，以至于会耽误学业和工作。
7. 你宁愿去查收电子邮件，也不愿去完成必须做的工作。
8. 上网影响了你的学习或工作业绩和效果。

9. 你尽量隐瞒你在网上的所作所为。

10. 你会同时想起网上的快乐和生活的烦恼。

11. 在你准备开始上网时，你会觉得自己早就渴望上网了。

12. 没了互联网，生活会变得枯燥、空虚和无聊。

13. 当有人打扰你上网时，你会恼怒或吵闹。

14. 你会为深夜上网而不睡觉。

15. 其他时间你仍全身心想着上网或幻想着上网。

16. 你上网时老想着"就再多上一会儿"。

17. 你尝试减少上网时间但失败了。

18. 你企图掩饰自己上网的时间。

19. 你选择花更多时间上网，而不是和别人出去玩。

20. 当外出不能上网时，你会感到沮丧、忧郁或焦虑，但一上网，这些感觉就消失了。

结果解释：

20～49分：你可以被视为一位较为理性的网络使用者。你能够较好地平衡线上与线下的生活，虽然偶尔会有上网时间稍长的情况，但总体上你能够自我约束，并未沉溺于虚拟世界之中。这样的你，已经掌握了网络使用的适度原则，值得肯定。

50～79分：代表着这或许是一个需要引起你关注的信号。网络使用似乎已经开始对你的生活产生了一些微妙的影响。建议你更加谨慎地对待上网行为，深入思考它给你以及你周围人带来的潜在变化。也要留意家人和朋友对你上网行为的看法，他们的反馈或许能为你提供更全面的视角。

80～100分：这意味着需要立即采取行动了。网络使用已经对你的生活以及人际关系造成了困扰。面对这一问题，你需要勇敢地正视现实，积极寻求解决方案。与家人进行坦诚的沟通，共同制定合理的上网规则，或者寻求专业心理咨询师的帮助，都是值得考虑的方式。记住，改变永远不晚，只要你愿意迈出那一步，就一定能够找回生活的平衡与和谐。

第三讲　网络心理问题的自我调适

导 语

无论被称为"天使"还是"恶魔"，无论给人们带来了什么，网络的存在与发展既成事实，既不能将它视作洪水猛兽，也不能对它带来的各种问题视而不见。中国社会科学院的沈杰在一次以"青少年和网络"为主题的研讨会上提出："为了抵御互联网上的病毒，科学家们发明了许多防毒、杀毒的'防火墙'，而对于像网络成瘾这样的社会病毒，也需要全社会共同构造一道强大的'防火墙'。"这道"防火墙"的构建需要全社会共同来努力，如完善网络管理与发展的机制，建立健全相关法律法规；加大社会宣传力度，引导正向舆论；强化学校教育措施，融入更多关爱；改进家庭教育模式，增进情感交流。尤为关键的是，大学生自身需深化对网络特性及其潜在影响的理解，提高对网络心理问题的警觉与重视，主动采取预防与调适策略，在享受网络世界的精彩时，为自己筑起一道坚实的心理防线，有效抵御网络心理障碍。

案 例

有个微博热搜，一个 16 岁印度男孩连续"吃鸡"6 小时后心搏停止，医生抢救无效死亡。据家人描述，男孩非常沉迷这个游戏，他们强制把游戏删除后他就绝食抗议。家人呼吁政府能禁止该游戏。但从本质上说，毁人的从来不是游戏，而是没有节制的欲望。

娱乐至死的时代，获得短期快感太容易了。我们所有时间都能被碎片式的信息所吞噬。《2019 新线消费市场人群洞察报告》中提到，报告所覆盖的 6.4 亿人群中，有 4.48 亿人使用短视频 APP。以某短视频 APP 为例，用户日均使用时长超过 1 小时，使用次数为 8.4 次。睡前抖音熬半宿，早上头条看世界。刷剧刷微博，玩完"王者"又马上奔赴"吃鸡"战场。

不论在地铁、商场还是餐厅，都能抱着一部手机哈哈傻乐。

有这样一个问题：有哪些年轻人千万不能碰的东西？

高票回答是这样的——"年轻人千万不要碰的东西之一，便是能获得短期快感的软件。它们会在不知不觉中偷走你的时间，消磨你的意志力，摧毁你向上的勇气。"2017 年，厦门市中医院眼科接诊了一名 20 岁的大二女生，这个女生来的时候，右眼视力几乎丧失，只剩下光感。医生检查后发现，这名女生得了急性视神经炎。一问才知道，最近两个月这名女生天天抱着手机聊微信，一聊就是一晚上，眼睛过劳，导致眼病。

"娱乐至死"，不仅会消磨斗志透支未来，更可怕的是，一旦一个人沉溺于官能刺激，迷失在廉价低质的快乐中，信仰就很难撼动他，道德再难刺激他，甚至利益也无法鞭策他。有一名 14 岁女孩，半夜在被窝里拿着从同学处借来的手机玩游戏，不料被醒来的弟弟发现。因为担心弟弟向父母告状，女孩竟然残忍地将弟弟杀死。还有一个中学生在眼镜店里暴打妈妈，只因为妈妈在拿收据单时，挡了一下他的手机屏幕。

抖音也好，游戏也罢，看似填满了空白无聊的生活，实际却是以刺激性的精神鸦片，占据你的时间，让你在不知不觉中丧失思考能力。长此以往，没有节制的你会精神沉迷于各种诱惑，只剩下一具沉浸于感官娱乐的空壳。

启 示

网络的巨大诱惑力，对于意志不坚定者是一个考验。各种各样的网络成瘾一旦形成，就如同其他成瘾行为一样，是非常难以消除的。对于网络心理问题应以预防为主，已经出现问题的要进行科学调适，在尽享网络便利的同时，一定要保持健康的网络心理。

学习认知

一、网络心理问题的成因

网络成瘾的形成首先归因于其本身的"双刃剑"特性，即网络既带来便利也潜藏风险。其次，家庭、学校和社会环境的诸多因素，如成长环境的安全性、社会支持的充足性等，也对大学生网络成瘾起着不可忽视的作用。然而，最根本的原因在于大学生自身，特别是其心理弱点与网络消极影响的相互交织。例如，一些大学生因在现实世界中感到不够优秀或被忽视，个性受到压抑，便频繁地从纷繁复杂的网络世界中寻求慰藉。当他们脱离虚拟环境回归现实时，往往会感到更加孤独和挫败，这种反复循环加剧了网络依赖，进而可能导致上网时间无节制地延长，身心疲惫加剧，最终可能形成人格障碍。此外，现实人际交往中的困难也会使大学生感到焦虑，而网络环境则似乎为他们提供了一个理想的逃避场所。但这种通过网络减轻焦虑和获得安全感的方式，使大学生对网络越来越依赖，同时降低了他们在真实环境中处理人际关系和应对焦虑的能力，从而形成恶性循环，进一步加剧了人格异常。

目前国内外研究结果均表明，具有某些人格和行为特点的人更易患上网络心理障碍，这些人格和特点被称为网络心理障碍易感性气质。共同的易感性气质通常有：内向、脆弱、适应环境能力较差、不善于交往、依赖性强、喜欢独处、缺乏自信、敏感、倾向于抽象思维、警觉、不服从社会规范等。

二、网络心理问题的预防

网络心理问题重在预防。大学生在与网络亲密接触的同时要深刻意识到网络的消极影响，时刻提醒自己预防网络心理问题。根据网络心理问题的成因，大学生们应该从下面几个方面来预防和调适一般网络心理问题。

1. 树立正向人生观，丰富现实生活兴趣

大学生的成长过程不仅是追求自我完善与实现的过程，也是社会责任感与使命感逐步构建与强化的过程。树立健康向上的人生观，秉持积极进取的人生态度，并着力培养自己的意志力、恒心、毅力等优秀品格。在此基础上，在完成学习任务的同时，大学生们应该珍惜自己宝贵的在校时光，积极主动地在现实生活中培养广泛的兴趣，找到自己兴趣所在，投身于富有意义并能带来满足感的事情，积极参与同学或学校的集体活动，让自己的大学生活丰富多彩——我们可以积极创造快乐，而不是消极等待快乐。如此，便能有效降低因认为大学生活乏味而依赖网络寻求情感满足，而陷入网络成瘾的风险。

2. 拓宽信息渠道，平衡网络与现实

网络被称为第四媒体，具有卓越的优势和强大的吸引力，然而我们也应该了解到极其丰富、快速的信息也会伴随着一系列认知心理问题的风险。因此，从预防网络心理问题的角度出发，大学生们在日常生活学习中应该建立多元化信息渠道，多从其他媒体形式如报纸杂志、电视、课堂、书籍及人际交往等途径获取信息，通过这样的方式，既可避免对于网络的过度依赖，也可以预防各种由于上网过度引起的认知心理问题。

3. 设定实际目标，培养现实成就感

人生因目标而充满动力，也因目标而彰显意义。众多名言警句都告诉我们目标的重要性，没有目标的人生与其说是糟糕的不如说是可怕的。但光是树立目标是不够的，重点还在于这个目标是否切合实际，是否切实可行。进入大学后，有的同学没有及时确立新的目标，失去了前行的动力，倍感空虚无聊，于是到网络上消磨时间寻求刺激。而有的同学一进大学就给自己制定了过高的目标，结果一段时间的努力后，发现与目标仍有很大差距，几番周折往往体验到的尽是挫折而缺乏成就感，也会丧失信心，转而投向网络寻求安慰。所以在大学以至人生的各个阶段树立切实可行的奋斗目标是至关重要的。许多关于网络成瘾的研究都表明，网络成瘾者往往在现实生活中比较难于体验到优越感，或者在某个方面存在自卑感。而虚拟的网络世界却能很轻易地让他们体会到优越感和成就感，这使他们更加难以摆脱对于网络的迷恋。因此，大学生应该注意培养自己在现实生活中的优越感，学会悦纳自我，相信"天生我材必有用"，发现自己的优势和长处，充分肯定自己的价值，从而避免不必要的自卑感，减少对于网络的心理依赖。

4. 培养健康网络情感，强化现实人际关系

网络情感是人们对网络的一种内心体验、感受和由此产生的情绪反应。大学生要以谨慎的态度对待这种虚拟的网络情感，不可用网络情感及网络交往替代现实生活中的情感和人际交往。在现实生活中，应该多学习和培养自己的人际交往技巧，建立起良好的人际关系，促进网络交往与现实交往的整合，预防情感异化。

5. 掌握应对方法，化解负性情绪

生活有喜怒哀乐，人生有酸甜苦辣，幸福快乐与挫败、痛苦、悲伤、失望、丧失等负性情绪相伴相随。大学生们要通过学习心理健康知识，学会了解自己的情绪变化及发展过程，摸索出化解自己不良情绪的最佳途径。同时，在自己无法化解时要懂得及时求助他人，比如向信赖亲近的人倾诉，他人的关怀指点常常能帮助人们更快走出困扰心境；也可以求助于心理咨询，比如去学校专门设立的心理咨询室寻求更加专业的心理帮助和支持。掌握了正确的应对不良情绪的方法后，就不会把网络作为逃避现实生活和发泄消极情绪的唯一途径，从而避免因逃避和宣泄的需求而过度依赖网络。

6. 提升网络素养，增强自控能力

在现代社会，大学生与网络接触已是不可避免，因此必须正确认识和对待网络，用辩证的视角看待网络文化，既不漠然置之、无所作为，也不视其为洪水猛兽、惊慌失措。要充分了解和认识网络环境下人的心理特点，如正确认识网络人际关系的自主性、平等性、表面性和易变性，加强对网络及社会影响的人文思考，提高对网络信息的选择力和鉴别能力，以及对自身网络行为的主动调控能力，采取一系列措施预防网络心理问题。专家建议，在上网前应先设定明确的目标，明确自己上网的目的；同时，自我限定上网时间，根据任务需求合理安排最佳上网时长。此外，还可以准备一句喜欢的座右铭作为上网时的提醒；并在规定时间后按时离开网络，可以邀请他人进行监督或提醒。这些措施都有助于预防网络成瘾，促进健康上网行为。

三、网络成瘾的心理干预

网络迷恋、无节制地上网是各种网络心理问题滋生的根源，一旦达到网络成瘾的程度，上述预防和调适措施便远远不够，需要对成瘾者实施一定的心理干预和治疗。

（一）网络成瘾的表现

1. 特征性临床表现

① 对网络的使用有极大渴求。

② 不断增加上网时间和投入度。

③ 减少或放弃从前的兴趣、娱乐及其他重要的活动。

④ 对自己的家人或朋友隐瞒上网的真实时间和沉迷于网络的程度。

⑤ 戒断反应：当突然减少或停止上网时患者会出现烦躁、易激惹、注意力不集中、睡眠障碍等，严重者甚至出现冲动、攻击、毁物行为。

2. 伴发的躯体症状

食欲减退、胃肠功能不良、睡眠节律紊乱、视力下降、腕关节综合征、偏头痛、颈肩疼痛及颈椎病，并增加诱发过敏性疾病及癫痫的风险。

3. 伴发的精神病症状

部分严重的患者几乎完全与现实隔离，出现短暂的现实解体甚至妄想。过度使用网络往往受到家人、朋友的反对和批评，致使个体出现悲观、沮丧、对未来失去希望等低落情绪体验。

（二）常用的心理干预方法

在网络成瘾的早期，有效的心理干预是可以帮助治疗这种心理问题的。常用的几种心理干预法有：

1. 强化干预法

强化可以分为奖励与惩罚两种。在实际操作中，这种干预方法使用得最多，效果也最好。在网瘾的干预中，奖励的使用方法是：一旦发现成瘾学生有了减少上网的行为，就给予奖励、表扬或肯定性评价。惩罚的使用方法是：一旦发现上网时间增加，立即给予处罚。处罚可以是物质层面的，如取消他获得他最想要的东西的权利，也可以是精神层面的，如给予严肃的批评或责令其进行反思。

2. 厌恶干预法

厌恶干预指采用惩罚性的厌恶刺激来减少或消除一些适应不良行为的方法。常用做法有橡皮圈拉弹法、社会不赞成法、内隐致敏法等。橡皮圈拉弹法是由成瘾学生预先在自己手腕上套上一根橡皮圈，当他坐到电脑前准备上网时，自己用力拉弹手腕上的橡皮圈，使其手腕有强烈的疼痛感，从而提醒自己下网。也可借助外力如闹钟发出尖厉噪声，来促使自己停止上网。社会不赞成法主要是运用图片、影视、舆论等手段，使学生在上网的同时产生一种来自社会的压力，并在心理上造成威慑和畏惧心理，从而达到戒除网瘾的一种干预方法。内隐致敏法又叫想象性厌恶干预法，是指用想象上网的过程及其可能带来的不良后果，使其在内心深处对上网感到厌恶，从而逐步减少上网时间直至戒除网瘾的一种干预方法。这种方法与橡皮圈拉弹法结合使用，效果会更好。

3. 转移注意力法

学校或班级通过组织各类有意义的文体活动，尤其是网络成瘾学生比较感兴趣的活动，让其参与其中，从而转移他的注意力以减轻其网络成瘾程度的一种干预方法。

4. 替代、延迟满足法

学校应当积极推广多元化的课外活动，如体育、艺术及科学探索等，帮助学生培养健康的兴趣爱好以转移他们对游戏的过度关注；同时深入了解学生的游戏习惯，特别是在哪些时段最为活跃，随后在这些关键时段安排替代活动，反向打破游戏沉迷的循环；此外，还需实施时间调控策略，初步设定合理的游戏时间上限，并通过周计划和日常监督逐步减少游戏时长，最终引导学生完全脱离游戏成瘾的困扰。

5. 团体辅导法

组织患有网瘾症的学生形成一个支持性团体，由富有经验的老师作为指导者，依托团体动力理论，融合团体咨询的核心原则与多样化技巧，使参加团队的成员共同朝向全面戒除网瘾的目标迈进。

阅读与思考

逃避的寓言：小猫逃开影子的招数

"影子真讨厌！"小猫汤姆和托比都这样想，"我们一定要摆脱它。"然而，无论走到哪里，汤姆和托比发现，只要一出现阳光，它们就会看到令它们抓狂的自己的影子。不过，汤姆和托比最后终于都找到了各自的解决办法。汤姆的方法是：永远闭着眼睛。托比的办法则是：永远待在能遮挡阳光的阴影里。

心理解读：这个寓言揭示了一切心理问题都源自对事实的扭曲。什么事实呢？主要就是那些令我们痛苦的负性事件。因为痛苦的体验，我们不愿意去面对这个负性事件。但是，一旦发生过，这样的负性事件就注定要伴随我们一生，即便我们试图将它们压抑到潜意识深处，即所谓的"遗忘"，然而，它们在潜意识中依然会潜移默化我们。并且，哪怕我们对事实遗忘得再干净，这些事实所伴随的痛苦仍会不时地侵袭我们，让我们莫名其妙地伤心难过，且难以自控。这种疼痛促使我们更加努力去逃避。最终，我们往往会采取两种极端的应对方式：要么，我们像小猫汤姆一样，彻底扭曲自己的感知，对生命中所有重要的负性事实都视而不见；要么，我们像小猫托比一样，彻底沉沦于痛苦之中，将自己的生活搞得一塌糊涂，认为既然一切都如此糟糕，那个最初让自己心痛的源头也就不那么难以接受了。

许多网络成瘾者有过类似的遭遇。他们之所以迷恋网络，是为了让自己逃避某些痛苦烦恼。这就像是躲进阴影里，烦恼就像一个魔鬼，为了躲避这个魔鬼，干脆把自己卖给更大的魔鬼——网络成瘾。

思考：

你对戒除网络成瘾有什么好的建议？

心理训练

心理活动：网络是天使还是魔鬼

活动目的：通过辩论的方式，让同学们更清晰网络带来的利弊，以便能更好地看待网络、使用网络。

活动规则：

1. 抽签选出 8 位同学分为两组进行辩论。

2. 每组自由发言 5 分钟，然后双方进入提问环节，最后进行总结陈词。

3. 由老师和其余同学当评委，选出优胜方以及最佳辩手。

正方：网络是天使。

反方：网络是魔鬼。

第九篇

大学生的友谊与爱情

第一讲　友谊的价值与培养

导　语

"友谊之花常开，友谊之树常青。"友谊能够让人享受到独特的乐趣。友谊在个体成长和发展中起着重要作用。在我国大力弘扬传统文化教育和合作精神教育之际，重提友谊，注重友谊的价值与培养，具有时代意义。大学生应当深入了解友谊的含义，了解建立友谊应遵循的原则，懂得友谊的价值，珍惜友谊，在现实生活中获得并发展友谊。

案　例

小赵是某大学二年级学生，19岁。一天，她带着抑郁的神情走进学校心理咨询室，诉说自己非常郁闷、压抑，因为她不敢与人交往。她曾是个天真活泼的女孩。读小学的时候，随父亲工作的调动，从乡下小学转到城里小学就读。因为她穿着土气，看起来憨厚，有的女同学瞧不起她，有的女同学还会想法刁难她，甚至嘲弄她，因此，她不愿与女生在一起，常常与男生一起玩。在与男生交往中，她感到男生大方、爽快、不斤斤计较，还乐于帮助别人；而在她心中女生小气、多事、爱说别人长道别人短。就这样，她经常与男生交往，很少与女生交往，从小学到高中，一直如此。到了大学后，她仍然如此，但是她的行为很快受到非议，甚至指责。

她诉说："我真的很郁闷、很困惑，我又没有做出什么出格的事，为什么别人这样对待我？为什么这样不理解我？难道男女生之间就不能经常交往？难道男女生之间就没有真正的友谊？"受到指责后，她不敢与男生交往了，也不愿和女生交往，把自己封闭起来，没有朋友，内心感到无比的孤独，生活感到太郁闷、太压抑。实在解不开心中的疙瘩，她才走进咨询室。

启　示

令小赵困惑的是：大学时期男女生之间该不该有真正的友谊？是否可以和男生继续交往？异性交往始终是一个较为敏感的话题，异性之间有无真正的友谊也始终存有争议。大学生应当与异性有广泛的交往和真挚的友谊，同时注意交往的方式和尺度。小赵只与异性交往，在与同性交往上存有困难，也应当调整自己的人际交往。

学习认知

一、友谊的含义

"友谊"一词源于古日耳曼语中的一个动词，其意义为"爱"。友谊又称为友情，简而言之，就是朋友之间的情感联系，是个体对朋友之间的关系的主观体验。《心理学大词典》（朱智贤，1989）把友谊定义为"建立在利益一致和相互依恋基础上的个人之间关系的一种形式"。有人认为，友谊是以个体为指向的双向结构，反映两个朋友之间的一对一的情感联系。

总之，友谊是人们在交往活动中产生的一种特殊情感，是一种来自双向关系的情感，即双方共同凝结的情感，任何单方面的良好意愿，不能构成友谊。

友谊以亲密为核心成分，亲密性也就成为衡量友谊程度的一个重要指标。罗杰斯对这种亲密性作了三点概括：①能够向朋友表露自己的思想感情和内心秘密；②对朋友充分信任，确信其"自我表白"将为朋友所尊重，不会被轻易外泄或用以反对自己；③限于被特殊评价的友谊关系中，仅限于少数的密友或知己之间。

从对友谊的界定来看，友谊具有以下几个特征：①友谊是两个个体之间的一种相互作用的双向关系，也是一种依附关系；②友谊是以信任为基础，以亲密性支持为情感特征的关系；③友谊是一种相对持久稳定的关系。

二、友谊的价值

常言道"黄金有价，友情无价""友谊之树常青"。友谊在每个人的成长和发展过程中都扮演着非常重要的角色。

（一）友谊有助于个体社会化进程

个体社会化是指我们每个人在一定社会环境影响下，逐渐掌握社会经验和社会行为规范，进而成为适应社会的人的过程。这是一个个体与环境相互影响的过程。在这个过程中，家庭、学校、大众传媒以及同辈群体，各自都发挥着至关重要的作用。

从出生的那一刻起，个体就在家庭中获得了特定的地位。家庭在社会化过程中具有独特且重要的地位，其作用是不可替代的。童年期是个体社会化的关键时期，家庭中的亲子关系以及家长的言传身教，对儿童在语言、情感、角色认知、经验积累、知识学习、技能掌握以及行为规范等方面的影响都是潜移默化的。

进入学龄期后，学校成为个体社会化最重要的场所之一。学校教育不仅促使学生掌握知识，激发他们的成就动机，还为学生提供了更多的社会互动机会。

在现代社会中，大众传媒也是个体社会化的重要手段之一，能够迅速向个体提供大量的各种信息，拓宽他们的视野，让他们学到新的知识与规范。

同辈群体在个体社会化过程中同样发挥着重要的作用。它们能为个体的态度、行为与自我评价提供比较或参照标准。有研究者指出，同辈群体中的友谊为个体提供了了解他人如何看待自己的机会，这是包括家人在内的其他任何人都无法提供的，这种作用有利于个体自我概念的发展。

由于生存和发展的需要，我们会建立起亲密的友谊关系。如果没有朋友，就会缺少与他人进行思想、观点和情感交流的机会，也无法与他人分享快乐和痛苦，更无法对他人表示关心和获得他人的关心。因此，从这个角度来看，友谊为个体社会技能的习得与发展提供了必要的条件。

（二）友谊可以满足个体情感需要

美国心理学家马斯洛将人的需要看作是一个整体，认为在这一整体中需要是分层次的，依次为生理需要、安全需要、归属与爱的需要、尊重的需要、自我实现的需要。越是低层次的需要，对人的行动驱动作用越大。当低一级的需要基本满足后，人就会追求高一级的需要。

在当今社会经济条件下，个体的生理需要和安全需要基本上都能够得到满足。相应地来说，归属与爱的需要、尊重的需要对人的生存发展和情感发展更为重要。个体在同伴集体中能被同伴接纳并建立友谊，并在集体中占有一定地位，受到同伴的尊敬和赞许，将会获得依恋感、亲密感、同盟感和归属感，寻求到社会支持。

友谊的一个重要价值是当我们需要它时，它能给我们以陪伴。友谊不像异性之间的爱那样引人入胜，同时也不像异性之爱那样令人费心。它是有限的伙伴关系，能给予我们朋友的乐趣和自由，当我们选择独处的时候，我们也能拥有自己的独处时间。

友谊还可以帮助我们减少或消除不良情绪。友谊是宣泄不良情绪的重要渠道。向朋友倾诉心中的不快，生活中的烦恼，家庭中的琐事，可以让不良情绪得到合理宣泄，保障我们的身心健康。

（三）友谊是兴趣爱好发展的载体

在竞争激烈的现代社会，人们常常慨叹人情淡漠，友谊似乎比其他人际关系更少引起人们的注意。但是友谊依然存在着，它是生活中很普通的一部分，又是永不可缺的一部分，让人享受到独特的乐趣。友谊能让我们体验到共同的兴趣爱好带来的快乐，还让我们了解不同的人生和不一样的生活方式，丰富我们自己的精神世界。

（四）友谊有助于人格健康发展

友谊能让人归属于一个群体或一个团体，特别是与志趣相投的同伴在一起，进行思想和情感的交流，从中得到启发、疏导和帮助。缺乏友谊的人，往往存在很多情绪困扰，比如孤独、焦虑等。通过参与群体活动，能使人面向外界，关注外界信息，拓宽获得信息的渠道；通过参与群体活动，还可以让人开阔胸怀，得到更多的社会支持。更重要的是，友谊还能使人的社会安全感得到充分的满足，最大限度地减少心理应激和心理危机感，这是人们维持人格健康发展的基础。

三、大学生的友谊特点

大学生的年龄大多处于 17 岁至 23 岁之间，这一时期的个体，正处于生理和神经系统发育的成熟期。随着生理和神经系统发育的成熟，心理上也发生巨大变化。与儿童少年时期的友谊相比，大学生的友谊发生了质的变化。由于大多数在校大学生远离家乡，离开父母和亲人，易产生孤独感，因此会把友谊看得很重要，害怕没有朋友，害怕失去朋友，害怕孤独。

大学生对友谊的看法也更为成熟。朋友之间既有感情的依托，又相互尊重；有困难之时既能及时相助，又保持一定距离，不相互干涉对方交往与活动。其主要特点表现在以下几方面：

① 友谊的活动主题发生了变化。朋友之间的交流"以志趣为中心"。孩童时期，朋友之间的活动更多是在操场或教室等地方玩耍追逐，但到了大学时期，朋友之间更多是在一起交流思想感情、探讨人生意义、发展共同兴趣爱好，或倾诉自己的心声，或参加喜爱的社会实践活动。

② 友谊关系的活动范围进一步扩大。大学时期，随着各方面的发展，朋友的活动范围已经延伸到校外，包括各自的家庭、社会机构以及其他一切可以跨越的公共场所，还可以用微信等社交软件进行交流，在一起制订一些活动计划等。

③ 友谊成为自我探索与情感支持的重要途径。大学是心理发展不稳定的时期，大学生们对周围的事物都有一种不确定感，而此时朋友可以帮助他们确定自身的角色和自我价值。这一时期的一个突出特点就是好朋友之间的自我暴露和相互倾诉，寻求情感支持的程度和频率大大增加。通过友谊能够适当地表达个人情感，并能够及时为朋友提供情感支持。

④ 友谊的亲密性程度增加。亲密性作为大学时期友谊的一个显著特点，需要个体能够表现出理解、忠诚、可靠、愿意为对方保守秘密等。当然，随着亲密性的增加，好朋友之间的摩擦与冲突也增多了，因此，解决朋友之间冲突的方法在友谊的良好发展中也变得尤为重要。

四、友谊的培养

（一）同学交友的原则

没有友谊的人生是黯淡枯燥、索然无味的人生。大学时期是友谊发展的重要时期，但交友要懂得交友之道。

1. 择友要慎重

一个人一生中可以交到许多朋友，有君子之交，有小人之交；有道义之交，有利益之交；有患难之交，有声色之交。明代学者苏浚在《鸡鸣偶记》中把朋友分为四类："道义相砥，过失相规，畏友也；缓急可共，死生可托，密友也；甘言如饴，游戏征逐，昵友也；利则相攘，患则相倾，贼友也。"朋友之间交往时间长了，彼此间就会相互影响，"近朱者赤，近墨者黑"。和好人交朋友，"如入芝兰之室，久而不闻其香"；与坏人交友，"如入鲍鱼之肆，久而不闻其臭"。

所以，在结交朋友时，一定要谨慎择友。择友是建立友谊的基础，并且是一门艺术。总的来说，要交"益友"，不交"损友"。子曰："益者三友，损者三友。友直、友谅、友多闻，益矣；友便辟、友善柔、友便佞，损矣。"也就是说，交友要选择那些正直、爽快的人，性格宽厚、有宽容心的人，博学多闻、见多识广的人，这样有利于自己的成长与发展；如果同那些善于阿谀奉承的人交友，同那些心术不正的人交友，同那些惯于夸夸其谈而不务实的人交友，会有损于自己的发展。正所谓以貌相交，貌毁则尽；以权相交，权失则尽；以利相交，利去则尽。

择友之道，就择友的一方来说，实际上说明了其为人处世之道。当人们把正直、诚信、博学多识作为自己择友的原则，事实上也在为自己、为对方确立了一个做人的道德目标和行为准则。

2. 交友要真诚

朋友之间要以诚相待，相互信任。这是交友必须遵循的原则。正如托尔斯泰所言："要做真正的知己，就必须相互信任。"友情是人类生存的一种基本力量，它是以自我牺牲和助人为乐为基础的。患难之交就体现出朋友之间同甘苦、共患难的真情。高尔基曾对如何交朋友提出过很好的建议："真正的朋友，在你遇到不幸和悲伤时，会给你及时的支持和鼓励，在你有缺点和犯错误的时候，会给你正确的提醒和帮助。我们应该这样要求朋友，这样的朋友才是真正可贵的。"

大学生交朋友要注意以下几点。第一，与朋友相处要真诚坦率，是就是是，非就是非，切忌表里不一，口是心非。第二，与朋友相处要宽厚，要多看别人的优点和长处，少计较朋友的缺点与不足，过分地挑剔会失去朋友和友谊。第三，与朋友相处要有包容之心，接纳、宽容、包涵、忍让，这是必不可少的。如果斤斤计较，有过必究，友谊就不可能长久。宽以待人，体谅他人，遇事多为对方考虑，即使对方犯了错误，也要以宽容之心对待，这样才不至于伤害朋友之间的感情，这样的友谊才能经得住考验。

3. 待友要平等

人际交往是人与人之间的心灵沟通，是一种互动过程。马斯洛的需要层次理论指出，人都有尊重的需要。要想别人尊重自己，首先自己要尊重别人。人人都希望得到平等对待，如果在交往之中，一方凌驾于另一方之上，这不是朋友关系。朋友关系应该是平等的，不能有高低贵贱之分，不能有居高临下或压抑之感，不能以相互利用为前提。尽管人与人之间各方面情况不同，但是朋友之间在人格上、在心理上应该是平等的，平等是建立良好朋友关系的前提，失去平等的友谊就失去了真谛，也不会长久。

（二）同学友谊的获得与发展

大学生为了共同的目标，从四面八方聚到一起，成为同学。大学时期是短暂的，这一时期的同学之情，对人的一生来说是珍贵的、美好的、令人难忘的。但是由于每个同学的生活环境不同、成长经历不同、家庭经济条件不同，形成各自不同的态度、需要、兴趣、人生观、价值观，以及不同的性格特征，因此，在同学交往中难免产生摩擦与冲突。如何解决这些问题并发展好同学友谊，成为每位大学生应注意与思考的问题。除了上述交友原则外，同学之间培养和发展友谊还应该做到谦虚、有爱心、宽容与惜缘。

1. 谦虚

谦受益，满招损。这既是为人处世之道，也是同学相处的规条。同学之间交往既要保持平等、自尊，又要虚心学习他人之长、补己之短，同时还要接纳他人对自己的批评意见和建议，不凌驾于他人之上，不凌驾于集体之上，不对别人指手画脚，摆正自己在集体中的位置，合理定位。这是友谊巩固与发展的必要前提。

2. 有爱心

有爱心是一个人更好地融入集体的前提。同学友谊意味着关爱他人、有助于人，不要苛求他人，不把自己的想法强加于他人。当同学遇到困难时，要积极伸出援助之手，能够"雪中送炭"，而不是"袖手旁观"或"事不关己，高高挂起"；当同学处于困境中时，要不遗余力地相助，做一个有爱心的人，这是友谊巩固和发展的重要途径，这样的情谊常被人长久铭记在心。

3. 宽容

在同学间朝夕相处的日子里，分歧与摩擦如同生活中的小插曲，时有发生。面对这些难免的磕碰，我们应展现出宽广的胸怀、宏大的肚量，以及理智清晰的头脑。试着换位思考，多从对方的角度去理解问题，将情谊与理解置于首位，避免情绪化的冲动反应，更不应沉溺于琐碎的计较之中。

事实上，同学之间往往缺乏根本性的利益冲突，只要我们采取恰当的方式去应对，那些看似棘手的分歧都能迎刃而解。通常，那些能够展现出宽容心态的同学，更容易赢得周围人的喜爱与尊重，他们的人缘自然也会更好。宽容不仅是个人修养的体现，更是维护友谊健康发展不可或缺的基石。

4. 惜缘

在浩瀚的历史长河中，人生犹如白驹过隙。相较于人生的广阔，大学阶段这段时光更显得短暂而珍贵。在这茫茫人海、悠悠岁月中，能够相遇成同学，乃至室友，无疑是一份难得的缘分。这份缘分，既蕴含着必然性，它是我们努力与选择的结果；又夹杂着偶然性，仿佛是命运的随机安排。

　　尽管大学时光匆匆，但友谊却能穿越时空的界限，历久弥新，不断延续与发展。"一辈同学三辈亲"，这深刻揭示了友谊之树常青的真谛。所以，大学时期的同学之情、室友之谊，无疑是我们人生中值得倍加珍惜的宝贵财富。

　　当我们踏上工作岗位，回望往昔，不应当因同学间的些许矛盾与纷争而留下遗憾，而应因同学间的和谐相处、相互帮助、彼此珍惜而心怀感激，让这段美好的记忆成为我们人生旅途中的一抹亮色。珍惜同学之间的情谊之缘是对未来的一份期许与承诺，将成为我们人生道路上的一大财富，激励我们不断前行，勇敢追梦。

阅读与思考
马克思与恩格斯的友谊

　　什么才是真正的友谊呢？亚里士多德曾经说过："友谊就是栖于两个身体的同一灵魂。"怎样理解这"同一灵魂"？

　　马克思、恩格斯的伟大友谊可以说是人类友谊的典范，这是举世公认的。从1842年马克思、恩格斯第一次会晤起，40年里，他们在领导国际共产主义运动的伟大斗争中，团结作战，患难与共，建立了真挚的友谊。恩格斯为了从经济上接济马克思一家，以保证马克思安心从事革命理论的研究，宁愿放弃自己的理论研究，去纺织公司做他十分厌恶的生意。马克思逝世后，63岁高龄的恩格斯毅然放下手头的《自然辩证法》一书的写作，克服视力衰退带来的不便，用十年的时间完成了马克思的遗著——《资本论》。马克思、恩格斯之间的这种崇高的革命友谊，正如列宁所赞扬的，它"超过了古人关于人类友谊的一切最动人的传说"。

　　友谊是真挚的关怀，是心灵的慰藉，是爱心的互换，是一道永不消失的风景。

思考：

你有与自己拥有"同一灵魂"的朋友吗？

心理自测
交友能力自测

　　本测验由15道题组成，每道题有3个可供选择的答案，根据自己的情况选择一个最符合自己的。

　　1. 最近我交了一批新朋友，这是因为（　　）。

　　　　① 这是我的需要

　　　　② 他们都很喜欢我

　　　　③ 我发现他们很有意思，令人感兴趣

　　2. 外出度假时，我（　　）。

　　　　① 想交新朋友，但又感到很困难

　　　　② 喜欢自己一个人消磨时间

　　　　③ 很容易交上新朋友

　　3. 我本来约好要去会见一位朋友，此时感到很疲倦，却不能让朋友知道我的这种处境，我（　　）。

　　　　① 希望朋友会谅解我，尽管我没有到他（她）那里去

②到朋友那里去了，并且问他（她）假如我早点回家，他（她）有什么想法

③还是尽力赴约，并且试图让自己过得愉快

4.我结交朋友的时间（　　　）。

①一般不长，经常更换

②说不定，合得来的朋友能长期相处

③数年之久

5.一位朋友告诉我一件极为有趣的个人私事，我（　　　）。

①等那位朋友一离开，就马上与别人议论此事

②尽量为其保密而不对任何人讲

③根本没有考虑过把此事告诉别人

6.当我有了问题时，我（　　　）。

①通常是靠自己去解决

②找自己依赖的朋友商量

③只有万不得已时才找朋友帮助

7.当我的朋友遇到问题时，我发现（　　　）。

①一般都不愿意来麻烦我

②只有那些和我关系密切的朋友才来找我商量

③他们都喜欢向我求助

8.我交朋友的途径通常是（　　　）。

①必须经过相当长的时间，而且不容易交上朋友

②通过熟人介绍

③在各种社交场合

9.我认为选择朋友最重要的是（　　　）。

①对我感兴趣

②为人可靠，值得依赖

③具有使我感到快乐和幸福的能力

10.我给人的印象是（　　　）。

①经常启发人们去思考问题

②经常会引人发笑

③别人和我在一起时感到很舒服

11.假如有人邀请我参加一次活动、一次比赛，或者在晚会上请我表演节目，我（　　　）。

①直截了当地拒绝

②会婉言谢绝

③欣然接受

12.对我来说，下列情况较为真实的是（　　　）。

①我认为诚实是最重要的品质之一，所以我时常提出与朋友不同的看法

②我对朋友的态度是：既不奉承，也不批评

③我喜欢当面称赞自己的朋友

13.我发现（　　　）。

　　① 我只是同那些能够与我分担忧愁和欢乐的朋友们相处得很好

　　② 有时甚至愿意与那些和我脾气不相投的人和睦相处

　　③ 一般情况下能和任何人相处

14. 如果朋友们和我开玩笑，我会（　　）。

　　① 感到气恼，并且表现出来

　　② 根据当时自己的情绪和精神状态，可能和大家一起笑，也可能恼怒

　　③ 和大家一起大笑

15. 假如别人想依赖我，我的态度是（　　）。

　　① 要小心谨慎，尽量避免承担责任

　　② 对此并不介意，但是想和朋友们保持一定距离，保持一定的独立性

　　③ 觉得这样很好，我喜欢让别人依赖我

评分标准：

　　选答案①计 1 分，选答案②计 2 分，选答案③计 3 分。然后把各题所选答案得分累加，得出总分。

结果解释：

　　总分为 15 ~ 25 分：说明自己很可能是一个孤僻的人，思维不活跃，不开朗，喜欢独处。

　　总分为 26 ~ 35 分：说明自身的人际关系处理得不太好，或者自己与朋友的关系并不牢固，时好时坏。有时自己做出一定的努力，但别人并不一定喜欢自己。需要调整自己的言行，学会正确地待人接物，真诚地对待朋友。

　　总分为 36 ~ 45 分：说明善于交朋友，人际关系很好。

第二讲　探索与理解爱情

导　语

法国著名作家雨果说过，人有两次出生：第一次是从母体里分离开始生活的那天，第二次则是在爱情萌发的那天。伴随着青春的脚步，爱情会悄悄降临到青年人身边。随着生理和心理的相对成熟，大学阶段开始步入恋爱期，爱情成为大学生谈论的热点，恋爱问题是大学生们最为关注的问题之一。与其他情感相比，爱情遵循着独特的发展过程，表现出自身的特征。爱情以它独特的魅力拨动着大学生的心弦，令其寻觅和向往。然而，在现实生活中，许多大学生还没能深刻理解爱情的含义，爱情的结构、特征、类型及其发展过程，对爱情的理解还存在许多模糊的认识，这给他们带来不少心理困扰。

案　例

李某怀着对大学生活的美好憧憬迈入大学校门。起初，他表现非常出色，被选为班干部、系学生会负责人，学习成绩也曾遥遥领先。为了实现自己的理想，他常常放弃休息娱乐时间，全心全意地投入学习与工作之中，赢得了老师和同学的赞誉。当他正准备进一步提升自己的目标时，一位同系女生进入他的视野，打乱了他的生活。他主动接触她，从各方面帮助她，带着对爱情的美好向往，想很快建立恋爱关系。但是当李某一味地追求女孩，想沉浸在花前月下、卿卿我我的两人世界里时，女孩却渐渐地疏远了他，他感到很不理解，也不能接受。带着这样的困惑他前来咨询。他说："她不愿和我在一起，有时会不理我、躲着我，她不按我说的去做，我对她的帮助她也不领情，有时会对我说话很难听……"他要求女孩每天至少和他一起吃一顿饭，每天至少见一次面，尽量少与其他男生接触。他说："我不明白，我对她那么好，她为什么反而疏远我，甚至讨厌我？"

启　示

爱情并非一厢情愿的付出与追求，而是需要双方的相互理解和尊重。在追求爱情的过程中，保持自我、尊重对方的选择和感受至关重要。真正的爱情建立在平等、信任和共同成长的基础上，而非单方面的强求和占有。

学习认知

一、爱情的概述

（一）爱情的含义

什么是爱情？尽管每个人心中关于爱情的答案不同，但有些成分是共同的，那就是爱情离不开男女之间的相互吸引，爱情是一种强烈的内心情感体验，爱情包含着深刻的内容等。概括地讲，爱情指男女双方基于一定的社会关系和共同的生活理想，在各自内心形成的对对方最真挚的倾慕，并渴望对方成为自己终身伴侣的高尚情感。这是人类特有的一种精神生活，更是精神升华的产物。

爱情的基本内容包括三方面，即生物因素、精神因素和社会因素。生物因素是指爱情产生于男女两性之间，异性相吸的生物本能使人产生性欲，从而产生相互结合的强烈愿望；精神因素是指爱情是一种高尚的情操，健康的爱情会愉悦身心，使人产生美好的心理体验；社会因素是指爱情是一种社会现象，会受到社会道德和法律规范的制约，同时还将涉及抚育儿女的社会功能。

（二）爱情的心理结构

1. 性爱与情爱

我国学者认为，爱情可以理解为由一些相互关联、各具功能的要素组成特殊情感系统，这个情感系统就是：建立在性欲之上的对异性、个性追求等复杂因素混合而成的情爱。从中可以看到，爱情的心理结构包括两个基本成分：性爱与情爱。

性爱是爱情中的生物属性，是生命赖以繁衍的手段。性爱使爱情具有排他性、冲动性与直觉性。情爱表明，爱情除了生物属性以外，还有社会属性。每一个人都是生活在特定的社会关系下的人，爱情关系不仅仅是个人的事，还涉及后代及其亲属的生活，涉及社会伦理道德等。那种"唯性论"的爱情观是错误的。情爱与性爱完美结合的爱情才是理想的爱情。

2. 爱情三因素理论

美国心理学家斯腾伯格提出了爱情三因素理论。斯腾伯格认为，人类的爱情虽然复杂多变，但主要是由三种成分组成的：

（1）动机成分

爱情行为背后隐藏的动机，对人类而言是极其复杂的，其中内发的性欲的驱动力是其一，此外还包括异性之间身体、容貌、气质等因素的彼此吸引。这是爱情产生的生理基础。

（2）情绪成分

属于爱情的情绪，除了爱和欲之外，还夹杂着其他成分，凡是由爱情刺激引起的身心体验状态，如喜、怒、哀、惧等都属于爱情的情绪成分。爱情使人有强烈的情绪体验，幸福、快乐、痛苦、悲伤等。也就是说，爱情并不总是甜蜜的，也可能包含着苦涩与辛酸。凡是有过恋爱经历者，都体验过"酸、甜、苦、辣"的爱情滋味。

（3）认知成分

这是爱情中的理智因素。爱情中的认知成分是指承诺、守约与责任感，对动机与情绪两种成分起着调控作用。

斯腾伯格又进一步将情绪、动机、认知三者各自单独在两性间发生的爱情关系，分别称之为热情、亲密与承诺，即以情绪为主的两性关系是热情的，以动机为主的两性关系是亲密的，以认知为主的两性关系是承诺的。每个人爱情中的三种成分所占比例各不同，这就使我们看到了多姿多彩的爱情世界。理想的爱情境界是三者皆俱，称之为完美之爱。

（三）爱情的类型

心理学家对爱情的研究发现，现代青年男女的爱情关系，主要有以下六种形式：

① 浪漫式爱情。其特征是将爱情理想化，强调外在形体美，追求肉体与心灵融合为一的境界。

② 游戏式爱情。其特征是视爱情如游戏，只求个人需要的满足，对其恋爱对象不肯承担道义上的责任，轻易更换恋爱对象。

③ 占有式爱情。其特征是指对所爱的对象赋予极其强烈的感情，并希望对方以同样的方式回应；对其所爱极具占有欲，对方稍有怠慢，就心存猜疑，甚至妒忌。

④ 伴侣式爱情。其特征是在交往过程中由友谊逐渐演变成的爱情，又称为友谊式爱情。在这种爱情关系中，温存多于热情，信任多于嫉妒，是一种平淡而深厚的感情。

⑤ 奉献式爱情。其特征是信奉"爱情是付出而不是索取"的原则，甘愿为所爱的人牺牲一切而不求回报。

⑥ 现实式爱情。其特征是将爱情视为彼此现实生活需求的满足，不求理想追求。"男子娶妻，煮饭洗衣；女子嫁汉，穿衣吃饭"正是这种爱情的典型。

二、爱情的特征

爱情是异性之间强烈吸引的一种状态，它与多种特征紧密相连，包括依恋、关怀、信任、宽容等。

1. 依恋

爱情是一种强烈的依恋关系。这种关系与抚养者与儿童之间的依恋有着相似之处。美国心理学家指出，爱情本质上就是一种依恋过程。在爱情中，人们会强烈地迷恋对方，分离时会产生痛苦，并渴望长时间地在一起。这种依恋感使得相爱的人常常形影不离，甚至因短暂的分离而焦虑不安，无法全身心地投入学习与工作。

2. 关怀

在爱情关系中，相爱的人相互表达着更多的关怀，恋人的一举一动、一颦一笑都会牵动自己的心弦。这种关怀往往超越了自我，使人们开始关心体贴他人，为所爱的人操心，惦记他们的冷暖、衣食与安寝等。这种关怀体现了爱情中的无私与奉献。

3. 信任

信任是爱情关系的基石。在爱情中，人们往往对恋人非常信任，几乎不设防线，很少考虑后果。这种信任使得恋爱者常常感情用事，很少进行理智的分析与思考。他们内心将对方视为自己的亲人，极为信任，并且不允许别人怀疑对方。这种信任感增强了爱情的稳固性，但也需要注意保持一定的理性与判断力。

4. 宽容

宽容是爱情关系中的又一重要特征。即使对方有些缺点、毛病，甚至自己反感的行为，也会因为爱情的存在而得到宽容的对待。这种宽容体现了爱情中的包容与理解。然而，宽容并非无原则的纵容，而是基于对对方的深刻理解和接纳。

5. 排他性

在爱情关系里，排他性是一个显著特征。爱情具有很强的排他性，不容他人介入；也具有很强的独占性，不容他人分享。这种排他性体现了爱情中的专一与忠诚。然而，如果这种排他性走向极端，就会变成狭隘和自私，对爱情关系产生负面影响。

6. 自我暴露

爱情带有更多的自我暴露的特点，恋爱双方会袒露自己的真实面貌，包括思想、感情、学识、能力等。这种自我暴露是爱情关系深度的指标，感情越深，双方自我暴露的深度和广度越大。通过自我暴露，恋爱双方能够更深入地了解彼此，增进感情，促进关系的进一步发展。

三、大学生常见的爱情心理困扰

（一）寂寞与爱情

许多大学生在大学生活中会感到寂寞、空虚和无聊。这种心理状态的产生主要源于以下几个方面：

① 环境适应问题导致的孤立感。大学生为了求学，常常远离家乡、亲人和朋友，置身于一个全新的环境中。这种环境的变迁往往让他们感到孤立无援，缺乏依靠。没有了亲朋的关爱与照顾，他们可能会一时难以适应新的生活环境，进而产生强烈的孤立感。

② 高期望与现实反差引发的失落感。在高中时期，大学生往往对大学抱有美好的憧憬和过高的期望。然而，当他们真正进入大学后，可能会发现现实与理想之间存在巨大的差距。这种差距让他们感到困惑和失落，甚至对学习和专业失去兴趣。

③ 自主时间管理不当造成的无聊感。与中学阶段相比，大学生活中的自主时间显著增多。然而，部分大学生由于习惯于中学生活模式，往往不知道如何有效安排自己的空余时间。这种时间管理上的不当往往导致他们感到空虚和无聊。在这种空虚、寂寞和无聊的心理状态下，一些大学生可能会不自觉地寻求异性知己，试图通过"爱情"来抚慰自己，寻求精神寄托，消愁解闷，打发寂寞时光。这种现象被称为"寂寞期的恋爱"。然而，这种基于寂寞和无聊而产生的恋爱关系往往缺乏坚实的基础，容易让人沉溺其中，但又极易失去。

（二）好感与爱情

在大学生异性交往中，好感与爱情是两种常见但又难以明确区分的情感。随着青年男女性发育的成熟和性心理的基本成熟，他们开始被异性所吸引，对异性产生好感，并寻求异性知己。这是生理成熟过程中的一种自然本能。

然而，在现实生活中，一些大学生往往难以区分好感与爱情，容易将男女间的相互吸引和好感误认为是爱情。虽然好感确实是爱情产生的重要前提，但并非所有的异性好感都能发展成爱情。

好感存在于异性之间，其范围是广泛的，其性质是无排他性的；爱情则是专一的、排他性的、具有性的吸引。好感只是一时出现的情绪体验，爱情则是在长时间相互了解中形成的稳定情感。

在面对异性交往中的情感困惑时，大学生应该保持理性思考，明确自己的真正需求和期望，避免因为一时冲动而做出错误的决定。同时，他们也应该学会倾听内心的声音，尊重自己的感受，勇敢追求属于自己的真正爱情。

（三）友谊与爱情

爱情与友谊，作为人类情感中两种深厚的联结，确实存在诸多共通之处，如均源自好感，都能在相互交往中促进个人成长，且都蕴含着给予的精神。然而，友谊与爱情之间亦存在显著的界限，这往往让许多大学生感到困惑。

在异性相处中，一个细微的动作、一个眼神或一句关怀的话语，都可能被赋予特殊的意义，使得友谊与爱情的界限变得模糊。为了更清晰地辨析这两者，我们可以从人际关系的发展过程入手。交往双方的人际吸引通常经历互不相识、开始注意、表面接触、建立友谊到亲密关系等阶段。当关系停留在第四阶段时，通常表现为一般的异性友谊；而若发展至第五阶段，涉及更多内心世界的分享与性的吸引，则可能转化为爱情。

友谊与爱情的主要区别在于：

① 对象的广泛性与专一性。友谊可以存在于同性、异性、师生、亲子等多种关系中，而

爱情通常限于异性之间，具有排他性。

② 倾慕的指向。友谊主要基于对方的志趣、爱好、能力等特质，而爱情除此之外，还包含对异性本身的吸引，涉及性爱的层面。

③ 感情的强度、时间与范围。友谊通常表现为平和、坦诚的情感状态，可以是短暂或持久的；而爱情则是强烈、神秘且持久的，其空间范围相对较小，不容第三人介入。

（四）性与爱情

性与爱情的关系是大学生群体中一个敏感且常感困惑的话题。性是爱情的生理基础，而爱情的深化往往伴随着对性接触的渴望。然而，有爱不一定有性，有性也不一定代表就是爱。爱情中的性行为是恋人之间表达爱意的一种方式，但过于追求形式上的亲密行为并不能说明爱情的深度。真正的爱情应基于内心的真挚情感，而非轻浮的恋爱态度或不良行为。

（五）给予、索取与爱情

爱情的基础是双方相爱，这要求恋人在情感上既要给予也要索取，形成有机的统一体。但是，大学生在处理给予与索取的关系时往往会感到困惑。一方面，他们追求纯粹的爱情，渴望恋人的奉献精神；另一方面，又受到现实社会负面因素的影响，以庸俗、市侩的眼光看待爱情。

健康的恋爱关系应表现为给予与索取的平衡。恋爱者应避免片面地认为爱情就是让对方奉献、自己享受，或是一味奉献、不求回报。真正的爱情是付出与回报、给予与索取的完美结合，需要双方共同努力，相互理解、支持与包容。在恋爱过程中，双方应学会倾听对方的需求，尊重彼此的感受，共同营造和谐、稳定的恋爱关系。

阅读与思考

最大的麦穗

著名哲学家柏拉图曾问他的老师苏格拉底什么是爱情，老师就让他先到麦田里去摘一颗最大最黄的麦穗来，条件是只能摘一次，并且只可以向前走，不能回头。柏拉图按照老师说的去做了，结果他两手空空回到老师身边。老师问他为什么没摘到麦穗，他说："因为只能摘一次，又不能回头摘，其间即使见到最大最黄的，因为不知前面是否有更好的，所以就没摘；走到前面时，又发觉总不及之前见到的好，原来最大最黄的麦穗早已错过了。于是我什么也没摘到。"苏格拉底说："这就是爱情。"

思考：

这则爱情的哲学故事说明了什么哲理？

阅读与思考

友谊还是爱情

一个有恋人的男生，他还有一个很要好的女同学，他为有这样一个开朗活泼、无话不谈的女同学而高兴。开始时，他觉得他们只是异性间的友谊，可是渐渐地，他感到疑惑：他和这位女同学所分享的内心世界比恋人还多，他们的关系是不是已经超出了友谊的范围，已具有爱情的成分？请你根据所学内容和下面的理论帮助他判断。

日本青年心理学家曾对异性间的友谊和爱情做过区分，他认为二者有五个方面的不同：

① 支柱不同。友谊的支柱是理解，爱情的支柱是感情。

② 地位不同。友谊的地位是平等的，爱情的地位是一体化。

③ 体系不同。友谊的系统是开放的，爱情的系统是关闭的。

④ 基础不同。友谊的基础是信赖，爱情则纠缠着不安和期待。

⑤ 心境不同。友谊充满"充足感"，爱情则充满"欠缺感"。

心理自测

爱情态度量表（LAS）

指导语：该量表主要是想了解你对爱情所持的态度。题目中的"他／她"，是指目前与你密切交往的男／女朋友（请以你目前的恋人为回答依据；若目前没有恋人，请就上任对象作答；若没有谈过恋爱，也请你想象一下再作答）。请针对每一题项所叙述的情形，写出最能反映你实际状况的数字。其中"完全不符合"记1分，"不符合"记2分，"没意见"记3分，"符合"记4分，"完全符合"记5分。

1. 我和他／她属于一见钟情型。

2. 我很难明确地说我和他／她是何时从友情变成爱情的。

3. 对他／她做承诺之前，我会考虑他／她将来可能变成的样子。

4. 我总是试着帮他／她渡过难关。

5. 和他／她的关系不太对劲时，我的身体就会不舒服。

6. 我试着不给他／她明确的承诺。

7. 在选择他／她之前，我会先试着仔细规划我的人生。

8. 我宁愿自己痛苦，也不愿意让他／她受苦。

9. 失恋时，我会十分沮丧，甚至会有自杀的念头。

10. 我相信他／她不知道我的一些事，也不会受到伤害。

11. 我和他／她很来电。

12. 我需要先经过一阵子的关心和照顾，才有可能产生爱情。

13. 我和他／她最好有相似的背景。

14. 有时候，我得防范他／她发现我还有其他情人。

15. 我和他／她的亲密行为是很热情的且很令我满意。

16. 我有时会因为想到自己正在谈恋爱而兴奋得睡不着觉。

17. 我可以很容易、很快地忘掉过往的恋情。

18. 他／她如何看待我的家人是我选择他／她的主要考量。

19. 我希望和曾经相爱的他／她是永远的朋友。

20. 当他／她不注意我时，我会全身不舒服。

21. 我和他／她的爱情关系是最理想的因为是由长久的友谊发展而成的。

22. 我觉得我和他／她是天生一对。

23. 自从和他／她谈恋爱后，我很难专心在其他任何事情上。

24. 他／她将来会不会是一个好父亲／母亲是我选择他／她的一个重要因素。

25. 除非我先让他／她快乐，否则我不会感到快乐。

26. 如果他 / 她知道我和其他人做了某些事，他 / 她会不高兴。

27. 我和他 / 她的感情、亲密行为进展得很快。

28. 我和他 / 她的友情随着时间逐渐转变为爱情。

29. 当他 / 她太依赖我时，我会想和他 / 她疏远一些。

30. 我通常愿意牺牲自己的愿望，达成他 / 她的愿望。

31. 我和他 / 她的爱情是一种深刻的友情，而不是一种很神秘的情感。

32. 他 / 她可以任意使用我的东西。

33. 我和他 / 她非常了解彼此。

34. 当我怀疑他 / 她和其他人在一起时，我就无法放松。

35. 他 / 她如何看待我的职业会是我选择他 / 她的一个考量。

36. 他 / 她的外貌符合我的理想标准。

37. 我享受和他 / 她及一些不同的情人玩爱情游戏。

38. 当他 / 她对我发脾气时，我仍然全心全意、无条件地爱他 / 她。

39. 在和他 / 她深入交往之前，我会试着了解他 / 她是否有良好的遗传基因。

40. 为了他 / 她，我愿意忍受任何事情。

41. 如果他 / 她忽略我一阵子，我会做出一些傻事来吸引他 / 她的注意力。

42. 我和他 / 她的爱情关系是最令人满意的，因为是由良好友情发展成的。

计分方法：

把每个爱情类型上所有项目的得分相加，即为相应爱情类型的得分。说明：得分越高的类型越趋于你的爱情态度类型，如果分数相同，可视为多重爱情态度类型。

爱情类型	题目	说明
浪漫型	1、7、13、19、25、31、37	最注重的是对方的外表和身体的接触；只要是好看的，就容易跟对方坠入情网
游戏型	2、8、14、20、26、32、38	视爱情为游戏，爱情的关系短暂，经常更换对象，承诺在这种类型的人身上几乎看不到
同伴型	3、9、15、21、27、33、39	感情发展细水长流，平静而祥和，通常刚开始时都只是好朋友的关系，后来才慢慢从相知友谊发展成爱情
现实型	4、10、16、22、28、34、40	这种类型的人选择对象以理性条件的考虑为主，诸如教育背景、经济能力、社会地位、共同兴趣等
占有型	5、11、17、23、29、35、41	这种人占有欲和嫉妒心强烈，关系也有如风暴，起伏不定，对方一点爱意的表示就会让他狂喜，一点点降温或关系出现点小问题就痛苦不已
奉献型	6、12、18、24、30、36、42	与占有型相反，这种类型的人为爱人完全付出自己，关心对方而不求回报。这种人极有耐心、不要求对方，甚至不嫉妒

第三讲　失恋后的自我调适

> **导　语**

如今，大学校园的恋爱现象成为大学校园里的一道独特的风景线。许多大学生在寒窗苦读的同时，品味着人生美好的爱情甘露。与社会上其他人群相比，大学生恋爱呈现出独特的特点：恋爱现象的普遍性、恋爱方式的公开性、恋爱行为的随意性、恋爱消费的攀比性等。同时大学生恋爱中也会出现一些心理问题，遭遇一些挫折。了解这些对大学生正确对待恋爱行为，慎重选择恋爱对象，有效应对感情挫折，增强恋爱中的道德感、责任感等，具有指导意义。

> **案　例**

某女生，20岁，大三学生。同学陪她第一次走进心理咨询室时，她满眼流露出抑郁的神情，表情单一、木然、一言不发。当问她需要什么帮助时，她的同学说："她失恋了，很痛苦，不能自拔。"听到同学的话，她一下子失声痛哭。稍后，她平静下来，述说自己失恋的经历。她说："我失恋了，很痛苦，就是走不出来。失恋是因为我处理不当造成的，我对不起他。"在咨询中发现，其实对方并不真心爱她，她只不过是填补心灵空虚的一个过客而已。当对方发现两个人并不合适时，提出了分手。她也感觉到对方对她的感情并不深，两个人的个性也合不来，但还是有一种被抛弃的感觉，感到不被珍惜与尊重。于是，她不甘心，去找对方问个究竟，结果引起对方反感，对方说的话太重，又伤害了她。此后，她认为本应该给对方留下好的形象，结果事与愿违，因此很自责、非常恨自己。第二次仍是同学陪她走进心理咨询室的，她眼中的抑郁神情少了许多，但仍跳不出自责的圈子，她也明白是自己在折磨自己。通过又一次的心理疏导，她脸上终于露出灿烂的笑容，并答应重新认识自己、评价自己、学会改变自己。这是失恋导致的低自尊，是对自我价值的全盘否定。

> **启　示**

恋爱是美好的，失恋则是痛苦的经历。如同案例中的女生，失恋的痛苦主要是来自对自我价值的否定。这是一种扩大化的非理性情绪。如何面对爱情挫折，每一个人都需要学习。

> **学习认知**

一、大学校园恋爱的特点

与社会上其他人群相比，大学生恋爱具有以下特点：

（一）恋爱现象的普遍性

当前，大学校园里恋爱现象越来越普遍。从日常生活中也能明显感受到，身边的同学对恋爱话题的讨论热情高涨。宿舍夜谈时，恋爱经历、心动瞬间、择偶标准等都是热门话题；课堂上，偶尔也会听到以恋爱为主题展开的轻松调侃。许多大学生对于恋爱持开放且积极的态度，将其看作大学生活中可能会经历的一部分，有不少大学生主动寻求恋爱机会，期待能在大学时光里邂逅一段美好的感情。由此可见，大学生恋爱在如今的校园中是较为普遍的现象。

（二）恋爱方式的公开性

随着观念的日益开放和社会环境的宽松，大学生的恋爱方式正经历着显著的转变。如今，恋爱不再是需要遮掩或回避的"秘密"，而是可以自然、大方地公之于众的情感交流。大学生们不再因恋爱而担心受到嘲讽或批评，也不再过于在意周围人的议论。

在校园中，我们可以看到许多大学生情侣公开、亲密地交往和相处。他们出双入对，形影不离，在图书馆、教室、餐厅、操场、人行道等公共场所相依相偎，展现出彼此间的深厚感情。这种恋爱方式的公开性，不仅体现了大学生对情感的坦诚和自信，也反映了他们对自由、平等的追求。

然而，值得注意的是，有些大学生在展示感情时可能过于形式化，过分注重表面的亲密行为，这种倾向可能导致恋爱关系的肤浅和不稳定。针对部分大学生在校园中表现出的过分亲昵行为，一些高校已经制定了"禁止男女交往不得体"的文明规范。这些规范的出台，旨在维护校园的文明秩序，促进大学生健康成长。大学生应当树立正确的恋爱观念，以健康、理性的方式对待感情，在享受恋爱自由的同时，也注重恋爱关系的深度和质量，共同营造一个健康、文明的校园环境。

（三）恋爱观念的开放性

早年间，大学毕业生中不乏为了爱情坚定不移，甘愿牺牲自我，与恋人共赴天涯的深情故事。离校时刻，大学生恋人间的难舍难分、泪眼相送的场景屡见不鲜，更有以事业为纽带，携手共赴艰苦地区的壮丽篇章。然而，时至今日，大学生的恋爱观念已悄然发生变化，从昔日的注重恋爱结果转向了更加注重恋爱过程的体验。

"大学时期谈恋爱，或悔四年；不谈恋爱，则憾终生"的口号在一些大学生中流传，这种观念促使许多年轻人宁愿承担四年的后悔，也不愿错过可能的一辈子遗憾，于是匆忙投身于恋爱的行列。部分大学生将恋爱视为一种即时的情感体验，追求刺激，满足精神享受；也有大学生视恋爱为排遣寂寞、填补空虚的手段，将其当作大学生活的"调味品"。

在多重因素的交织下，"不求天长地久，但求曾经拥有"成为部分大学生的恋爱信条。这种"过程体验"观念在大学生群体中盛行一时，其最高境界便是"快乐原则"与"和谐原则"。对他们而言，恋爱失败不过是生活经验的积累，无甚大碍。然而，抱持这种心态恋爱的人终将发现，所谓的"快乐"不过是肤浅的享乐，所谓的"和谐"不过是廉价的契约。当恋爱失去了爱情的本质，最终只会让人感受到过程的空洞与虚无。大学生要树立正确的恋爱观念，珍惜每一段感情的真实与纯粹，让恋爱成为人生旅途中一段美好而深刻的经历，而非浅尝辄止的享乐或利益的交换。

（四）恋爱消费的攀比性

恋爱中的大学生为了增加思想的交流和情感的沟通，总是寻找机会经常约会。过去的大学生约会的场所多在校园中，如今大学生约会的普遍倾向是走出校门，面向社会。公园、歌厅、咖啡厅、茶楼、餐馆等是大学生恋人选择的理想场所；电话、短信是大学生恋人的红线；小礼物是大学生恋人表示关爱和温情的"代言"；外出游玩是大学生恋人的时尚追求。他们购物出手大方，力求给对方以慷慨、潇洒的良好形象。这些现象势必引起大学生恋爱消费的攀升，这对于尚无独立经济来源、依靠家庭供养的大学生来说，往往造成心理和生活压力。

（五）失恋承受力低

大学生中"有情人"虽多，但"成眷属"者却少，这就难免产生一批失恋大军。北京某大学的调查显示，主张"不成恋人成朋友"的为49%，"化悲痛为力量，发奋学习驱散痛苦"的为36.5%，"找新的对象抚平创伤"的为10.5%，"报复对方"的为2.4%，"悲观厌世"的为1.6%。这表明大多数大学生能够正确对待失恋，对待自己和对方都采取宽容态度，尊重对方的选择。但仍有部分失恋的学生摆脱不了"感情危机"，有的失恋后很痛苦，不知道该怎么办；有的失去信心，放弃对爱情的追求，立下誓言"横眉冷对秋波，俯首甘为光棍"；有的产生轻生念头；有的采取过激行为，报复对方，报复社会。因失恋而失态、失志、失德者，也不乏其人。

二、大学生恋爱中常见的问题

（一）恋爱动机功利化，缺少真诚

大学生根据环境不同和自己的需要不同，有着不同的恋爱动机。有的恋爱者带着对婚姻和家庭的一种憧憬；有的恋爱者是为了找一份感情的寄托，打发空虚无聊的生活，填补内心的孤独与寂寞；有的恋爱者是出于从众心理、攀比心理；有的恋爱者是为了抚平心灵曾经的创伤；还有的认为大学时期不谈恋爱会后悔一辈子，所以一定要谈一场恋爱。

大学生中的"寂寞期恋爱""痛苦期恋爱""攀比性恋爱"等多半不是因为有了爱情而恋爱，而是因为生活单调寂寞或心情烦闷，或因为虚荣心等。这些大学生恋爱时往往不负责任、不严肃，或视恋爱为游戏。

恋爱动机的纯洁和健康是爱情稳固发展的基础，也是恋爱关系和谐进行的重要保障。缺乏真挚感情的恋爱如同缺乏养分的幼苗，往往难以茁壮成长，易于夭折，或呈现出发展不良的迹象，甚至可能引发一系列不良后果。

（二）公共场所过度亲密，缺乏素养

在恋爱关系中，恋人的言谈举止是其文明修养与心理成熟度的直接体现，是影响恋爱成功与否的重要因素之一，同时也决定了亲密行为在恋爱中的表达方式存在着高雅与粗俗的差异。高雅的表达能够激发爱情中的愉悦感，产生积极的心理效应；相反，粗俗的表达则可能导致情感的疏离，带来消极的心理后果。

随着恋爱双方感情交流的加深和心理相容度的提升，某些亲密行为自然而然地发生。然而，在校园这一特定环境中，尤其是在公共场所，毫无顾忌地过度亲密不仅损害了爱情的纯洁与尊严，还可能引发他人对恋爱者形象的负面评价，也不利于恋爱者的心理健康。

大学生在恋爱过程中应格外注意表达方式的选择，需根据场合的不同而有所区分，尊重恋人的感受，把握好亲密行为的分寸。这样的行为既符合大学生的身份特征，又能展现出良好的精神风貌。

（三）依赖虚拟网恋，与现实脱轨

当前，网恋现象在大学生群体中相当普遍，且呈现出比例高、公开化、轻率及速成等特

点。不少大学生在仅仅聊过一次天或互发几封邮件后，便迅速陷入一见钟情、相见恨晚的境地，草率地确立网上恋爱关系。一首流传的"十日歌"形象地描绘了这种速成的网恋过程："一日网上初遇，二日情愫暗生，三日难舍难分，四日信息频传，五日情意渐浓，六日相约见面，七日月下花前，八日泪眼相对，九日争执初现，十日缘尽情断。"

网恋不仅使大学生深陷虚拟世界的泥沼，严重影响其学习和生活节奏，还导致他们减少了与现实世界中老师、同学间的交流，不愿参与集体活动，性格逐渐孤僻。长此以往，可能会引发严重的人格问题。更为严重的是，一旦网恋遭遇欺骗，大学生往往会遭受巨大的心理打击，甚至留下难以磨灭的心理阴影。

大学生要理性看待网恋，避免盲目投入和轻率决定。在追求爱情的过程中，应更加注重现实交往中的了解和沟通，以建立健康、稳定的恋爱关系。

三、失恋及其自我调适

（一）失恋后的消极反应

恋爱是甜蜜的，失恋却是痛苦的。面对失恋，有的人能够调节自己的情感，管理自己的行为，尽快从失恋的痛苦中解脱出来；有的却在痛苦的深渊里越陷越深，日渐消沉，出现以痛苦情绪、绝望体验和难堪心理为特征的所谓"失恋症候群"。

① 消沉反应。失恋者在失恋挫折的巨大心理压力下，在失败及自卑感的心理阴影下，可能陷入痛苦的情绪中不能自拔。他们对什么都提不起劲，也看不到生活的希望，心灰意冷、郁郁寡欢。

② 自责行为。有的大学生在失恋后过分自责，把一切过错都归结于自己，从而陷入悔恨的痛苦深渊之中而不能自拔。

③ 破坏性行为。原本顺利的恋爱进程突然有了变故，容易引发失恋者破坏性行为。当失恋者无力摆脱失恋的痛苦又不敢面对现实的时候，他们会产生极度的绝望感。有的大学生因失恋而自暴自弃，对自己的行为不加约束，故意放纵自己或借酒浇愁，对他人的关心不予理睬，表现得不近人情；有的学生因失恋而绝望、厌世，导致自伤、自残甚至自杀行为。

（二）失恋后的自我调适

面对失恋的苦楚，应如何应对？

1. 理性面对失恋痛苦

当遭遇失恋的痛苦时，首先要冷静客观地分析失恋的原因，而非一味地沉溺在痛苦的回忆中无法自拔。失恋的原因复杂多样，可能源自个人、对方或外部环境。

若分手原因是双方性格不合、志趣相异，导致思想观点和处事态度常有冲突，那么分手或许是一种解脱，值得庆幸。若对方恋爱动机不纯，仅仅是为了寻找精神寄托、填补生活空虚或追求异性刺激，这样的爱情本就缺乏珍惜的价值。若对方过分看重容貌、家庭经济状况、出身门第等次要因素，并以此作为择偶条件，认为双方门不当户不对，那么这样的爱情基础本就值得质疑。

若失恋源于自身缺点过多、自控能力差或经验不足，导致失去恋人的喜爱，那么应从中吸取教训，认真总结经验，努力提升自身素质，从失败中汲取力量，迅速走出情感困境。

同时，我们还需理性分析失恋后的得失。失恋后，我们到底失去了什么？是一个人？一种生活？一种希望或理想？还是自己的尊严、信心或面子？如果失去的仅仅是面子或虚荣，那么这种结果或许并非坏事。而失恋后，我们又得到了什么？是宝贵的经验？新的选择机会？找回了自我？还是重拾了自尊？如果这样看，失恋反而可能是一件好事。

2. 学会换位思考

换位思考是指尝试站在对方的立场和角度去审视失恋问题。失恋的双方设身处地为对方着想，有利于理解对方终止恋爱关系的原因。通过换位思考，能冷静地觉察对方与自己的恋爱关系及其发展进程。如果认为恋爱关系还有可能继续，那么不妨主动做出一些让步或解释；然而，如果双方的隔阂确实无法消除，且双方都不愿或无法做出改变，那么分开就是难以避免的了。在这种情况下，我们需要理智地接受失恋的现实。尽管这可能会带来痛苦和失望，但接受现实是走出困境的第一步。学会换位思考，我们能够更加平和地面对失恋，减少不必要的争执和怨恨。

3. 适当倾诉宣泄

经历失恋的大学生不要独自把痛苦埋藏和压抑在心底，更不要时常独自品味。失恋后可以找亲朋好友倾诉一番，将烦恼、怨恨、忧愁与不快宣泄出来，以减轻心里的负担；也可以用写日记的方式把失恋的心情诉诸笔端，或者大哭一场，这样有助于缓解失恋带来的心理压力，恢复心理平衡。但是宣泄也要有度，无休止地抱怨会让自己沉溺于消极的情绪中，不断地强化自己的消极情绪。如果感到负面情绪实在难以排解，就有必要寻求心理咨询的帮助。

4. 理解个体差异

在情感世界中，每个人都拥有独特的恋爱模式。我们常常不自觉地假定，伴侣的恋爱模式、对爱情的理解与追求，尤其是表达方式，与我们高度一致，但现实往往并非如此。在亲密关系中，个体间存在着显著的差异，学会理解这些差异，对建立和谐美满的恋爱关系至关重要。

① 个体在爱的需求上存在差异。通常，有人渴望得到伴侣的信任、接纳、欣赏、感激、赞美与鼓励，这些是他们情感满足的重要来源；而有的人则更看重伴侣的关心、理解、尊重、认同、专一以及承诺，这些构成了他们情感安全感的基础。

② 个体在爱的计分方式上各不相同。有人倾向于将大事视为高分值，小事则相对低一些，因此他们可能更专注于为伴侣完成一些大事；而有的人则更看重日常生活中的小事，他们希望伴侣能在这些细节上持续展现关爱。

③ 面对压力时，个体的应对方式有所不同。有人更倾向于独自寻找安静的空间，通过独处来平复情绪，而非勉强自己倾诉；而有的人则渴望伴侣倾听他们的感受，寻求情感上的共鸣，而非直接的分析和建议。

④ 在选择伴侣时，个体的谨慎程度也有所差异。有人可能更加挑剔和谨慎，他们更难轻易陷入爱河，在择偶过程中更加注重细节和对方的品质。

理解这些个体间的情感差异，不仅能帮助我们更好地理解伴侣的行为和需求，还能促进双方更加有效地沟通和相处，让恋爱关系更加稳固地发展。更重要的是要认识到，这些差异源于每个人的独特性格和经历，我们应尊重并欣赏彼此的差异，共同创造和谐美满的爱情。

5. 学会情感升华

情感升华是一种积极的心理调适策略，它在失恋者的心灵重建中扮演着至关重要的角色。一方面，它通过转移或淡化失恋者原有的负面情绪，帮助个体恢复心理平衡，避免沉溺于痛苦之中无法自拔；另一方面，情感升华能够创造出正面的能量与价值，有利于个人的内心成长。

因此，对于失恋者而言，将注意力从失恋的阴霾中抽离，转而投入学习、个人发展以及更高层次的人生追求中去，把失恋引起的挫折感升华为一种奋发向上的动力，把恋爱后的痛苦转化为自我鞭策、自我激励的力量。

车尔尼雪夫斯基说："爱一个人意味着什么呢？为他的幸福而高兴，为使他能够更幸福而去做需要做的一切，并从中得到快乐。爱情的意义就在于帮助对方提高，同时也提高自己。唯有那因为爱而变得思想明澈、双手矫健的人才算爱着。"大学生要树立正确的爱情观，走出爱的误区，让爱情成为促进自己提高的美好动力。

阅读与思考

蜜蜂与鲜花

玫瑰花枯萎了，蜜蜂仍拼命吮吸，因为它以前从这朵花上吮吸过甜蜜。但是，现在在这朵花上，蜜蜂吮吸的是毒汁。

蜜蜂知道这一点，因为毒汁苦涩，与以前的味道是天壤之别。于是，蜜蜂气愤不过，它吸一口就抬起头来向整个世界抱怨：为什么味道变了！

终于有一天，不知道是什么原因，蜜蜂振动翅膀，飞高了一点。这时它发现，枯萎的玫瑰花周围，处处是鲜花。

思考：

当爱情遭遇挫折时，应该如何面对？

心理训练

当爱情走到尽头

邀请两位同学扮演一对恋人，模拟分手场景（可提前准备台词或即兴发挥）。其他同学观察双方的语言表达、情绪反应及应对方式。

一、互动讨论环节

1. 分组讨论以下问题：

扮演者是否清晰传达了分手原因与情感？

双方是否表现出尊重与同理心？

哪些行为可能加剧冲突或伤害？

2. 每组派代表分享观点，总结有效沟通技巧。

二、自我探索

1. 表达练习：

准备纸笔，请同学匿名完成以下任务。

若有失恋经历，描述当时的应对方式及效果（如倾诉、转移注意力、自我反思等）。

若无相关经历，设想可能采取的办法（如运动、艺术创作、寻求支持等）。

2. 分组讨论各方法的优缺点，并思考：

如何避免消极应对（如过度自责、封闭自我）？

哪些方法能促进自我成长？

第十篇

大学生的性心理

第一讲　性心理发展及表现

〈 导　语

　　性，这一蕴含深厚人性内涵的主题，始终伴随着人类的成长与发展。对于正处于性成熟关键阶段的大学生而言，性不仅是生理上的成熟标志，更是心理探索与自我认知的重要领域。大学生们，怀揣着对性的好奇与探索欲，渴望深入了解这一神秘而又复杂的领域。然而，由于性教育的缺失或不足，许多大学生在性的认知上存在着误区与困惑，这无疑对他们的身心健康构成了潜在威胁。

　　因此，针对大学生的性健康教育显得尤为迫切与重要。它不仅仅关乎性生理知识的传授，更是一项塑造健康人格、培养正确性观念与性态度的教育工程。通过科学的性健康教育，大学生们可以更加理性地看待性，消除不必要的恐惧与焦虑，学会如何保护自己、把握自己，以及如何培养与呵护自己的爱情。同时，性健康教育还有助于大学生树立正确的性道德观念，提高他们的身心健康水平，为未来的婚姻家庭生活奠定坚实的基础。

〈 案　例

　　因为无知，性显得神秘莫测，激发了我们的好奇心，所以想去了解，大学生性健康修养这门课程给了我们答案。起初，我们几个女生鼓起勇气才选择了这门课，毕竟性话题常被视为难以启齿的禁忌。然而，当我们身处教室，身为大学生坐在那里聆听教授的讲解时，才猛然意识到自己的无知，并体会到选择这门课程接受教育的正确性和必要性。

　　青少年时期，我们对生理上的各种变化充满好奇，同时也伴随着疑问和恐惧。然而，这些困惑往往得不到及时的解答和正确的指导，我们只能在生活中自行摸索，慢慢自我调适。很多时候，这种自我摸索会导致生理和心理上的误区。

　　回想起小时候，问妈妈自己是从哪里来的，得到的答案往往是诸如"从路边捡回来的"或"从花园里抱回来的"之类的玩笑话。到了青春期，第一次月经的来临更是让许多女孩子惊慌失措、烦恼不已。生理的变化引发了心理的变化，男孩女孩之间为了避免所谓的"流言蜚语"，逐渐变得疏远。

　　这一切的根源在于我们缺乏相应的性健康教育。我们曾用沉默来掩饰那份好奇和不知所措，来掩饰渴望交流的心情。但如今，我们已成为大学生，少了以往的羞涩、无知与拘谨，多了些成熟、稳重与自然。然而，在性知识方面，我们依然无知——如何保护自己、把握自己？如何培养并呵护自己的爱情？

　　我们渴望拥有幸福美满的一生，但对于如何实现这一目标，我们并不十分清楚。我们仍处于一种模糊朦胧的状态之中，感到迷茫和无助。因此，我们需要得到正确的引导、教育与启发。希望大学生性健康修养这门课程能为我们指引方向，让我们在性健康方面更加成熟、理智和自信。

启　示

无知者无畏。因为对性的一知半解甚至无知，所以不知道怎样保护自己，把握自己。性教育在我国目前的开展程度确实存在不足。心理健康课上的性教育重在强调与之有关的社会伦理道德，使学生在潜移默化中对性形成一个客观正确的认识，避免从不良途径获得不正确的性知识。

学习认知

性，一个神秘的字眼儿，一个经常出现在人们的头脑中但又不能坦然面对的字眼儿，一个带给人们各种不同感受的敏感的字眼儿。由于受传统观念的影响，一谈到性，有些大学生表现出十分紧张、尴尬、敏感、羞怯或是快乐、美好、享受、舒服等许多感受。不同的感受，反映了不同的人对性不同的认识。那么，究竟什么是性呢？当前大学生性心理发展现状又如何呢？

一、大学生性心理发展现状

青年大学生的性生理已发展成熟，性心理的发展也基本上是积极、健康的，主要表现在以下方面：

首先，在性教育方面，"性"话题已不再是难以触及的禁地。大学生们能够通过《生理卫生》教科书、心理健康教育课程及讲座等学校正式教育渠道，以及媒体、网络等多种信息来源，获取丰富的性生理卫生和心理卫生知识。这种知识的普及使得大部分学生逐渐树立了科学的性观念。

其次，大学生在性别角色的认知上也展现出逐渐成熟和理性的趋势。男生不再局限于"大男子主义"或"妻管严"的极端观念中摇摆不定，女生也不再在"抗拒女性角色"或"盲目复归传统"的两极间跳跃。无论是男生还是女生，他们的主体意识都在不断成长和成熟，能够以批判继承的态度看待传统性别角色规范，同时以开放的心态接纳现代性别角色的生活方式。这种变化不仅提升了他们的性别平等意识，还能促进性别角色的多样性和包容性。

然而，大学生的性心理困扰也不容忽视。例如，性生理的成熟可能引发一系列心理困扰，包括对身体变化的焦虑、对性行为的恐惧或困惑等。此外，对自己身体性征的感知和评价也可能成为心理困扰的来源，一些人可能因对自己的身体形象不满意而产生自卑或焦虑情绪。同时，性意识的觉醒也可能带来一系列心理挑战，如对性关系的期待与现实的冲突、对性道德的困惑等。

二、了解性的科学知识

（一）性是什么

请同学们写下看到"性"这个词之后你所联想到的词。当写出这些词后，你有何感想？

1. 性是人的自然属性与社会属性的统一

性是一个含义极多、涉及学科极广的概念，它在不同学科中都有自己各具专业特点的解释。实际上性既是一种生理现象，又是一种社会现象，同时也是一种心理现象。

作为自然属性的性，是指男女在生理结构上的差异和人生来就具有的性欲望和本能，它是人类生存和繁衍后代的必要基础条件。

而作为社会属性的性，则是性的本质体现。人的性需要，不仅包括生理性需要的内容，也包括社会对性需要的规范。人的性行为必须通过婚姻、经济、法律、道德等方面的规范才能实现。性是人的自然属性和社会属性的统一体，性的社会属性是人类文明进步和发展的本质。

2. 性具有不同层面的含义

性通常可以分为性心理、性生理、性行为三个方面。

性心理是指在性生理的基础上与性征、性欲、性行为等有关的心理过程，也包括了与异性交往和婚恋等行为的心理状态。

性生理是性心理发展的生物学基础，性生理发育的障碍或缺陷会使性心理发展出现偏差；性行为是性心理的外在表现；而性心理则是性的核心。

性行为对于人类是一种自然的本能行为。一般说来，性行为可从不同角度进行分类。

从性行为的对象来分，在性行为中的性对象指向异性是一种普遍的性行为——异性恋；指向同性，则是同性恋。

从性行为的方式来分，性交是性行为，手淫也是性行为；身体密切接触，如恋人间拥抱、接吻、爱抚等是性行为，非触觉的接触如露阴、窥淫等也是性行为。

（二）性心理发展理论

1. 国外学者的性心理发展理论

弗洛伊德曾提出过一个著名的性心理发展模式，把性理解为广泛的身体快感，并按身体快感区的特点描述了性心理的发展。在弗洛伊德看来，性心理的发展大致经历六个阶段：

（1）口腔期（1岁以内，婴儿期）

在这一时期，婴幼儿通过吸吮母亲的乳房不仅满足对食物的需要，还因此感到快感满足和安全。这一时期性表现的三大特征是："性快感的来源同身体中维持生命不可缺少的寻食功能密切相关；尚不知有性的对象，是一种'自体享乐'；性目的受快感区的直接控制。"这一时期最大的心理危机是断奶。

（2）儿童早期（1～3岁，肛门期）

在这一阶段，婴儿从排泄活动中得到极大的快乐。这一阶段的主要任务是通过按时大小便的训练培养幼儿的自我控制能力。如果这一阶段父母过分关照，自律性发展和适应环境的能力受到抑制，就会造成自我怀疑、依赖别人、不能接受自己的真实情感等人格冲突。

（3）学前期（4～5岁，性器官阶段）

性别认同开始形成，对生殖器格外好奇，对两性差异有浓厚兴趣。对父母异性一方产生爱恋情结。在这一阶段，儿童人格、性别同一性、道德良心都开始形成了，这是人生发展的最重要阶段。

（4）学龄期（6～12岁，潜伏期）

性的兴趣下降，开始发展对学校、游戏同伴、体育运动等新的兴趣，获得勤奋感，具有乐于学习、富有好奇心、有坚强的毅力等特征。对异性漠不关心，游戏时大多寻找同性伙伴。

（5）青春期

在青春期，性腺的成熟增加了力比多的冲动，如果这一时期的心理冲突得到了圆满的解决，个体就会将力比多能量转向家庭之外的某人身上，开始成熟的异性恋。

（6）生殖期

在弗洛伊德看来，只要能成功地解决以上所有性心理阶段的冲突，个体就能达到一种完美的境界，在性、社会关系和心理健康方面都是成熟的，具有坚强的自我，能够控制不适宜的性冲动。弗洛伊德认为，这种严格意义上的健康并不多见。

2. 我国学者对性意识发展阶段的划分

（1）异性疏远期

这一时期大多是在 12～13 岁。第二性征的出现，使少男少女们出现了羞涩感。他们把异性的差异和彼此之间的关系看得很神秘，担心别人看到自己在性征上的变化，认为男女接触是很羞耻的事，也害怕与异性接近遭到别人的耻笑。因此他们封闭自己，疏远异性，就连与自己平时最熟悉的异性的交往也变得不自然起来。他们这种对异性的疏远，主要是由于在心理上对异性朦胧的向往与羞涩感之间的矛盾造成的。

（2）异性接近期

进入青年期之后，随着性生理的发育成熟和个人阅历的增加，向往异性的朦胧感进一步增强，羞涩感减少，他们渴望了解异性，渴望接近异性。但这一时期，他们想接近的往往不是特定的某个异性，而是对异性存在的泛化的爱恋和憧憬，且注意的对象容易转移。由于女性进入青春期的年龄要比男性早些，因此女性对异性产生好感的时间一般要早于男性。此时男女之间的爱慕还只是异性间的吸引与好感，不能称为恋爱。

（3）恋爱期

随着青年男女性生理与性心理的成熟，他们已不再满足于对异性的泛化接近与好感，而是把爱慕的对象集中到某一特定的异性身上，更多地喜欢与自己爱恋的对象约会，而远离集体活动。他们通过频繁的约会和交谈，了解对方内在的性格、价值观及家庭情况，不断增强感情，寻求双方内外的和谐统一，并由恋爱逐渐走向婚姻。

（三）大学生的性心理特征

大学生的性心理有如下特征。

1. 本能性与朦胧性

大学生生理上日趋成熟，产生了心理上愿意接近异性的需求。但由于性心理不具有深刻的社会性，基本上是一种由生理上的急剧变化而带来的本能作用。往往是怀着好奇心，秘密地探求性知识，对异性的兴趣、好感及爱慕比较盲目和单纯。

2. 强烈性与文饰性

上大学期间，大学生的性心理由朦胧纷乱逐渐发展为性意识的强烈性。他们非常注重自己在异性心中的形象，非常在意异性对自己的评价，并会按照异性的希望进行自我评价，塑造自己的形象。但同时他们在表面上表现得不屑一顾，不愿意心中的想法被人察觉，会做出掩饰、回避的行为。

3. 冲动性与隐蔽性

青年时期是性欲望和性冲动最强烈的时期。这是正常的心理、生理发育现象，但由于性心理还未完全成熟，还未形成较稳定的性道德观和恋爱观，因而性心理发展很容易受外界不良影响而产生冲动。大学生又十分重视自己在异性心目中的形象和价值，往往不轻易吐露心中所思所想，因此其性心理还具有一定的隐蔽性。

4. 压抑性和宣泄性

大学生对异性接触的渴望与学校、家长、社会的严格规约或期望发生矛盾，一些人产生了强烈的压抑感，也有一些人的性能量以扭曲不良的方式进行宣泄，如"窥视癖"等。

从我国当代大学生性心理发展的总体情况看，其主流是好的、健康的。大多数学生能够较好地调节性欲望、性冲动，能正常地对待两性的交往，表现出符合社会规范的行为。

三、大学生性健康教育

性健康教育不仅是人们浅层理解的性生理教育，它还包括性心理、性道德和性法制等方面。不同年龄阶段的青少年，性健康教育的内容也有所不同。

1. 科学掌握性生理知识

性生理教育是我们理解男女生殖系统结构与生理功能的关键。作为大学生，尤其是非医学专业的学生，我们往往对性抱有神秘感和好奇心，这在很大程度上源于我们对性生理学常识的缺乏。积极学习性生理知识，不再成为"性盲"，掌握其系统性和科学性，是我们性健康教育的起点。

2. 提升性心理健康水平

性心理是我们运用科学的性学知识来解开性方面困惑的过程。大学生应当增强自身的自信心，克服不必要的恐惧与焦虑情绪。积极提升性心理健康水平，是我们大学生性健康教育的核心任务。

3. 树立正确性道德观念

性道德不仅是道德体系中的关键一环，更是指导我们性行为、调节两性关系的重要准则。我们应致力于培养正确的性价值观、健康的性道德品质和负责任的性态度。同时，性道德观念也将引导我们的恋爱关系及未来家庭的健康发展，使性行为趋于完善，达到美好升华的境界。

4. 深入了解性法制知识

性法制教育是我们大学生必须认真对待的重要内容。它不仅涉及相关法律的学习，更关乎我们在两性关系中行为合法性的认知。作为新时代的大学生，我们应当主动了解相关法律知识，明确哪些行为在法律上是允许的，哪些行为是违法的。通过学习性法制知识，我们能够增强自身的法治意识，也能让我们在两性关系中更加自信、从容。

5. 了解与掌握避孕知识

我们生活在一个信息开放、观念多元的时代，婚前性行为在国内外都并非罕见。然而，这并不意味着我们可以忽视避孕与优生知识的重要性。相反，正因为这一现实存在，我们更应该主动学习并掌握这些知识。

避孕知识的教育并非在鼓励或默认某种行为，而是为了帮助我们消除因性无知而产生的恐惧和焦虑。了解各种避孕方法的原理、使用方法和注意事项，参与学校或社会提供的避孕知识教育活动，阅读专业书籍等，提升自己的知识积累，这样我们才能在享受性自由的同时，也承担起对自己和他人负责的责任。

6. 了解性病与艾滋病预防知识

性病和艾滋病是威胁我们健康的重要疾病，主动学习性病与艾滋病预防知识显得尤为重要。我们应该通过正规渠道了解性传播疾病的主要类型、传播途径、社会危害以及预防策略，包括各种性病的临床表现、治疗方法以及预防措施，同时也要认识到艾滋病的严重性和不可治愈性，从而更加警觉地保护自己。同时，也要保持开放的心态，勇于向专业人士咨询和求助，建立起科学的性健康观念，为自己和他人的健康保驾护航。

阅读与思考

大学生艾滋病携带者——公开自己诠释生命

小亚，一个原本活泼快乐、学业优秀的大二学生，在22岁那年遭遇了人生的重大转折——她被诊断出从异国男友那里感染了艾滋病。这一消息如同晴天霹雳，将她从光明的未来推向了无尽的黑暗。

面对突如其来的疾病，小亚不仅要承受身体上的痛苦，还要应对周围人的非议和歧视。她深刻体会到了人们对艾滋病的无知和恐惧，以及由此带来的孤独和绝望。心理防线的崩溃，加上学校的劝退，使她陷入了前所未有的困境。

然而，小亚并没有选择沉沦。她决定以一种与众不同的方式面对艾滋病——公开自己的经历和病情。她希望通过自己的亲身经历，警示人们远离艾滋，珍惜生命。这一决定在网络上引起了广泛关注，但也招来了不少误解和指责。有人质疑她的动机，认为她是在作秀或炒作。但小亚深知，自己的选择并非为了名利，而是为了唤醒更多人对艾滋病的认识和关注。

在社会各界的帮助下，小亚最终重返校园，继续追求自己的梦想。她深知自己肩负的责任，决定用学到的知识为社会多做贡献。于是，她主动加入了北京一个所有工作人员都是艾滋病携带者的协会。在这里，她用自己的微薄之力，为协会的发展贡献着自己的力量。

阅读与思考

珍爱生命，拒绝性病

1975年，世界卫生组织（WHO）决定用性传播疾病这一概念来取代过去的性病一词。把凡是通过性行为，包括生殖器的性行为和类似的行为接触而发生的传染疾病称为性传播疾病。它包括：淋病、软下疳、尖锐湿疣、梅毒等。

艾滋病全称为获得性免疫缺陷综合征（AIDS）。这是由一种名为"人类免疫缺陷病毒"的致病性微生物所导致的性传播疾病。这种病主要损害人体免疫系统，破坏人体的抵抗力，使患者容易得上一些普通人不容易发生的严重传染病和恶性肿瘤，最后导致患者死亡。由于这种病是当代对人类威胁最严重的性传播疾病，因此被西方称为"20世纪的新瘟疫"——"超级癌症"。艾滋病病毒感染者虽然外表和正常人一样，但他们的血液、精液、阴道分泌物、皮肤黏膜破损或炎症溃疡的渗出液里都含有大量艾滋病病毒，具有很强的传染性；乳汁也含病毒，具有传染性。唾液、泪水、汗液和尿液中也能发现病毒，但含病毒量很少，传染性不大。

性病与艾滋病的危害深远且严重，主要体现在：它们严重损害人体健康，甚至危及生命；对人类的繁衍构成直接威胁，影响后代的健康与生存；同时，这些疾病也给世界经济带来沉重的负担。健康是人类最宝贵的财富，远离艾滋病及其他性病，我们每个人都应承担起保护自己的责任。这要求我们保持严肃的生活态度，洁身自好，避免高风险行为。了解艾滋病及其传播途径，主动切断潜在的感染渠道，降低感染风险。同时，尊重、理解与关爱艾滋病感染者，他们同样需要社会的温暖与支持。学习如何与艾滋病患者安全共处，掌握必要的防护知识，既保护自己，也避免无意中伤害到他们。

👥 思考：

列举你所知道的预防艾滋病的措施。

心理自测

测测你的性观念

请对下列问题回答"是"或"否"。

1. 你认为只要两情相悦就可以发生性行为吗？
2. 你不赞成同性恋吗？
3. 你认为电视检查制度过于严格吗？
4. 你喜欢看性主题电影吗？
5. 你厌恶杂志或报纸上刊出的裸体照片吗？
6. 如果不会有人看见，你会在自家庭院里做日光浴吗？
7. 即使有人看见，你会在自家庭院里做日光浴吗？
8. 瞧见邻居做日光浴，你会尴尬吗？
9. 你喜欢到海滩裸泳吗？
10. 你曾经裸泳吗？
11. 你厌恶电视上的裸体镜头吗？
12. 你厌恶色情服务业吗？
13. 家里有人喜欢裸体走动，你会觉得尴尬吗？
14. 如果让客人看到家人裸体走动，你会觉得尴尬吗？
15. 如果没人在家，光着身子从卧房或浴室走出来，你会觉得尴尬吗？

评分标准：

第1、3、4、6、7、9、10题答"否"得1分，其余题目答"是"得1分。

结果解释：

分数为10～15：你是一个性观念保守的人。大概是父母从小教育你，暴露自己的身体是可耻的，一个有教养的人不应该以性作话题。

分数为5～9：你固然有些性压抑的倾向，但不算太强烈——许多时候，你仍能以开放的眼光来看待这件事。

分数为4分及以下：你能够以开放的眼光来看待性，任何观念都能自在接受。

第二讲　大学生常见的性心理问题及自我调适

〈 导　语

"食色，性也。"人有性冲动的产生，有对性的生理和心理需求，并不是见不得人的事，更不是不道德的事。关键要看采用什么样的方式去满足性冲动和性欲望，以何种态度去对待异性之间的相互吸引。如果一个人到了生理上应该成熟的年龄，却没有性冲动的产生或者是对异性不感兴趣，反而可能是有生理问题或心理问题了。从心理健康的角度来说，单靠压抑是不能很好地解决青年人的性渴求的问题的，过分压抑还很可能会给人造成比较严重的身心损害。

性心理成熟与健康是心理健康的重要组成部分。作为大学生应该全面地理解性，坦然地面对性，正确地疏导性压抑，道德地把握性行为，要认识到性不仅意味着责任，也是自我成长的一部分。要学会自我保护，防止因为性给自己带来身体上和心理上的创伤。

〈 案　例

一位大三的女生，拥有着俏丽的容貌，但内心却承受着难以言说的困扰。她长期被无法自我控制的性幻想所困扰，这种困扰从高中时期就已初现端倪，但当时并未对其造成太大影响。然而，进入大学后，随着空闲时间的增多，以及接触到更多含有性爱描写的小说和影视作品，她的性幻想逐渐加剧，甚至开始影响到她的日常生活和学习。

她自述晚上常常因性幻想而失眠，做性梦，梦中的对象有时是书中的主人公，有时是校园里的同学和老师。这导致她在现实生活中见到这些同学和老师时感到羞愧难当。更糟糕的是，这种性幻想已经发展到白天也无法控制的地步，严重影响了她的听课效率。她虽然刻苦学习，但成绩始终不理想，这让她深感自责和懊悔。

她曾无数次尝试摆脱这种性幻想，但每次都以失败告终。这种无法控制的幻想让她觉得自己是个"坏女孩"，不配接受别人的爱。因此，她拒绝了所有追求她的男生，宁愿长期陷入痛苦和烦闷之中。

目前，她的处境非常糟糕，心情焦虑，记忆力明显下降，经常无缘无故地发脾气，事后又深感自责和内疚。这导致她与同学的关系紧张，甚至有人误解她患有精神疾病。

面对即将到来的毕业，她深感担忧和恐惧，害怕这种异常状态会持续下去。于是，她鼓起勇气寻求心理咨询的帮助。

〈 启　示

大学生性生理基本成熟，产生较强烈的性意识，有性幻想或性梦，这是正常的生理和心理反应。因为不了解这种现象，产生过分的自责和压抑，使这个女生的焦虑泛化到生活和学习的其他方面，造成各方面的困扰。

对于这位女生来说，重要的是要认识到性幻想本身并不是一种病态或"下流"的行为。它是人类性心理的一种正常表现。然而，当这种幻想严重干扰到日常生活和学习时，就需要寻求专业的帮助来找到应对的方法。心理咨询师可以通过专业的技巧和知识来帮助她理解自己的性心理，恢复正常的生活和学习状态。同时，她也需要学会接纳自己，不要过于自责和懊悔，逐渐走出这种困境，正确认识性的现象，科学疏导性压力。

📚 学习认知

一、大学生常见的性困扰

（一）性焦虑

广义地讲，性心理的矛盾、冲突以及各种性适应不良都会引起性焦虑。这里所讲的性焦虑主要是指对自己形体的焦虑和对自己性角色的焦虑。

① 对自己形体的焦虑。随着生理发育的成熟，一些大学生出现了对自己形体的不满，这集中地表现在与自己性别相关的形体特征上，如身材、相貌等。

② 对自己性角色的焦虑。除了对形体的不满之外，大学生还为自己的心理行为是否与性角色相吻合而忧虑，不少男生常感到自己缺乏男子汉的气概，一些女生则觉得自己温柔不够、细心不足。为此，有些人产生了"过度补偿"，比如有些男生为了使自己像个男子汉，而故作深沉，或表现出大胆、粗鲁的行为，甚至以打架、冒险等来证明自己。这些人追求的往往是外在的表现，而忽视了内在的品质。

上述的性焦虑对大学生性心理发展的影响很大，并且常常影响日常生活和精神状态，一般通过性教育和心理咨询可以起到改善作用。对大学生来说，重要的是要树立健康的审美观念，同时学会接纳自己、欣赏自己，不怨天尤人，学会扬长避短。如果对自身的性生理和性心理有疑惑，应及时寻求咨询和帮助。

（二）性幻想

当大学生与异性交往强烈的渴求不能直接实现时，性幻想就有可能发生。这在一定程度上可以缓解人们的性需求，但是，性幻想不能过头，如果成天沉溺其中，甚至把幻想当成现实，那就会成为病态，有碍于身心健康。

（三）性梦

性幻想是人为的幻想，而性梦则是真正的梦。性梦是指在睡梦中发生性行为，是人们通过梦的方式部分达到自己白天被社会规范限制的性冲动的满足，从而缓解性紧张。性梦也是青少年性心理较为普遍的一种表现。一些大学生由于缺乏对性梦知识的了解，常为自己有过性梦的经历而焦虑和自责。

（四）手淫

手淫是一种青少年获得性补偿和性宣泄的行为。对于手淫，传统的性观念认为手淫是邪恶的，是有罪的，是不道德的。在这种传统的"手淫有害"论的影响下，一些青少年常常为自己有过手淫行为而自责，甚至产生心理障碍。其实，手淫是一种自然的、正常的性行为，是对性冲动的缓解。但是，过分沉溺于手淫、靠频繁的手淫来缓解性紧张是不健康的表现。

（五）性骚扰

性骚扰是一个比较广泛的概念，它涉及的对象可以是异性，也可以是同性，只要是一方通过语言的或形体的有关性内容的侵犯或暗示，给另一方造成心理上的反感、压抑和恐慌，都可构成性骚扰。

常见的性骚扰包括：①身体骚扰，不必要地接触或抚摸他人敏感部位，故意擦撞、紧贴他人等；②言语骚扰，不必要而故意谈论有关性的话题，询问个人性隐私，对别人外表、身材等给予有关性方面的评价，故意讲述色情笑话等；③非言语行为骚扰，对异性故意吹口哨或发出接吻的声调，身体或手的动作具有性的暗示，用暧昧的眼光打量他人，展示与性有关的物件、书报等；④利用职务之便，以给予好处或利益为借口实施性骚扰。性骚扰对青少年的生理、心理发展和人生态度都会造成不同程度的影响。

二、大学生性健康的标准

对于大学生而言，性健康的标准有以下几条：

① 正常的性需要和性欲望。

② 有科学的性知识。

③ 有良好的性道德。

④ 有正当的性行为。

正常的性需要和性欲望是性心理健康的基础，科学的性认识和良好的性道德是性心理健康的内在自我调节机制，正当的性行为是符合校纪、道德、法律规范的行为。

三、维护大学生性健康的途径

1. 科学地掌握性知识

作为大学生应该对"性"有一个科学的认识。性是一门综合性的科学，它包括性生理学、性心理学、性社会学、性伦理学、性美学等。大学生们应当努力学习和掌握性科学知识，避免性无知，消除把性仅仅看作是生物本能的片面认识。

2. 文明适度地进行异性交往

文明适度地进行异性交往，可以满足青年期性心理的需求，缓解性压抑。异性交往有益于扩大信息、完善自我，对个人的恋爱婚姻及个人的成才发展具有重要的作用。但大学生在与异性交往时要把握分寸，注意场合，规范行为，处理好"友情"与"恋爱"的关系。

3. 应对性骚扰的自我保护策略

首先，大学生应当维护自己自尊、自重、自爱的自我形象，做到举止大方、行为得体、作风正派。其次，大学生应当学会自我保护。面对异性的非分要求，不要畏惧，要勇敢地说"不"。要以严厉的态度制止和反抗性骚扰，必要时向别人呼救或向公安部门寻求帮助。对于性骚扰事件的经历，不要过分恐惧和自责。如果因此产生了严重的心理困扰，可以向父母、老师、知心朋友宣泄自己的情绪，也可以寻求心理咨询的帮助。

4. 寻求心理咨询

在心理咨询室中，性不再是一个难以启齿的问题，同学们可以尽情地宣泄心中的郁闷。在大学生们咨询的问题中，与异性交往相关的问题占据了相当的比例，其中的大部分都或多或少地涉及有关性的困惑。当你遇到性困扰时，你可以坦然地寻求心理咨询的帮助。

阅读与思考

　　婚前性行为在大学生群体中逐渐成为一个备受关注的话题。一项针对大学生的调查显示，大学期间有半数以上的同学曾有过性经历。随着年龄的增长，人们的身体逐渐成熟，对性行为的需求也随之增加，这是不可避免的生理现象。对于婚前是否应该发生性行为这一问题，越来越多的年轻人表示理解与接受。调查数据显示，大四学生普遍认同婚前性行为，同时，也有不少同学支持同居生活。在能接受同居的群体中，男生数量起初占多，但随着女性年龄的增长，接受同居的比例也在不断攀升。

　　关于婚前性行为的接受度，调查结果显示，出生于 1995 年至 2010 年间的年轻人表现出更为开放的态度。95 后男性中，有高达 66% 的人能够接受婚前性行为，而女性中也有 53% 的人持同样观点。甚至有 76% 的年轻朋友表示，可以接受先养育孩子后结婚的观念。

　　然而，婚前性行为也带来了一系列的问题和挑战。从生理角度看，虽然婚前性行为能在一定程度上满足人们的性需求，但同时也可能面临意外怀孕、感染性传播疾病等风险。特别是对于女性而言，流产对身体的伤害极大。此外，婚前性行为还可能对个人的心理健康产生影响，如产生焦虑、内疚、自责等负面情绪。在某些传统观念较强的环境中，婚前性行为还可能面临社会舆论的压力。

　　一方面，大学生应该了解婚前性行为可能带来的生理和心理风险，并采取相应的保护措施，学会正确使用避孕方法，避免意外怀孕和性传播疾病的发生。另一方面，大学生也应该树立正确的性观念和道德观念，应该认识到性行为是一种私人的行为，需要在双方自愿、平等和尊重的基础上进行。同时，他们也应该尊重他人的选择和决定，不将自己的观念强加给他人。

思考：

你怎样看待婚前性行为?

心理训练

　　以"男生眼中的女生和女生眼中的男生"为题，进行课堂调查，并当场统计结果，组织讨论。

　　1. 男生眼中的女生（男生填写）。

　　你认为女生最吸引你的三项特质，依次标出。

A. 温柔	B. 漂亮	C. 贤惠	D. 热情
E. 真诚	F. 稳重	G. 聪明	H. 勤奋
I. 身材好	J. 有修养	K. 好运动	L. 有主见
M. 活泼外向	N. 内向沉稳	O. 善于打扮	P. 穿着大方
Q. 爱好相近	R. 家庭背景好		

　　S. 其他（列出上面未说明而你认为重要的特质）

　　2. 女生眼中的男生（女生填写）。

　　你认为男生最吸引你的三项特质，依次标出。

A. 高大	B. 英俊	C. 幽默	D. 真诚

E. 稳重　　　　F. 热情　　　　G. 聪明　　　　H. 勤奋

I. 讲义气　　　J. 好运动　　　K. 有主见　　　L. 有修养

M. 出手大方　　N. 乐观外向　　O. 穿着潇洒　　P. 爱好相近

Q. 乐于助人　　R. 家庭背景好

S. 其他（列出上面未说明而你认为重要的品质）

3. 统计并公布调查结果，并由此展开讨论：

　① 女生为什么看重男生的这些特质？对男生的启示。

　② 男生为什么看重女生的这些特质？对女生的启示。

第十一篇

大学生的择业与创业

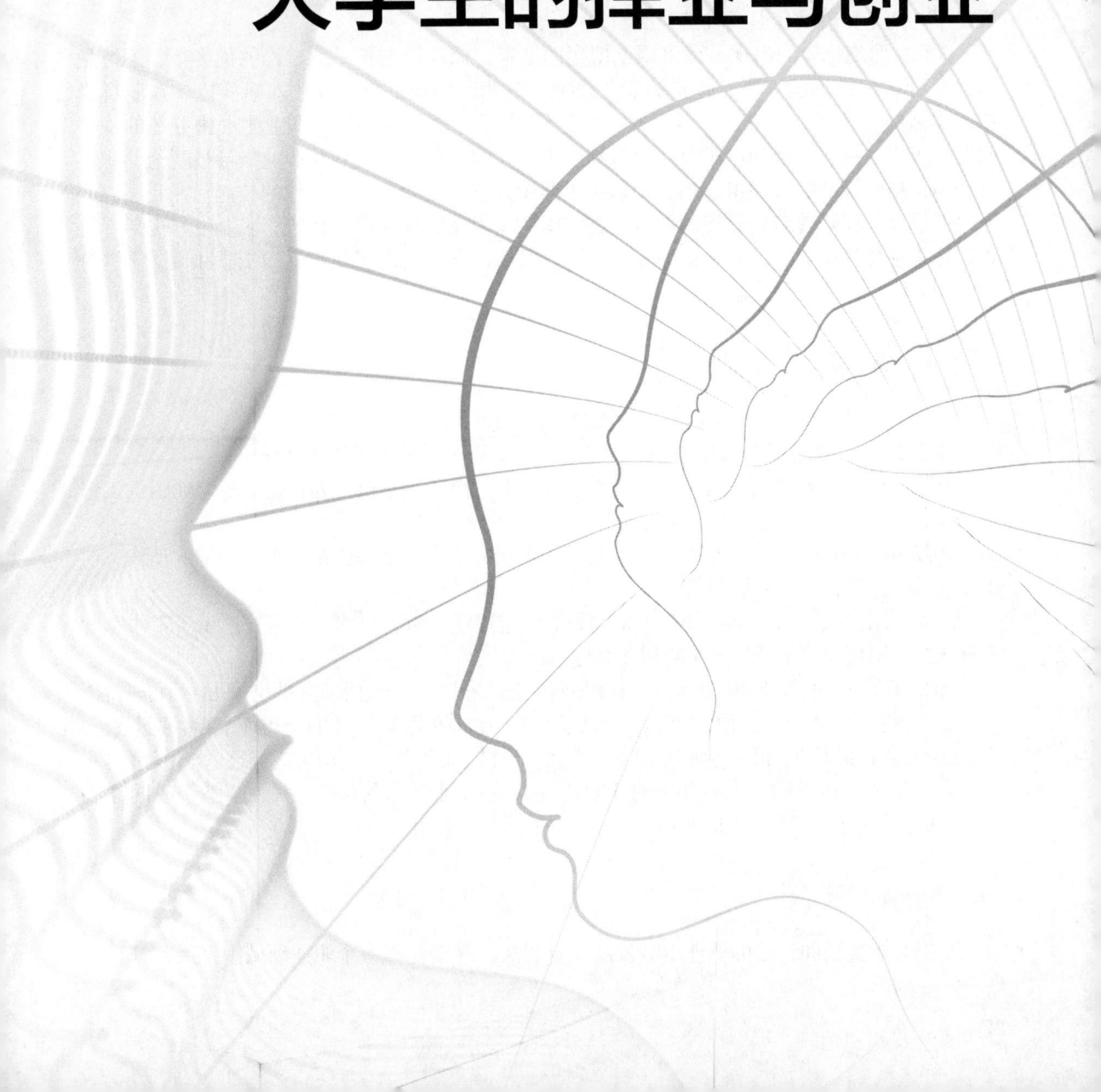

第一讲　大学生职业生涯设计

导　语

现代职场流传着一个马努杰的故事：亚美尼亚的马努杰是一名平凡的推销员。但是，他却有着一个不平凡的纪录，即曾经在 47 年的职业生涯中为 207 个公司工作。他的这个纪录已经成为职业生涯设计的一个案例——"马努杰死亡回旋梯"，平均一年换 5 次工作，或者说是平均两个月就被辞退或跳槽一次。

"死亡回旋梯"的出现是诸多因素博弈的结果，但马努杰不了解自己的优劣势、不清楚自己适合的工作环境、缺乏必要的职业技能，是悲剧出现的核心原因。事实上，在职场当中，类似的"马努杰现象"并不少见。"马努杰"及"泛马努杰们"职业生涯中存在的种种问题，可以通过职业规划、职业指导得到解决。在西方，职业规划与职业指导被视为"积极劳动力市场政策"的重要组成部分，职业生涯设计已经成为一种生存性的技能。在我国，职业生涯设计是伴随着市场经济的发展，近几年才越来越受到人们重视的。职业生涯规划不是告诉你去选择哪个职业，而是帮助你设立职业目标，学会制定实现目标的步骤和方法。这个理念和方法会使你终身受益。

案　例

"晃荡"在职业路上

小王 2018 年毕业于某大学信息管理专业。毕业以来，他先后做过 4 份工作。

起初，他在一家商场做销售员，负责销售家电。待遇还不错，老板也好，但他感觉工作很枯燥、无聊，常常无事可做，最终选择了辞职。

2022 年他应聘进入一家企业做技术工人，由于在生产线上每天都要重复同样的动作，他很快又觉得无聊，半年后辞职。

经人介绍他又进入一家货物代理采购企业做销售业务员，负责寻找客户。由于工作态度不够积极，销售业绩不理想，半年后被辞退。

2023 年 1 月，他通过招聘进入一家小型私营企业做采购员。企业采购一些电子元件后再进行销售。由于企业人手少，小王每天主要做一些杂务工作，比如收发信件、元件分类等。两年多过去了，小王感觉工作也很无趣，很想再换一份工作，但不知道自己能干什么，也不清楚自己适合干什么。

多次跳槽，转眼已经七八年，对于自己应当走向何方，小王依然一片茫然……同在职场，他的同学有的已经小有成就了。

启　示

小王对于自己和自己的职业生涯发展没有想法，对于在哪一个职业领域中发展，打算取得什么样的成就等问题，没有设想和规划，自然也不可能在任何方向上取得成功。他的当务之急是学会科学地规划自己的职业生涯。

学习认知

一、什么是职业生涯

简单地说，职业生涯就是一个人一生的工作经历，是指一个人一生连续从事和负担的职业、职务、职位的变动及工作理想实现的整个过程。职业生涯不仅仅是职业活动，而且包括与职业有关的行为和态度等内容。

美国的一位职业指导专家萨帕把人的职业发展过程分为五个阶段：

① 成长阶段（出生～ 14 岁）。是一个以幻想、兴趣为中心，对自己所理解的职业进行选择与评价的阶段。

② 探索阶段（15 ～ 24 岁）。逐步对自身的兴趣、能力以及对职业的社会价值、就业机会进行考虑，开始进入劳动力市场或开始从事某种职业。

③ 确立阶段（25 ～ 44 岁）。对选定的职业进行尝试，变换工作，到逐步稳定。

④ 维持阶段（45 ～ 64 岁）。劳动者在工作中已经取得了一定的成绩，维持现状，提升自己的社会地位。

⑤ 衰退阶段（64 岁以后）。职业生涯接近尾声或退出工作领域。

我国专家也提出与之相似的划分方法，即把一生的职业生涯划分为萌发期、继承期、创造期、成熟期和老年期。

二、什么是职业生涯设计

职业生涯设计是指一个人根据自己的特点，结合社会和时代要求，对自己一生最适合的职业和职业发展道路的设想和规划。它包括如何在一个职业领域中得到发展，打算取得什么样的成就等问题。可以把它理解为是对人生行之有效的计划和安排：什么工作最适合我，能给我幸福快乐和满足，我怎样实现我的职业理想。

职业生涯设计最重要的目的是：帮助个人真正了解自己，为自己定下事业大计，筹划未来，拟定一生的方向，进一步详细估量内、外环境的优势和限制，在"衡外情，量己力"的情形下设计出合理且可行的职业生涯发展方向。

三、职业生涯设计对于大学生的重要意义

据中国青年政治学院副院长陆士桢教授的一项调查表明，有 67.29% 的大学生确定了自己的职业定位，但是有 49.84% 的大学生对自己所选择的职业缺乏了解。从数字来看，有近一半的大学生没有进行过职业生涯设计。大学生为什么要进行职业生涯设计呢？

（一）有利于建立科学的择业观

择业受求职者自身条件和职业要求的限制，一方面，求职者不可能具有从事一切职业的能力与兴趣；另一方面，各种职业由于有各自不同的劳动对象、手段和工作环境，对求职者的能力也有相应的特定要求。

大学生的第一份职业从广义上讲是择业的结果，但这种择业很大程度上可能只是父母的意愿、学校的推荐、社会单方面需求的结果，与大学生自身的条件（职业兴趣、职业能力

等）可能并不完全相符。面对日趋增大的就业压力，大学生在入学时选择学校和专业的主要甚至是唯一标准就是——毕业后好找工作。毕业时又容易走向两个极端：一种是盲目自信，只考虑自身的需要脱离实际，对求职单位和职业有盲目的要求；另一种是纯粹的现实主义心态，"只要社会需要的就是我们要选择和考虑的"。而我们提倡的是科学择业，即求职者依照自己的职业期望和兴趣，凭借自身能力选择职业，尽可能使自身能力素质与职业需求特征相符合，即建立在知己知彼基础上的"人职匹配"。系统的职业生涯设计有利于建立这种科学择业观。

（二）有利于提高就业成功率

在双向选择、自主择业的背景下，大学生很看重各种形式的人才交流会，这也是他们走向社会、选择职业的主要渠道之一。根据国内各大城市举办大型人才交流会的统计，多数学生参加人才交流会都有一种"赶集"的感觉，没目标、没准备，全凭运气碰，结果造成了有意向的没信心，有信心的准备不足，人才交流会对接成功率一般在30%左右。造成这种现象的原因之一就是大学生生涯规划意识的缺失，即职业目标相对模糊，对自我缺乏认知。

（三）有利于降低离职率

如前所述，缺乏职业生涯设计意识的大学生由于职业目标模糊，缺乏自我认知，往往盲目就业和择业，人–职不能很好地匹配，接踵而至的就是草率跳槽。有过系统的职业生涯设计的大学生一般都有明确的职业定向，对第一次择业往往都很慎重，在可选择的范围内找到一个相对适合自己的职业，从而降低了因人职不匹配而导致的离职率。

（四）有利于降低就业压力

由于缺乏职业生涯设计的指导，缺乏长远打算，不少大学生年轻时只是随波逐流地换工作，能找着什么工作就干什么，到了30多岁还没有职业定位。这样缺少规划地更换工作，一方面难以在一个合适的领域内积累必要的职业经验，而这正是企业所需要的；另一方面频繁跳槽，会影响自己职业的稳定发展。一个不具备应有的职业技能和经验或者频繁跳槽的求职者，都难以得到用人单位的青睐。个体的这种行为最终会演变成整个社会对大学生求职者的谨慎选择，导致另一种就业压力，从而使得他们承受就业压力的时间变得更长。

通过上述分析可以看出，职业生涯设计的意义在于寻找适合自身发展的职业方向，实现个体与职业的匹配，体现个体价值的最大化。大学生进行职业生涯设计对于就业和职业发展具有很强的现实意义。人生精力有限，必须慎重选择岗位和职业，选准方向，集中力量，强化发展，将自己的职业生涯导入良好的轨道中。

四、大学生职业生涯设计的任务

大学生职业生涯设计，就是在大学生明确自己兴趣、爱好的前提下，在认真分析个人性格特征的基础上，结合自己的专业特长和知识结构，对将来从事工作所做的方向性的方案。大学生在走向社会前，将现实环境和长远规划相结合，给自己的职业生涯一个清晰的定位，是求职就业乃至将来职业升级的关键一环。为此必须明确职业生涯设计的任务，做到有的放矢。

（一）正确认识自我

古人云："知己知彼，百战不殆。"大学生要在社会上寻找到自己合适的位置，首先就要正确认识自我。一位大学生在人才招聘会上，面对人力资源主管"你能干什么工作"的问题，竟然反问对方"你看我适合做什么？企业能给我提供什么样的职位？"令人哭笑不得。这种对自我对岗位一无所知的求职者并不是什么特例，它是目前大学生职业生涯设计缺失、自我价值迷失的真实写照。

正确认识自我包括以下几个内容：

1. 认识自己的个性特征

这是职业生涯设计的首要任务。性格是人对现实的态度和行为方式中表现出来的稳定的心理特征的总和。职业心理学的研究表明，不同的职业有不同的性格要求，求职者可以根据自己的职业倾向来培养、发展相应的职业性格。美国职业指导专家霍兰德所创的职业性向测验，把个性类型分为现实型、研究型、艺术型、社会型、企业型和常规型六种类型，任何一种职业环境大体上都可以与其中一种或几种个性类型相适应。通过类似的职业性向测验或其他方式，大学生能够更好地了解自己的个性特征，以实现个性与职业之间的匹配。

2. 认识自己的职业兴趣

兴趣是人们积极地接触、认识和研究某种事物的心理倾向。用人单位在招聘中常提出的问题之一就是要求求职者"谈一谈个人的兴趣爱好"，其目的就是明确求职者是否具有与所求职位相匹配的兴趣。在他们看来兴趣是持续完成工作的动力之一。

3. 认识自己的职业知识和技能

注重学生职业技能的培养是高职教育的突出特点。高职院校应通过校企合作、共学结合，加强实践技能教学；高职生在校期间则应主动通过校园活动或实习实训等途径，积极参加各种社会实践，提高自己的职业技能，并对自己的能力有清晰明确的认知。

（二）明确职业定位

在正确认识自我的基础上，初步确定自己的职业生涯目标，明确自己的职业定位。职业生涯目标在职业生涯设计中有很重要的地位。如果目标不确定，经常忽左忽右摇摆不定的话，则必然导致职业生涯之路不顺利。典型的表现就是频繁更换工作，而各种工作之间缺乏紧密联系，使职业生涯始终在低层次徘徊。

（三）择业培训

在明确职业目标的情况下，大学生职业生涯设计的重要任务就是进行择业的培训。培训内容包括择业动机分析、择业心理准备、择业技巧、行业分析等方面。

（四）培育职业素养，进行角色转换

大学生长期身处校园，思维模式与行为习惯常带有"书生气"，职业素养如职业意识、职业行为习惯等存在明显短板。为顺利实现"学生"到"职场人"的角色转换，缩短入职适应期，应在大学期间分阶段推动角色转换：低年级重在自我探索，深入了解自己的兴趣爱好、能力优势、价值观等，初步认识自我特质与潜能，明确职业发展的大致方向；中年级聚焦行业认识，可以通过行业讲座、专业实践等途径，了解行业发展现状与能力要求，进一步进行职业定位；高年级注重实践转化，深入职场环境，亲身体验工作流程，主动调整心态与行为模式，为正式步入社会、承担职业角色做好充分准备。

五、大学生职业生涯设计应注意的问题

（一）根据社会需求设计职业生涯

选择职业作为一种社会活动必定受到一定的社会制约，任何人选择职业的自由都是相对

的、有条件的。如果择业脱离社会需要，将很难被社会接纳。大学生求职时要做到社会利益与个人利益的统一、社会需要与个人愿望有机结合，所以，在职业生涯设计时，应积极把握社会人才需求的动向，把社会需要作为出发点和归宿，以社会对个人的要求为准绳，既要看到眼前的利益，又要考虑长远的发展，既要考虑个人的因素，也要自觉服从社会需要。

（二）根据所学专业设计职业生涯

大学生都有自己的专业，每个专业都有一定培养目标和就业方向，经过一定的专业训练，每个人几乎都具有某一专业的知识和技能，这是个人的优势所在，也是职业生涯设计的基本依据。用人单位对毕业生的需求，一般首先选择的是大学生某专业方面的特长，大学生迈入社会后的贡献，主要靠运用所学的专业知识来实现。如果职业生涯设计离开了所学专业，无形当中就增加了许多"补课"负担，个人的价值可能就难以实现。需要强调的是，大学生要热爱所学的专业，并拓宽专业知识面，掌握或了解与本专业相关、相近的若干专业知识和技术。

（三）根据个人兴趣与能力特长设计职业生涯

职业生涯设计要与自己的性格、气质、兴趣、能力等个人特征相结合，充分发挥自己的优势，做到扬长避短，体现人尽其才。

进行职业生涯设计时应适当考虑自己的兴趣与爱好。如果一个人对某种工作产生兴趣，他在工作中就会具有高度的自觉性和积极性，容易在工作中做出成就。反之，一个人对工作没有兴趣，就不可能将自己的主要精力投入工作中，也就难以取得工作上的成功。但兴趣爱好也并不总起着正向的驱动作用，有时它也是一种耗散力。比如，有的大学生对什么都感兴趣，但没有形成自我特色，有的大学生兴趣面太窄，不能形成优势，有的大学生兴趣与所学专业不一致等，在职业生涯设计时就会感到困惑。这就要求大学生对自己有一个客观的分析，对自己的兴趣爱好进行重新培养或调整。

按照自己的能力特长进行职业生涯设计是大学生应特别注意的问题，因为任何一种职业都需要一定的能力，不同职业有不同的能力要求。能力特长对职业的选择起着筛选作用，是求职择业以及事业成功的重要保证。需要提醒的是，知识多、学历高不一定能力强，切不可以学习成绩作为评价能力高低的唯一尺度。大学生应在对自己的能力特长有一个正确的自我认知和评价的基础上，根据自己的真才实学和能力特长进行职业生涯设计。

阅读与思考

袁隆平的水稻研究之路

"杂交水稻之父"袁隆平生于 1930 年，年少时亲历饥荒的经历，奠定了他农业探索之路的基础。1949 年，袁隆平考入重庆相辉学院农学系，亲历饥荒的他立下了"让中国人吃饱饭"的志向。1953 年，袁隆平毕业后任教湖南安江农校，偶然间发现一株天然杂交稻穗大粒多，由此点燃了杂交育种的理想火花。当时国际学界普遍认定"自花授粉作物无杂交优势"，他却在失败中逆向思考：既然自然界存在杂交稻，人工培育必有可能。为实现自己的理想，袁隆平扎身稻田，带领团队夜以继日攻关，1973 年成功实现籼型杂交水稻"三系配套"，使中国稻作产量实现历史性飞跃。1996 年，66 岁的袁隆平本可功成身退，却启动超级稻攻关，提出"种三产四"工程（种三亩产四亩粮）。通过"形态改良 + 杂种优势"技术路线，2000 年突破亩产 700 公斤，2014 年达 1000 公斤，2020 年双季稻亩产 1530.76 公斤。88 岁高龄时，袁隆平将规划视野投向中国 15 亿亩盐碱地，目标用 8 ~ 10 年改造 1 亿亩盐碱地，将"禾下乘凉梦"与"覆盖全球梦"写入人生终章。

思考：

这个故事说明职业生涯设计对于人生有什么意义？结合自身体会，谈谈袁隆平的经历对你有什么启示。

心理自测

大学生职业倾向测试

请仔细阅读下面每一道题，根据自己的实际情况进行作答，在作答过程中不得漏题，同时在同一题上不要考虑太多时间，请根据自己看完题后的第一反应回答。有些题目可能与你不符或你从未思考过，如有这种情况请选出一个你个人倾向的答案。建议测试时间为 5 分钟。

1. 当你正在看一本有关谋杀案的小说时，你是否常常能在作者未交代结果之前知道作品中哪个人物是罪犯？
　　A. 是　　　　　　　　B. 否

2. 你是否很少写错别字？
　　A. 是　　　　　　　　B. 否

3. 你是否宁可参加音乐会也不愿呆在家里闲聊？
　　A. 是　　　　　　　　B. 否

4. 墙上的画挂歪了，你是否想去扶正？
　　A. 是　　　　　　　　B. 否

5. 你是否常论及自己看过或听过的事物？
　　A. 是　　　　　　　　B. 否

6. 你是否宁可读一些散文和小品文而不愿看小说？
　　A. 是　　　　　　　　B. 否

7. 你是否宁愿少做几件事一定要做好，而不想多做几件事而马马乎乎？
　　A. 是　　　　　　　　B. 否

8. 你是否喜欢打牌或下棋？
　　A. 是　　　　　　　　B. 否

9. 你是否对自己的消费预算均有控制？
　　A. 是　　　　　　　　B. 否

10. 你是否喜欢学习能使钟、开关、马达发生效用的原因？
　　A. 是　　　　　　　　B. 否

11. 你是否很想改变一下日常生活中的一些惯例，使自己有一些充裕时间？
　　A. 是　　　　　　　　B. 否

12. 闲暇时，你是否比较喜欢参加一些运动，而不愿意看书？
　　A. 是　　　　　　　　B. 否

13. 你是否认为数学不难？
    A. 是   B. 否

14. 你是否喜欢与比你年轻的人在一起？
    A. 是   B. 否

15. 你是否能列出五个你自己认为够朋友的人？
    A. 是   B. 否

16. 你是否乐于助人不怕麻烦？
    A. 是   B. 否

17. 你是否不喜欢太细碎的工作？
    A. 是   B. 否

18. 你看书是否很快？
    A. 是   B. 否

19. 你是否相信"小心谨慎，稳扎稳打"是至理名言？
    A. 是   B. 否

20. 你是否喜欢新朋友、新地方和新东西？
    A. 是   B. 否

计分方式：

如果前十题中的"是"比后十题多，表明你擅长从事需要耐心、谨慎与研究性强的琐细工作，如：医生、律师、科学家、机械师、修理人员、编辑、哲学家、工程师、技术工人等。

如果后十题中的"是"比前十题多，表明你擅长与人交往，喜欢有人来实现你的想法。适合你的工作包括：人事、顾问、运动教练、计程车司机、服务员、演员、推销员、广告宣传的执行者等。

如果你在两组中的"是"大致相等，那就表明你不但能处理琐碎细事，也能维持良好的人际关系。适合你的工作包括：护士、教师、农民、建筑工人、秘书、商人、美容师、艺术家、讲师、图书馆管理员、政治家等。

第二讲　树立正确的择业观与创业观

导　语

随着全球金融危机的加剧，大学生就业日益成为人们关注的焦点。据统计，2024 年大学生毕业人数达 1179 万，而全球经济的不确定性增加，市场竞争日益激烈导致招聘单位、招聘人数有所减少，薪资标准降低。大学生就业形势比以前更加趋紧。那么，如何择业、就业？是勇敢地走向基层的广阔天地，还是无论如何也要在大城市蜗居？是进入一个组织做一颗"永不生锈的螺丝钉"，还是从零做起自己闯出一片新天地？这些问题值得我们认真思考，需要我们树立正确的择业观与创业观。

案　例

迎接挑战还是寻求安稳

一位同学在网上问李开复："快要毕业了。我寻找到一个自己很感兴趣的工作，在其中可以学到不少东西，但这是一家小公司，存在经营上的风险。很多人劝我找个安稳的、能做一辈子的工作，他们说，选择事业时的一个小错就可能毁了整个人生。他们的说法对吗？"

李开复的回答很明确："对于一个毕业生来说，机会远比安稳更重要，事业远比金钱更重要，未来远比今天更重要。"

这个道理其实非常简单，毕业后的第一份工作最重要的不是安稳，过早地固守在一个职业上也许才是人生最大的不幸。对大学生来说，毕业后最重要的不是寻求安稳，而是继续学习，最好是为理想和兴趣而学习。因为在学校里学到的知识不能让你充分面对这个迅速变化的世界，你必须在第一个工作中获得充足的储备。所以在挑选第一份工作时，应该多看看公司的企业文化，多看看公司是否能够提供足够的学习和培训机会，多看看这家公司的老板是不是最好的学习对象。

年轻人不要害怕犯错。美国一位大企业家曾这样建议："年轻人需要多犯错误。因为错误是事业发展的最好燃料，错误可以让你懂得如何扭转逆境。我们只要学会如何不再犯同样的错误就可以了。"

启　示

思考重于行动，选择大于努力。选择的标准应该是什么？工资？稳定？城市？李开复给了大学生一个很好的择业参考：第一份工作，应该是对自己锻炼最大、最有利于积累和提高的工作。大学生应当结合自身实际确立自己的择业观，提升自己的就业能力。

📖 学习认知

一、树立正确的择业观

社会经济的发展、产业结构的调整以及职业的发展，在一定程度上改变了人们的价值观，进而改变了人们的择业观。树立正确的择业观，不仅有利于自己正确地求职择业，迈好人生道路上的重要一步，而且有助于自己在今后的工作岗位上施展才华，最大程度地实现自己的人生价值。

（一）择业观的形成

大学生的择业观不是先天固有的，而是在一定的历史条件下，随着社会经济的发展而变化的，是大学生的人生价值观在择业活动中的集中和深层的反映。它是在就业需要的驱动下，在自我意识的引导下，在择业活动过程中逐步形成的。

大学生的择业观首先来自社会。它一方面通过社会舆论和学校教育管理等方式，有目的、有计划地引导大学生树立正确的择业观，使个人价值观和社会价值观协调一致；另一方面，则通过文化传播、家庭和社区活动等形式，把社会的职业观在潜移默化之中渗透给每个大学生，促进其择业观念的形成和发展。如在择业过程中，大学生择业会受周围人特别是他所属的同伴群体的观点和行为的直接影响，家庭成员对职业的认识和评价，以及电视、网络等大众传媒，都直接或间接地影响大学生的择业观。

大学生个人价值观在择业观的形成过程中的作用是不可否认的。他们对未来职业的认识、评价和价值体验一旦为实践所证实，被他人或社会认可，就会在头脑中强化，成为一种较为固定的看法和态度，即形成一种新的择业观。

（二）择业观的作用

择业观对大学生择业具有导向和动力作用。具体表现在：①择业观指导着择业主体对未来职业进行评价和选择，作出择业决策；②择业观支配着择业主体对择业目标的期望、定位和选择，支配着其择业行为。

因此，正确的择业观能指导大学生对职业进行正确的评价，进行准确的定位，进行合理的选择。反之，错误的择业观使大学生对择业产生过高或过低期望，影响定位的准确性和选择的正确性。

（三）树立正确的择业观念

在当前就业形势非常严峻的情况下，大学生在就业前必须做好足够的思想准备，调整心态，与时俱进，正确地把握就业、择业与创业的关系，做到先就业、再择业、敢创业，逐步树立良好的择业新观念。

1. 高尚理想与平常心态相结合的观念

大学生高尚的职业理想应当是把个人的志向和国家利益、社会需求有机地结合起来，勇敢地走出个人的小天地。如果仅仅从个人的角度考虑问题，就非常容易走进死胡同。另外，高等教育的大众化带来就业大众化，大学生成了素质比较高的普通劳动者，要面对现实，找准自己的定位，调整就业择业心态，端正平常心，降低期望值。

2. 敬业观念

在新形势下，具有敬业精神已成为社会对高校毕业生综合素质的新要求，是否具有敬业精神关系到今后的职业生涯能否顺利等一系列问题。因此，大学生应将热爱本职工作，忠于职守，对社会和人民负责，保证工作质量，对技术精益求精，能团结协作、公平竞争的良好的敬业精神作为准备就业的必要条件。

3. 勇于面对竞争的观念

竞争意识是现代人必备的素质之一。面对就业竞争的现实，大学生应当摆脱被动依赖、消极等待的状况，敢于竞争，树立"爱拼才会赢"的观念，做好多方面的竞争准备。

4. 专业特长与综合素质并重的观念

毕业生在择业时首先要考虑所学的专业，根据专业特点谋求职业，尽可能做到专业特点与职业要求相匹配，发挥专业优势；同时也要注重综合素质和能力的提高，增强自己的就业适应性。一味强调专业对口，会使毕业生在激烈的竞争中失去很多机会。

二、做好创业准备

创业是 21 世纪中国社会发展的大趋势，是目前非常重要的一种就业方式，国家倡导广大毕业生和各行各业的劳动者"以创业带动就业"。大学生创业是整个社会创业大潮中重要的组成部分。近年来大学生创业意愿较以往有所增长，然而对于很多大学生而言，刚步入社会在资金和技术、人脉等创业必备的资源方面都有所欠缺，导致一些学生不愿意也不敢于去承担风险，最终放弃创业行为。对那些适合创业、具备创业基本素质和条件的同学来说，要结合自己的实际条件，勇于进取，大胆创业。

（一）大学生的创业准备

1. 要有积极创业的思想准备

创业是拓展职业生活的关键环节，在就业压力较大的社会环境中，有强烈的创业意识和坚定的创业意志的人，就容易捕捉到更好的发展机会，甚至还能帮助别人就业。创业并非解决就业的临时途径，而是一种能体现个人价值的成才方式。当今社会中增添的许多新职业，既体现了新的社会需要，又体现了创业者的智慧和贡献。

2. 要有敢于创业的勇气

创业艰苦磨难多，只有创业的思想准备是不够的，还需要有创业的勇气，有勇气者才敢于创业、善于创业和成功创业。勇于创业已经成为高等教育培养人才的一个目标，大学毕业生将愈来愈不再仅仅是求知者，而是首先成为工作岗位的创造者。破除依赖心理和胆怯心理，勇敢地接受创业的挑战，才能做一个真正的创业者。

3. 要提高创业能力

创业需要勇气，但需要的是智勇而不是蛮干。创业能力包括收集创业信息、捕捉创业机遇、细致开展调查、选准创业领域、设计创业方案、把握创业良机等方面的能力，需要大学生在校期间就积极着手准备，通过学习或实践，不断提高自己的创业技能，积累经验，提高创业成功率。

（二）大学生创业应注意的问题

1. 要做好市场调研，避免盲目性

目前，大学生创业多聚焦在 APP 开发、自媒体运营、智能硬件等赛道，家教平台、文创工作室也备受青睐。但是，很多大学生因不了解市场，缺乏前期市场调研和论证，只是凭自己的兴趣和想象来决定投资方向，甚至仅凭一时心血来潮就决定干哪一行，一定会碰得头破血流。大学生创业者在创业初期一定要做好市场调研，也可委托专业机构进行可行性研究，

在了解市场的基础上创业。一般来说，大学生创业者资金实力较弱，宜选择启动资金不多、人手配备要求不高的项目，从小本经营做起。

2. 积累创业技能，避免冲动性

不具备创业的技能、只有创业的冲动是大学生创业的一大误区。很多大学生创业者眼高手低，既不了解创业的相关政策法规，也没有在相关行业的工作、实践经历，缺乏能力和经验，期望值却非常高。当创业计划转变为实际操作时，才发现自己根本不具备解决问题的能力。市场瞬息万变，时刻都有风险，防范风险只能靠自己增加本领，一方面去企业打工或实习，积累相关的管理和营销经验；另一方面积极参加创业培训，积累创业知识，接受专业指导，提高创业成功率。

3. 广开融资渠道，避免单一性

资金难筹几乎是每一个大学生创业者都会遇到的难题。银行贷款申请难、手续复杂，如果没有更广阔的融资渠道，创业计划只能是一纸空谈。除了通过银行贷款、自筹资金、民间借贷等传统方式筹资外，还可以充分利用校园专属资源：申请国家级大创项目，参与地方创业大赛，争取校内孵化基地免费工位等。

4. 调动社会资源，避免孤立性

由于长期身处校园，大学生掌握的社会资源非常有限，而企业创建、市场开拓、产品推介等都需要调动一些社会资源，大学生在这方面会感到非常吃力。平时应多参加各种社会实践活动，扩大自己人际交往的范围。创业前可以先到相关行业领域工作一段时间，为日后的创业积累人脉。

5. 重视规范管理，避免随意性

由于长期接受应试教育，不熟悉经营市场的"游戏规则"，一些大学生创业者虽然在技术上出类拔萃，但理财、营销、沟通、管理方面的能力普遍不足，这些都会影响创业成功率。要想创业成功，大学生创业者必须技术、经营两手抓，制定科学规范的管理制度。可从合伙创业、家庭创业或低成本的虚拟店铺开始，锻炼创业能力，也可以聘用职业经理人负责企业的日常运作。

机遇只垂青有准备的头脑。成功创业，需要平时的点滴积累和锲而不舍的努力。心动不如行动，有想法、有条件的同学，不妨从现在就积累创业知识和创业技能，提高自己的心理素质和综合能力，相信自己，朝目标努力，成功终会属于你！

阅读与思考　勇于创新才能应对变化

"农村的电商人才太少了！"辞职回乡创业的张某说。2021 年，原本在省会城市一家电商公司上班的张某回到家乡县城，与几名本地青年组建起电商团队，准备售卖家乡农产品。

然而，真正做起来他才发现，农村招不到合适的主播，直播和拍视频都很困难，其余的运营等岗位也缺乏相应的人才，电商团队搭建不起来，做啥都缺人。

"招不到人我们就自己培养。"张某说，他从身边的朋友入手，约好分成后邀请其加入团队。张某在几个主流短视频平台创建了近 10 个账号，以甘蔗、坚果、水果等分类，让培养的主播出镜。

如今，张某已经初步养成了一个拥有 13 万粉丝的账号，月销售额在 10 万元左右。2024 年，张某团队的几个账号总销售额达 300 万元。

视频平台流量波动大，账号的流量上升快下降也快。曾经的"三农"顶流主播之一、钦州市灵山县的甘某就经历了这样的起落。

"我有千万粉丝，直播同时在线观看人数能达到五六十万，直播卖出的香蕉能把整个镇上的现货清空。"甘某说，如今各短视频平台"三农"领域流量下跌，现在她的直播在线观看人数有时只有二十多人。流量的缩水让她的直播销售额跟着下滑，聘请的电商团队也一再裁员，从几十个变成几个。

甘某没有死守原来的果蔬领域，转而投资起了养鸡场。学技术、办资质、搭棚户、置办屠宰工具……甘某开始了艰难的转型之旅。一边保持账号活跃，继续卖果蔬产品，一边加大自家鸡肉的推广力度，在账号中植入更多养鸡相关视频。

甘某说，2024 年，她卖出约 3 万只鸡，体型大的鸡可以卖到每只 228 元，"过去的辉煌已经过去，脚踏实地才能走好现在的路"。

思考：

1. 读了张某和甘某创业的故事你有哪些想法？
2. 面对创业途中的起起落落，如果是你，该怎么办？

心理训练

我的职业梦想

1. 回顾成长经历中，让自己记忆犹新的、与职业相关的几件事。如：小学时我的梦想是当警察、我现在希望自己未来成为一名律师……

2. 评估现在所学专业，与问题 1 中所列职业的关系。

3. 为实现职业梦想，你最需要完成的几件事是什么？

第三讲　大学生求职择业的方法与技巧

导　语

　　求职择业，是大学生人生道路上的一次重大选择。有一个好职业，能够充分发挥自己的聪明才智，成就一番事业，这是每个大学毕业生梦寐以求的事情。那么，在就业市场化、就业渠道多元化的今天，怎样才能找到自己理想的职业呢？面临严峻的就业形势，政府、高校、社会各界纷纷出谋划策。但这毕竟只是解决问题的外力。要真正解决大学生就业问题，还必须从自身入手，在具有良好的思想品德素质、科学文化素质、身体素质、心理素质等综合素质的前提下，掌握求职择业的一些方法与技巧，充分做好信息准备、心理准备、资料准备，面对现实迎接挑战，才能达到事半功倍的效果，积极地实现自己的求职愿望。

案　例

　　有一家报社正在招人，但已写明需要有工作经验的，应届毕业生一律不接受。而有一位应届女大学生依然走进这家报社。

　　问："你们需要一位好编辑吗？"（言下之意自己当然就是好编辑，语言是这么自信）

　　答："不。"（拒绝却是那么干脆）

　　问："那么，好记者呢？"（语言还是那么自信）

　　答："不。"（拒绝还是那么干脆）

　　问："那么，印刷工如何？"（依然是坚韧不拔）

　　答："不！我们现在什么空缺也没有了。"（路全部都封死了，看来是没戏了）

　　问："可是，那么，你们一定需要这个东西。"这位大学生从公文包里拿出一块精美的牌子，上面写着："额满，暂不雇用。"

　　报社主任笑了，单位也开始用一种新的眼光来审视面前这位年轻人了。

　　最后这位年轻人被录用作报社销售部经理。

启　示

　　这位年轻人所谓的"新招"就是自信幽默，因为自信的语言应答不但有助于受试人吻合招聘者既定的聘用期望，而且可能重新塑造招聘者的聘用愿望。当然，这样的案例是缺乏复制性的，但是这位年轻人的自信幽默确实值得我们学习。

一、求职择业是一门学问

求职择业是一门学问，也是一门艺术，有许多技术和技巧，它是择业成功的主要因素之一。

目前，有一些学生对自主择业没有信心，对自己到人才市场去求职有一种畏惧心理；也有一些学生勉强去了却无从下手。究其原因，除缺乏必要的心理准备外，更重要的是缺乏求职择业技巧，不善于与人沟通，不能恰如其分地表现自己的内心意向、素质和才能，不懂得如何推销自己。所以面临择业的大学毕业生，要想找到一份理想的工作，学习一些求职择业方法，掌握一定的求职择业技巧是很有必要的。

求职择业技巧在人们的求职活动中具有十分重要的作用，切不可忽视。掌握求职技巧的人，就会使求职活动更有效、更有益，就会在众多求职者中脱颖而出，稳操胜券。

在竞争激烈的现实社会，人人都想成功立足，个个都想找到充分发挥自己特长、获得较高报酬的工作岗位。然而，许多大学毕业生尽管学历高、知识丰富，却因是初次求职，经验不足，加之缺乏必要的求职技巧，往往难以如愿找到心仪的工作。面对竞争的社会，面对纷繁的人际关系，大学毕业生必须掌握一定的求职择业技巧。

二、准备"推销"自己

生活中少不了推销。从某种意义上来说，大学生求职择业的过程，就是"推销"自己的过程。那么，怎样才能更好地"推销"自己呢？

1. 要了解"市场行情"

既然是"推销"，就要先找"市场"，先了解"市场行情"。这就要求同学们了解社会的人才需求形势，了解有关毕业生就业的方针政策，并且要掌握与自己择业目标有关的社会需求信息。只有充分了解了"市场行情"，"推销"起自己来才能心中有数、有的放矢。

2. 要善于寻找"推销"自己的渠道

推销产品要有畅通的渠道，"推销"自己也是如此。比如：有针对性地寄发自荐信或登门拜访、毛遂自荐；参加人才招聘会、供需见面会等，与用人单位洽谈、签约；通过笔试、面试等方式接受用人单位考核等。这些都是行之有效的"推销"自己的渠道。同学们不仅要懂得不失时机地运用这些渠道，而且要学习和掌握"推销"自己的技巧，注重这方面的训练，提高在人才市场上"推销"自己的能力和技艺水平。

3. 自我推销的策略

自我推销的策略包括以下几个方面：

① 要有自信心。在竞争激烈的人才市场上"推销"自己，首先要有自信心，要争取主动，缺乏自信是求职成功的一道障碍。

② 不要"王婆卖瓜"。在招聘人员面前不着边际地神吹胡侃，只能引起对方的反感；把自己吹嘘得什么都好，什么都会，什么都懂，只能引起对方的怀疑和不信任。

③ 不要谦虚过度。"推销"自己的目的是希望用人单位录用自己，因而毕业生在用人单位面前，不能为了表示自己的谦虚而过于低估自己，而要善于向对方恰如其分地显示自己的优势，以取得对方的重视和赏识；在面试交谈时，该阐明的观点一定要大胆地表述出来。沉默寡言只会让别人误以为你缺乏主见。

④ 要有自己的"硬通货"。"推销"自己，最忌讳平平淡淡，没有自己的特色，不能给对方留下深刻印象。其实每个人都有自己的长处，比如擅长动手操作，或擅长写作等。

三、改善求职行为，提升就业能力

就业能力是可以获得工作并持续保有工作的技能。对于大学生来讲，获得就业只是一种暂时的状态，而拥有就业能力才是职业生涯的持久保障。就业是求职的目的，求职是就业的手段，就业能力是求职行为的结果和归宿。基于目前求职行为影响因素和作用机制的研究，可以通过采取一定形式的干预措施，改善大学生的求职行为，提高大学生的求职效率和就业能力。

1. 形成积极的职业归因风格

归因风格是个体在长期生活中受内外环境影响而形成的相对稳定的对行为和事件发生原因进行推断的倾向，这种倾向性对个体的认知及后继行为产生影响。职业归因风格是个体在职业行为过程中的归因风格。现有研究结果表明，积极改善从业人员的职业归因风格，可以有效提高工作效率，缓解工作压力，增强工作满意度；对于求职者来说，形成恰当的归因风格，也有助于其清晰地了解自己的职业锚，从而更好地设计和规划自己的职业生涯。

那么，怎样才能形成积极的归因风格呢？

首先应当明确归因引导要做的是帮助人们形成积极的归因方式，而不是寻找正确的、真实的原因。积极的归因方式有利于动机的激发、自信心的培养，而执着于探寻真实的特别是不可控真实原因有可能会挫伤求职的积极性。

其次，进行归因训练。通过一定的训练，帮助自己形成积极的归因倾向。如尽可能地把成功归因于稳定因素，如个人能力，把失败的原因归因于不稳定性因素，如努力程度。建立这种积极的归因模式，有助于准确地总结成功经验和失败教训，增强成功的信心，获得持续前进的动力。

2. 树立科学的职业价值观

职业价值观是人们对职业活动所带来的利益的社会判断取向，比如有人注重职业活动的过程，有人注重职业活动的结果，有人注重职业活动的环境等，人们的职业价值观不同，所选择的职业也有所差别。职业价值观是大学生这一特殊的社会群体对待职业的一种信念和态度，它对大学生今后的职业生涯有着关键性的指导作用，不仅直接决定了大学生的择业行为，而且对于工作态度、工作积极性，乃至整个社会的发展与进步都将产生深刻的影响。

科学的职业价值观不是天生的技能，而是需要主动建构。大学生当面对招聘信息陷入选择困难时，其实纠结的不是岗位本身，而是心底的职业价值观在起冲突。为避免在求职季应对这种心理冲突，可以尝试提前在现实生活中逐步形成自己的职业价值观，如通过课堂学习建立起就业思维、在实习中找到全心投入和不快乐的时刻、听听前辈就业的心得体会等。科学的职业价值观不是一劳永逸的答案，而是持续校准的过程，需要大学生在实践中摸索探寻。

3. 培养健全人格

部分学生群体对就业存在认知偏差，即过度聚焦知识技能培养，却忽视了现代科技社会中用人单位对就业者的核心要求——健全人格。

现代组织管理学理论与实践表明，人格特质在职业发展中具有关键作用。若忽视这一要素，将严重制约大学生就业竞争力。教育家蔡元培早在 20 世纪初便强调：教育乃人格养成之业，若仅限于知识灌输与技能训练，而无精神理想贯穿其中，实为机械式教育，非育人之道。面对新时代对人才综合素质的更高要求，当代大学生需主动将人格塑造纳入职业准备体系，让健全人格成为突破求职困局的核心竞争力。

四、求职心理困惑及调整方法

对于即将毕业的大学生来说，找工作不仅是能力的比拼，更是一场心理战。很多同学在求职过程中会遇到各种心理困扰，这些都是正常现象。为避免这些心理困惑影响我们的求职之路，大学生们应当主动培养应对求职挑战的心理素养，提升职业适应能力。

（一）求职中的挫折心理

求职失败时感到沮丧、自我怀疑，是每个人都会有的反应。这就像考试没考好时的心情。心理学发现，当事情结果不如预期时，我们容易产生两种错误想法：要么觉得"我永远做不好"，要么把失败原因归结为"自己太差劲"。比如面试被拒后，可能会想"我根本不适合这个行业"或者"我表达能力太差了"。

当我们求职受挫时，可以用以下方法进行自我调节：

1. 学会改变想法

在求职过程中遇到挫折需要自我调适时，心理学家艾利斯提出的合理情绪疗法是一种有效的心理方法。举个例子：当你遇到事件 A "面试被拒绝"，产生了想法 B "我能力不行"，感到情绪 C "沮丧自卑"。这时候可以主动把想法 B 改为"可能这个岗位需要更擅长数据分析的人，而我的优势在创意策划"。通过改变对事件的解读，情绪也会跟着改变。

2. 记录成长日记

准备一个本子专门记录每次求职的收获，比如：这次群面学会了时间管理、某个面试官说我逻辑清晰、发现了需要提升 PPT 制作技能等。每次记录都在强化"我正在进步"的信念，而不是盯着失败的结果。

3. 善用支持系统

遇到困难时不要自己硬扛，可以分三个层次寻求帮助：找专业人士，如学校就业指导老师能提供修改简历、模拟面试等服务；加入求职小组，可以和同学组队练习，互相分享招聘信息；和家人谈心，父母的鼓励能快速缓解焦虑情绪。有研究显示，用好这些支持资源，走出挫败感的时间能缩短近一半。

（二）从众心理

经典心理学实验发现，我们跟风求职主要因为两种心态：一种是觉得别人懂，比如看同学都在考公务员就觉得这是好选择，另一种是害怕被孤立，比如明明不喜欢互联网行业，但怕被说落伍也跟着投简历。最新调查显示，超六成毕业生存在"广撒网"现象。求职中的从众心理可以从以下几个方面着手应对。

1. 给职业选择做个"体检"

与其跟风海投，不如先给自己做个职业性格测试，如霍兰德职业兴趣测试。先弄清楚适合自己的职业类型。有些同学明明喜欢安静做设计，却硬着头皮跟风投销售岗，结果面试 5 分钟就暴露了不足。

2. 制作"求职真心话清单"

准备一张 A4 纸，左边列"大家都在投的热门岗位"，右边写"我真正想尝试的工作"。用手机备忘录随时记录：刷招聘软件时心跳加速的岗位、看学长工作日常会羡慕的瞬间、哪怕薪资低点也愿意做的实习内容等。这份清单能帮你从"别人觉得好的工作"过渡到"我自己想要的工作"。

（三）攀比心理

心理学研究发现，当不清楚自己的定位时，我们就会不自觉地拿同学作标尺。就像朋友圈里看到别人晒录取通知，会突然觉得自己的选择一无是处。有的同学可能会因攀比心理放弃本来适合自己的岗位。大学生可以通过建立"职业价值坐标系"来摆脱求职中的攀比心理。

用手机备忘录给自己设计一个评价模板，列出我的理想工作核心要素、能让我每天期待上班的理由、绝对不能接受的职场雷区、三年后想成为什么样的人。

例如某同学看到同学晒出大厂 offer（录用通知），但对照自己的坐标系发现，对方岗位需要频繁出差，而自己最看重周末能回家陪父母，瞬间释然。

阅读与思考

王某是广州某大学市场营销专业 2023 届毕业生。在校时，经常听回来做报告的师兄师姐在某某名企上班心得，心里痒痒的，心想自己毕业后也一定要进名企。毕业找工作时，王某花重金制作了大量精美的简历投给广州的各名优企业，可天不遂人愿，他找工作的道路并不平坦。起初，应聘的知名企业看不中他，有几家中小企业看中他，可他没有兴趣。

其间，王某在一名亲戚的介绍下，进入某电子科技公司做销售。由于心态不好，总想着是在小公司上班，干销售没前途又没尊严，所以，更是一副爱干不干的态度。干了不到两个月，公司决定调整他的工作岗位，他感觉面子上过不去，一气之下就辞职了。

从公司出来后，王某想创业，自己当老板。可想归想，终因父母反对、经济条件有限等，创业计划搁浅。2024 年底，王某和同学们一起聚会时，看到同学们一个个走上工作岗位，而自己的工作还没有影子，王某急了。"现在没什么要求，只要能混碗饭吃就行。"王某与大学班主任陈老师聚会聊天时说。

由于王某自己没有一个正确的定位，不能清楚地认识自我，不清楚自己的实力，一味追求名企、高薪，致使职业生涯陷入了"饥不择食、慌不择路"的尴尬局面。

专家点评：应届毕业生一般最后一学年春节后就开始实习或找工作，在春节后的半年时间内，就业机会一般会比较多。迟迟未找到工作，不是能力有问题，而是心态有问题，所以，王某想要马上就业，还得调整好心态。应当承认，大学生进入名优企业工作，能更充分发挥出自己的聪明才智，可能会更有前途，因为大型企业具备较为完善的实现人生价值的物质和精神条件，机遇多，福利好，有成型的企业文化和良好的工作氛围。但是，大多数的名优企业里人才济济，竞争十分激烈，而一般的小企业，对人才需求如饥似渴，同时，名优企业里大多存在"人才高消费"现象。发展的路有许多条，大家趋之若鹜的不一定是适合自己的，其实，不管在大企业，还是在小企业，只要有真才实学，脚踏实地，找到属于自己的路，照样能干出一番事业。

思考：

结合自身体会，谈谈案例中王某的经历对你有什么启示。

心理自测

性格与职业选择的自测量表

　　英国职业心理学家制定出了一套衡量个性特点的测试，将现代职业分为四大类：人、程序与系统、交际与艺术、科学与工程。每一大类又可进一步分为若干项。回答以下题目，你可以自我判定性格与职业的相称程度。

第一类：人	是	否
1. 我在作出决定前常考虑别人的意见	A	C
2. 我愿意处理统计数据	C	A
3. 我总是毫不犹豫地帮助别人解决家庭问题	A	C
4. 我常常忘记东西放在哪	B	C
5. 我很少能通过讨论说服别人	C	B
6. 大多数人认为我可以忍辱负重	C	A
7. 在陌生人中我常感到不安	C	B
8. 我很少吹嘘自己的成就	A	C
9. 我对世事感到厌倦	B	C
10. 我参加一项活动的主要目的是取胜	C	A
11. 我容易被大多数人所动摇	C	B
12. 我做出选择后就会按照我的办法去做事	C	A
13. 我的工作成就对我很重要	B	C
14. 我喜欢既需要大量体力又需要脑力的工作	A	C
15. 我常问自己的感受如何	A	C
16. 我相信那些使我心烦意乱的人自己心里清楚	C	B

得分（不计算答案 C）：
A 得分＿＿＿＿　　□照料人
B 得分＿＿＿＿　　□影响于人
A 和 B 总分＿＿＿＿　　□人

第二类：程序与系统	是	否
1. 我喜欢整洁	A	C
2. 我对大多数事情都能迅速做出结论	C	A
3. 接受过检验和运用过的决议最值得遵循	A	C
4. 我对别人的问题不感兴趣	B	C
5. 我很少对别人的话提出疑问	C	B

续表

6. 我并不总是能遵守时间	C	A
7. 我在各种社交场合下都感到坦然	C	B
8. 我做事总是愿意先考虑后果	A	C
9. 在限定的时间内迅速地完成一件事很有趣	B	C
10. 我喜欢接受紧张的新任务	C	A
11. 我的论点通常可信	C	B
12. 我不善于查对细节	C	A
13. 明确、独到的见解对我是很重要的	B	C
14. 别人会约束我的自我表达	A	C
15. 我总是努力完成开始做的事情	A	C
16. 大自然的美使我震惊	C	B

得分（不计算答案 C）：

A 得分_____　　　□言语
B 得分_____　　　□数据处理
A 和 B 总分_____　　　□程序与系统

第三类：交际与艺术	是	否
1. 我喜欢在电视节目中扮演角色	A	C
2. 我有时难以表达自己的意思	C	A
3. 我觉得我能写短篇故事	A	C
4. 我能为新的设计提供蓝图	B	C
5. 关于艺术我所知甚少	C	B
6. 我愿意做实际事情，而不愿读书或写作	C	A
7. 我很少留意服装设计	C	B
8. 我喜欢同别人谈论	A	C
9. 我满脑子独创思想	B	C
10. 我发现大多数小说很无聊	C	A
11. 我特别不具备创造力	C	B
12. 我是个实实在在的人	C	A
13. 我愿意将我的照片、图画给别人看	B	C
14. 我能设计有直观效果的东西	B	C

续表

	是	否
15. 我喜欢翻译外文	A	C
16. 不落俗套的人使我感到很不舒适	C	B

得分（不计算答案C）：
A 得分_____　　□文学、语言、传导
B 得分_____　　□可视艺术与设计
A 和 B 总分_____　　□交际与艺术

第四类：科学与工程	是	否
1. 辩论中，我善于抓住别人的弱点	C	A
2. 我几乎总是自由地做出决定	C	A
3. 想个新主意对我来说不成问题	A	C
4. 我不善于令别人相信	B	C
5. 我喜欢事前将事情准备好	C	B
6. 抽象的想象有助于解决问题	C	A
7. 我不善于修修补补	C	B
8. 喜欢谈不可能发生的事	A	C
9. 别人对我的议论不会使我难受	B	C
10. 我主要是靠直觉和个人的感情解决问题	C	A
11. 我办事有时半途而废	C	A
12. 我不隐藏自己的情绪	C	A
13. 我发现解决实际问题很容易	B	C
14. 传统方法通常是最好的	B	C
15. 我珍惜我的独立性	A	C
16. 我喜欢读古典文学作品	C	B

得分（不计算答案C）：
A 得分_____　　□研究
B 得分_____　　□实际
A 和 B 总分_____　　□科学与工程

评分标准：

　　上表中共有 64 个问题，每个问题后都有两个可供选择的答案，如果这个问题与你本人情况相符，将"是"栏中的字母圈出；如果不符，将"否"栏中的字母圈出。最后按圈出的字母多少计分。将你所选定的 A 和 B 按要求分别填入计分栏内。C 只表示你对某一类型工作缺乏兴趣，故不具体计分。

结果解释：

表中，分别有 4 个总分。0 ~ 4 分表明对某一类工作兴趣不大；5 ~ 12 分表明居中；13 分及以上表明兴趣很浓。总分最高的，说明这一类型工作最适合你，能满足你的个性所求。根据 A 和 B 的得分多少，可以进一步来确定职业范围的具体工作。

人：在这一大类中如果 A 得分多于 B，则说明你应该在医务工作、福利事业中寻找职业，如医生、健康顾问、照相师、社会工作人员、教师或演说家；如果 B 得分多于 A，那么你在治理、商业或管理方面会感到得心应手，如军队、警察、监狱、安全警卫、贸易代理、市场管理、资本开发、广告经营或市场研究等工作。

程序与系统：在这一大类中，如 A 得分多于 B，表明你适合做行政管理、法律等工作，如办公室主任、人事管理、组织秘书、律师、职业秘书、图书管理员、档案员、书籍研究或记录员；如 B 得分多于 A，那么你更适合做金融和资料处理工作，包括会计、银行、估价、保险统计、计算机程序和系统分析等工作。

交际与艺术：在这一类中，A 得分比 B 多表明适于做编导、文学或语言工作，如记者、翻译、电台或电视台研究员、广告抄写员或公共事务管理员；如果 B 得分多于 A，表明你更适合于做设计和可视艺术工作，如图案设计、制图、建筑、内部设计、剧场设计、时装设计和摄影等工作。

科学与工程：这类工作可分为研究和实际两种，A 得分多适于前者，B 得分多适于后者，但由于这类工作中的大部分职业既包含研究又有应用，所以不可能按照 A 或 B 得分多少而做出更具体的规定。这类工作包括生物学家、物理学家、化学家、机械工程师和土木工程师等。

第十二篇

大学生生命教育

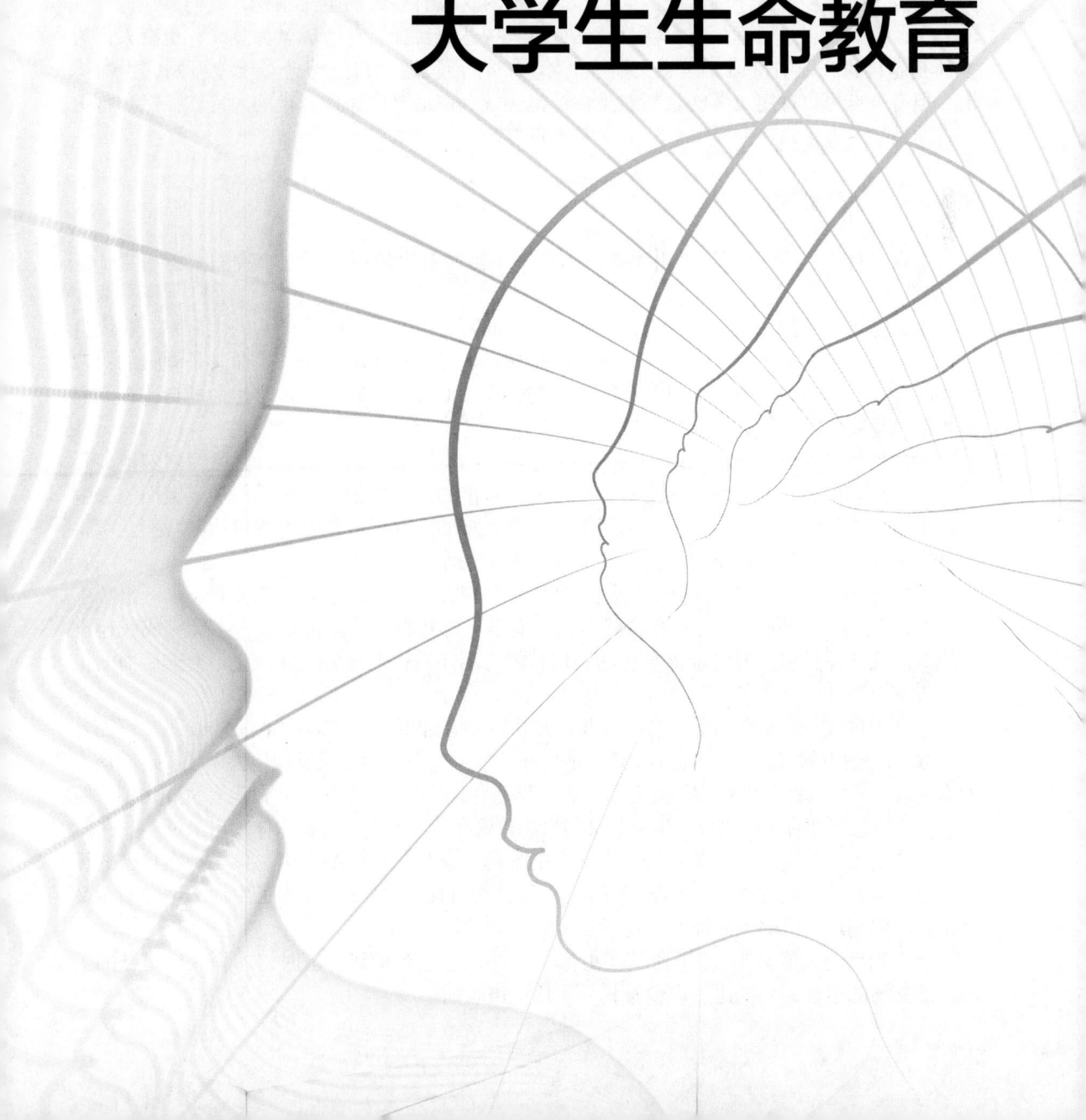

第一讲　认知生命

导　语

　　维克多·弗兰克尔在《活出生命的意义》一书中提出："人活着是为了寻找生命的意义，这也是人们一生中被赋予的最艰巨的使命。"面对这仅有一次的生命旅程，我们总在探寻它的意义。有人觉得过得幸福充实便是意义，有人视达成目标、有所成就为意义，也有人认为不断超越自我、证明价值才是意义所在。不同的生活境遇，自然塑造了千差万别的生命体悟。但有一点可以肯定：哪些始终对生命怀抱热忱、在追寻中保持坚定的人，往往能积蓄更多直面挑战的力量，在挑战中不断拓宽人生的边界。

案　例

　　生命是什么？"5·12"汶川大地震给予了丰富而有力的回答，它给我们上了一堂"生命教育"课。

　　生命脆弱又顽强。仅仅数秒钟的时间，超过6万人被地震吞噬了鲜活的生命——在大自然面前，人是多么地渺小，生命在灾难面前是如此地脆弱和不堪一击。生命又是顽强的：72个小时、129个小时、150个小时、179个小时甚至200多个小时，多少个生命的奇迹在人们的热泪中延续。坚持，坚韧，坚强……

　　生命短暂又永恒。大地震使无数人甚至连求生的本能都没出现以前，就已经匆匆地离开了这个世界。但是，如果换个角度看，生命又是永恒的，就比如那个为了保护宝宝而失去生命的母亲，她的生命在孩子身上延续了下来。那么多的幸存者，包括电视机前的我们，都将通过这位伟大的母亲，更加知道去珍惜生命，热爱生活。

　　失去才知生命分量。在这个世界上，只有即将失去的，才能体会它的重要。一位学生说："我好怕下一秒我就要离开好多好多人，就不能再开心，不能再难过，不能完成我还没完成的。现在才觉得千万要珍惜身边的一切，因为不知道将来会怎么样，会不会连后悔的机会都没有……"

　　生命无贵贱，意义有大小。第一批进入灾区的15位伞兵从近5000米的高空跳下，下面是层层浓雾，地面的情况如何谁也不知道。他们在留下了遗书之后义无反顾地去做了。还有众多的志愿者，毅然选择了投身抗震救灾第一线，践行生命的意义。的确，生命没有贵贱之别，但是，生命的意义却有大小之分。生命意义的大小，就在不同的人生选择中体现出来了。

　　生命的意义是责任。因为责任，那么多的老师、家长把自己的学生、孩子护在自己的怀里。当人们发现他们的时候，他们怀里的孩子没事，自己却被死神夺走了生命。生命的意义是责任，他们用自己的生命证实了这一点。

　　有一句话与大家分享："生命其实更像一座钟，总是在受到打击时，才释放出自己的美丽，那悠扬的声音，一声比一声悦耳，一声比一声顽强！"

启 示

生命是珍贵的，生命只有一次。汶川地震中的感人故事，使人们一次次问自己：生命是什么？

学习认知

一、什么是生命

生命是地球亿万年来演化的独特产物。科学家将生命定义为具有新陈代谢（通过摄取能量维持自身）、生长与繁殖（延续物种）、适应与反应（对外界变化作出调整）能力的有机体。从显微镜下的单细胞生物到人类复杂的躯体，生命以不同形式存在，但都遵循着相似的生存逻辑。不过，科学定义或许能解释生命的"机制"，却难以回答我们内心的困惑：为什么人类会流泪？为什么我们渴望被理解？这些追问引出了生命更深层的意义。

生命不仅是物质的存在，更是一种体验与创造的过程。当你在操场上奔跑时，迎面而来的风；当你为朋友准备生日惊喜时，对方眼里的光；当你深夜思考未来时，心中翻涌的期待与不安……这些看似普通的瞬间，恰恰构成了生命的独特价值。

古希腊哲学家亚里士多德曾说："生命的本质在于其目的性。"每个人都在用行动回答两个根本问题："我为何存在？"和"我想成为怎样的人？"——答案或许会随着时间改变，但追问本身就让生命有了超越生物本能的意义。

二、生命的形态

生命并非单一维度的存在，而是一个由多层次形态交织而成的整体。理解生命的不同维度，有助于我们更清晰地认识自我与世界的关系。生命可以划分为四个相互关联的形态：自然生命、精神生命、价值生命和智慧生命。

（一）自然生命

自然生命是生命最基础的形态，表现为呼吸、心跳、生长、衰老等生物过程。它是所有生命活动的物质载体，就像大地承载万物生长，没有自然生命的支撑，其他形态都将失去依托。

从生物学角度看，自然生命遵循着宇宙的基本规律：细胞通过新陈代谢维持生存，基因通过遗传延续物种，机体通过适应环境不断进化。人类的自然生命同样如此——饮食提供能量，睡眠修复身体，运动增强机能。然而，自然生命的特殊性在于其有限性：细胞的更新有极限，器官的机能会衰退。这种不可逆转的时间性恰恰凸显了生命的珍贵。

在快节奏的现代生活中，大学生容易忽视对自然生命的觉察。当长期熬夜成为习惯、饮食失衡变成常态时，身体会通过疲惫、免疫力下降等方式发出警告。自然生命不需要复杂的理论诠释，它的需求简单而直接：规律的作息、均衡的营养、适度的活动。尊重自然生命的规律，是对生命最根本的敬畏。

（二）精神生命

精神生命是人类特有的能力，包含我们的思想、情感、记忆和意志等。它不像身体那样看得见摸得着，却构成了每个人的内心世界。

精神生命的成长需要经历感受和思考的过程。通过读书学习前人的经验，通过接触艺术作品体会美好，通过反思自己的经历理解生活的意义。大学阶段正是精神成长的重要时期：

课堂上对问题的深入讨论让我们重新认识世界，对心理现象的探索帮助我们理解自己，独处时的自我反思逐渐解开内心的困惑。但精神成长不会一帆风顺，焦虑、孤独、自我怀疑这些困难时期，其实是心灵变得强大的必经之路。就像小树经历风雨才能长成大树，精神生命也需要经历考验才能更加坚韧。

精神生命还有一个特别之处：它能跨越时间和空间的限制。当我们读到几百年前诗人写下的诗句，发现和自己的心情如此相似；当我们在科学规律中找到与自然共鸣的感受，这时个人的精神世界就与整个人类文明连接在了一起。这种连接让有限的生命拥有了无限延展的可能。

（三）价值生命

价值生命是人对存在意义的主动探索，表现为对理想、责任、信念的追求。它使生命超越生物性存在，进入"为何而活"的深层维度。

这种形态的生命体现在日常选择中：选择诚实而非便利，选择坚持而非妥协，选择利他而非独善。对于大学生而言，价值生命可能萌芽于实验室里为真理反复验证的执着，可能成长于志愿服务中感受到的共情力量，也可能显现于对环境污染问题的深切关注。价值生命的核心在于建立个体与更广阔世界的联结，将"小我"融入"大我"的洪流。

价值生命的独特之处在于其创造性与延续性。一个人通过专业研究推动技术进步，通过艺术创作传递人性光辉，通过教育启迪后来者——这些行动创造的价值不会随个体生命的消逝而湮灭，反而会像投入水面的石子，激起层层涟漪，持续影响着未来的生命。

（四）智慧生命

智慧生命是指人类通过持续反思自身行为、思想及所处环境，不断提升认知能力和精神境界的生命状态。这种状态不是与生俱来的天赋，而是在学习、实践和思考中逐渐形成的特质。它推动人类以更理性的态度看待世界，用创新思维解决问题，同时促进精神世界的健康发展，使生命意义变得更加丰富完整。从个人成长到社会进步，智慧生命始终是推动人类文明向前的重要力量。

这种生命状态对个人和社会都具有重要意义。对个人而言，智慧生命能减少盲目冲动带来的错误选择。通过持续反思，人们会更清醒地认识自身优缺点，如在面临学业压力、职业选择、人际矛盾时，能够基于理性分析而非情绪冲动做出决策。同时，它帮助人们建立精神支柱：当遭遇挫折时，懂得从历史人物的经历中汲取力量；当感到迷茫时，能够通过哲学思考重新定位人生方向。对社会而言，智慧生命推动着思想文化的持续发展。历代学者对真理的追求、艺术家对美的探索、普通人日常生活中的道德实践，都在为人类文明积累精神遗产。这些积累最终形成社会共同的价值准则，为构建物质发展与精神提升相协调的文明形态奠定基础。

在当今复杂多变的世界中，智慧生命显得尤为重要。面对信息爆炸带来的认知混乱、技术革新引发的挑战、全球化背景下的文化冲突，唯有保持清醒的认知能力和崇高的精神追求，才能避免在纷繁世界中迷失方向。它帮助我们在追求专业成就时不忘人文关怀，在适应现实规则时守住道德底线，在享受现代便利时保持独立思考。对大学生而言，运用自己的人生智慧确立自己的精神追求，实现自己的生命价值，不断地超越自我，才能谱写人生美丽的篇章。

三、生命的特征

（一）生命的有限性

生命的有限性是所有生命体最根本的特征。这种有限性体现在三个方面：时间的有限、机会的有限和不可逆性。从生物学角度看，人类的寿命存在明确的上限。细胞分裂存在"海夫利克极限"，器官机能随年龄增长逐渐衰退，这是自然规律赋予的限制。这种有限性不是生命的缺陷，而是其本质属性，有限性让每个生命阶段都显得珍贵。对大学生而言，大学阶段看似漫长，但专业选择、人际交往、能力培养的关键窗口期往往转瞬即逝。这种机会的有限性提醒我们：生命不是无限容量的存储器，而是需要精心选择与投入的旅程。生命的不可逆性则体现在每个选择带来的连锁反应。这种不可逆性并非要让人畏首畏尾，而是强调慎重对待每个当下。就像在宣纸上作画，每一笔落下都会成为最终作品的一部分。

理解生命的有限性，不是要陷入对死亡的焦虑，而是为了唤起对存在的珍视。当意识到时间不可再生、机会不可重来、选择不可撤回时，我们才会更认真地对待课堂上的每分钟，更真诚地处理每段人际关系，更谨慎地做出人生重大决策。

（二）生命的独特性

每个生命都是宇宙中独一无二的存在。从生物学角度看，每个人的基因组合都是70亿分之一的概率事件。即便是同卵双胞胎，也会因后天环境差异形成不同的体质特征。指纹、虹膜、声纹等生物标识的独特性，早已被现代科技验证。这种生物唯一性决定了没有两具完全相同的身体，就像没有两片完全相同的树叶。

生命的独特性更深刻地体现在成长轨迹上。每个人经历的时空环境、家庭背景、教育经历、社会关系都构成独特的成长密码。同样的挫折，有人因此消沉，有人因此坚韧；同样的成功，有人变得谦逊，有人变得傲慢。这些差异源于个体对经历的不同解读与应对，就像相同的种子在不同土壤中会长出不同的形态。

认识独特性对大学生尤为重要。在竞争压力下，我们容易用统一标准衡量自我价值——成绩排名、实习经历、社交能力。但生命的独特性提醒我们：真正的成长不是成为"更好的别人"，而是发展"更好的自己"。就像交响乐团中，小提琴的悠扬与定音鼓的浑厚各有价值，生命的精彩正在于差异化的共鸣。

（三）生命的创造性

创造性是生命最显著的本质属性。这种创造性不仅体现在艺术或科技领域，更贯穿于生命存在的全过程。生命从诞生起就具有自我塑造的潜能。婴儿通过哭闹探索与外界的互动模式，青少年通过叛逆确立自我边界，成年人通过反思调整人生方向。这种持续的自我更新能力，使生命永远不是被动的存在。就像雕塑家不断雕琢自己的作品，每个人都在用选择塑造着"我是谁"。

在环境互动中，生命展现出改造世界的创造力。远古人类用火驱散黑暗，现代程序员用代码构建虚拟世界，这种创造既改变物质环境，也重塑精神空间。大学生的创造性不仅体现在学术创新，也存在于日常生活的每个细节：用新方法解决社团管理难题，用独特视角解读经典文献，用个性化方案平衡学习与生活。

生命的创造性提醒我们：人不是命运的被动承受者。即便面对先天条件或环境限制，依然保有创造可能性的空间。选择颓废度日还是积极进取，决定抱怨环境还是主动改变，这些日常选择都是创造生命形态的实践。

（四）生命的不可再生性

生命一旦终止，所有生理机能即刻停止，这是不可违背的自然法则。现代科技可以冷冻细胞、克隆生物，但无法复制特定个体的完整生命。那双爱笑的眼睛、思考时摸耳朵的习惯、独特的笑声，都将随着生命终结而永远消失。这种不可再生性让每个生命成为绝版珍藏。

理解不可再生性，不是要陷入对失去的恐惧，而是为了建立对生命的敬畏感。当意识到每个细胞都在不可逆地老化，每个选择都在塑造不可更改的人生轨迹时，自然会慎重对待熬夜消耗的健康、敷衍应对的人际关系、随意挥霍的学习机会。这种敬畏，正是尊重生命的表现。

阅读与思考　　张海迪的生命之歌

张海迪生于 1955 年。5 岁那年，她因疾病导致胸部以下完全丧失知觉，日常生活需要他人照料。医学界普遍认为，此类高位截瘫患者的平均生存年限难以超过 27 岁。面对生命时限的警示，她深刻意识到时光的宝贵，以加倍的努力投入学习与工作，将"活着就要创造价值，我不能碌碌无为地活着，活着就要学习，就要多为群众做些事情。既然是颗流星，就要把光留给人间，把一切奉献给人民"贯彻到底。

1970 年随家人参与农村建设期间，目睹基层医疗资源匮乏的现状，她萌发研习医术的志向。通过自购《针灸学》《人体解剖学》等专业书籍及医疗器具，系统钻研医学知识，并在自己身上反复试验针灸技法。经持续努力，她逐步掌握常见病症诊疗技术，10 余年间累计为民众提供诊疗服务万余次。

返城后，张海迪转向文学创作领域系统发展。在深入研读中外文学经典的同时，拓展艺术修养，研习绘画与音乐，掌握手风琴、琵琶等多种乐器演奏技艺。自 1983 年起，先后完成《海边诊所》等译著，撰写《生命的追问》《轮椅上的梦》等原创作品，累计完成文学创作及翻译逾百万字。

面对知识探索道路上的挑战，她始终秉持坚韧品格。曾有访客因药品外文说明书翻译问题求助未果，此事促使她系统开启外语学习计划。她坚持每日掌握 10 个新词汇的学习标准，遇访客便虚心求教语言知识。历经 7 余年刻苦钻研，最终精通英语文献翻译，并相继掌握日语、德语应用能力。这位轮椅上的奋斗者，用永不言弃的精神谱写出顽强奋进的人生乐章。

思考：

张海迪的生命历程体现了怎样的生命观？

心理训练　　生命线

每个人的生命都只有一次，生命线就是大家每个人走过的路线，游戏中请大家画出自己的人生路线。

1. 将白纸横向摆好，在最上方写下：×××（姓名）的生命线。然后从左至右画出一条直线，在直线的最右端加上一个箭头，使其成为一条有方向的线。

2. 按照自己设想的生命长度，找到现在所在的点，并做好标记。在标记的左侧（即过去的岁月），将对自己有重要影响的事件写下来，并标注事件发生的时间。

3. 认真思考，在以后的岁月里，自己最想实现的 2 ~ 3 个目标，或可能出现的重要事件（如升职、结婚等），将其写在第一个标记的右侧（即未来的岁月）。

4. 填写后，与同学们进行分享交流，交流中轮流展示自己的生命线，边展示边说明。

第二讲　生命意义的求索

导 语

　　法国著名文学家雨果曾说过："人有了物质才能生存，人有了理想才谈得上生活，你要了解生存与生活的不同吗？动物生存，而人则生活。"人不仅要让自然生命"活着"，更要追求精神生命，活出意义与价值。失去了意义的生活，就不再是人的生活，失去了意义的生命也就异化为动物的生存。人的生命存在的最大特点就是不满足于动物式的生存，而是追求有意义的"人的生活"。人对生命意义的认识和追求不是与生俱来的，是在教育的启发、引导下产生的。教育通过文化的创造与传递，使人认识到自己生命存在的意义，确立自我的人生价值观，具备在复杂多元的社会中发现自己的生活意义、选择与更新自己的生活方式、实现自己生命价值的能力。

案 例

　　小朱是一名大二学生。高考时由于过度紧张发挥失常，没能考上心仪的大学，这让他感到非常自责和失落。为了逃避现实压力，从大一开始，他经常泡在网吧打游戏，试图在虚拟世界中寻找成就感。但渐渐地，他发现游戏带来的快乐转瞬即逝，反而越玩越觉得空虚，生活也陷入恶性循环：经常熬夜导致白天上课没精神，成绩越来越差，对未来的迷茫感也越来越重。

　　到了大二，情况依然没有好转。他每天机械地上课、回宿舍，重复着吃饭、打游戏、睡觉的生活。曾经期待的大学生活变得索然无味，取而代之的是持续的低落情绪——走在校园里会突然鼻子发酸，看到食堂里热闹的同学，反而觉得自己更孤单。因为性格内向，他害怕同学知道自己的真实状态后会嘲笑他，所以平时总是强装镇定，刻意避开和别人的深入交流。这种压抑让他心理负担越来越重，甚至开始怀疑人生的意义：既感觉不到现在的生活有什么价值，也不知道未来该期待些什么。

启 示

　　人生意义的缺失如同失去指南针的航行，越是逃避越会迷失方向。要使有限的生命发挥其最大的潜能，把有限的生命活出无限的光彩，大学生就必须认识生命的意义，找到自己生命的意义。

学习认知

一、生命意义的内涵

　　美国心理学家斯特格提出，生命意义如同编织一张网，由联系、理解与解释共同构成。

这张网不仅帮助人们解读过去经历的价值，也为未来指明方向，更重要的是让人感受到生命本身的分量——它不只是时间的累积，更是独特价值的存在。对大学生而言，理解生命意义的三个核心维度，能帮助我们在迷茫时找到锚点，在困惑中看见方向。

1. 一致性

一致性是指生命经历的连贯感。当过去的经历、当下的状态与未来的期待能够相互呼应时，人会产生"我的生活是完整且有逻辑的"的认知。

许多大学生初入校园时会经历"意义断层"：高中时明确的目标（考上大学）突然消失，新环境的人际关系、学习模式带来冲击，过去积累的经验似乎不再适用。这种断裂感容易引发焦虑——我为什么在这里？这些课程对未来有什么用？此时重建一致性至关重要。当零散的经历被串联成有意义的故事，那些看似无关的事件（如一次失败的实验、一场深夜谈心）都会成为自我认知的拼图。

2. 目标性

目标性不是指具体的人生规划，而是对生命走向的主动选择。它像一盏灯，既照亮前路，也让行走的过程充满动力。

大学生常陷入两种极端：要么被绩点竞赛、考证焦虑推着走，要么彻底放弃规划"躺平"度日。真正的目标性介于两者之间——需要思考：我希望通过专业学习成为怎样的人？哪些事情能让我十年后依然觉得值得？这种思考可能暂时没有答案，但追问本身就能带来力量。大学生需牢记：目标性不是贴在墙上的计划表，而是强调对生活中有价值的目标和理想的追求。

3. 重要性

重要性是对自我价值的根本确信，即我的存在本身就有意义。这种确信不是依赖外在成就，而是源于对生命本质的尊重。

社交媒体制造的成功模板容易让人产生错觉：似乎只有拿到顶尖 offer、创业融资、成为名人才算活得有价值。但心理学家斯特格指出，重要性的本质是存在价值而非比较价值。在校园生活中，这种价值可以体现在：耐心教同学解题时的被需要感；即便成绩普通，依然认真完成课程作业等。就像一颗露珠也能折射阳光，平凡的选择同样具有重量。当意识到自己的每个行动都在参与世界构建，那些"不够优秀"的自我怀疑便会逐渐消散。

二、大学生对生命意义的认识

生命意义感是人们对生活目标、价值的清晰认知。具有意义感有助于促进身心健康、提升抗压能力、增强幸福感。而意义感缺失时，则容易引发心理失衡。

（一）大学生生命意义感的现状

1. 大学生存在生命意义感缺失现象

当前许多大学生存在生命意义感不足的现象。国际调查显示，约 40%～81% 的学生曾明确感受到生活缺乏意义感，其中北美地区比例尤为突出。超过 3/4 的学生将"探寻生命意义"列为首要人生目标，部分学生将物质积累视为核心追求。这种现象逐渐向低龄群体蔓延，部分中学生已开始出现"生活空虚""找不到方向"等问题。

2. 大学生生命意义感年级差异明显

不同年级的大学生对生命意义的感知有所不同。对大一新生来说，因高考结束带来的积极心态，让他们普遍对大学生活充满热情，对生命意义的态度较为积极；大学中年级学生随着新鲜感消退，学习压力逐渐增加，逐步进入"意义低谷期"，多数学生表现出迷茫、倦怠与方向感缺失；而高年级学生虽通过实践积累，逐渐明确自我定位，但面临就业压力与人生规划的现实挑战，仍有许多学生感到生活满足感不足。

这种变化反映了大学生心理成长的典型过程：从初入校园的理想化阶段，到现实冲击下的困惑阶段，最终通过自我调整进入成长阶段。其中，大学中年级阶段的"意义低谷期"尤为值得关注——学生既失去了新生的光环保护，又尚未形成成熟的应对能力，是心理问题高发阶段，也是主动建构生命意义的关键阶段。

（二）影响大学生生命意义感的因素

1. 人际关系与家庭氛围

家庭关系的亲密程度与人际关系的质量，影响着生命意义感的形成。成长于温暖包容家庭环境的学生，往往对生命价值持有更积极的认知；而长期处于冷漠冲突关系中的学生，更容易陷入意义感缺失的困境。良好的人际互动能提供情感支持，缓解孤独感，形成正向的自我价值认同。

2. 学业表现

大学生生命意义感的发展，受学业表现的影响。如学业成就较高的学生生命意义感得分更高，长期学业受挫的学生生命意义感相对较低。

3. 年龄差异

大学生处于青春期向成年早期迈进的阶段，也是最容易质疑生命意义的阶段。处于此阶段的青少年有较强的前进动机，希望使未来的生活更有意义，但同时他们也体验到了一定的空虚感。

4. 其他因素

家庭社会经济条件、宗教信仰、社会期望、健康状况、专业素质、就业前景等因素也是生命意义感的重要影响因素。

三、生命意义感与心理健康

（一）生命意义感对心理健康的积极影响

生命意义感如同心理健康的"锚"，能够在动荡的生活中提供稳定的支撑。当一个人清晰地认识到自己的存在价值和人生目标时，即便面对困境，也能从更宏观的视角审视问题，将短暂的挫折转化为成长的养分。这种内在的认知框架，对维护心理健康具有多维度的影响。

1. 生命意义感有助于增强心理韧性

心理韧性并非天生的特质，而是通过持续的意义建构逐渐形成的能力。拥有明确生命意义感的学生，在应对挫折与困境时，往往展现出更强的适应力。这是因为他们将挑战视为实现目标的必经之路，而非对自我价值的否定。例如，当面对考试失利时，意义感明确的学生会认为这是探索学习方法的契机，而不会陷入自我能力不足的怀疑中。心理学中弗兰克尔创始的意义中心疗法指出，每一个苦难都蕴含着积极的意义，当我们找到苦难背后的意义时，就能更好地应对生活中的种种挑战。

2. 生命意义感有助于缓解负面情绪

抑郁、焦虑等情绪问题的核心特征之一是无助感，即认为自己的行动无法改变现状。

而生命意义感恰恰能打破这种认知僵局。这种认知转变能显著降低负面情绪的强度。一项追踪研究发现，持续记录今日意义时刻的学生，三个月后抑郁水平显著下降。其作用机制在于，意义感激活了大脑的奖赏回路，使人持续获得正向反馈，从而形成情绪调节的良性循环。

3. 生命意义感有助于促进自我实现

根据心理学家马斯洛的需要层次理论，自我实现是人生追求的最高境界。当学生将社团活动视为培养领导力的机会，或是把课程作业看作解决实际问题的演练时，他们的行动便超越了单纯的任务完成，进入了价值创造的层面。这种认知转变会激发强大的内在动力。更重要的是，这种动力具有自我强化的特点：每完成一次有价值的实践，都会加深对生命意义的理解，进而激发更持久的行动热情，形成发现意义、积极行动、实现价值的良性循环。

4. 生命意义感有助于增强应对困境的力量

生命意义感有助于在危机时刻提供支撑。研究发现，"9·11"恐怖事件中，拥有较高水平生命意义感的个体，能更好地从创伤中恢复过来。在汶川地震幸存者中，那些能将自己的幸存与"帮助他人重建生活"相联结的个体，创伤后应激障碍的发生率比对照组低41%。

（二）生命意义感缺失对大学生的消极影响

大学生生命意义感匮乏时，不仅会降低心理适应能力，甚至可能引发连锁性的心理危机。

1. 更容易感到空虚与迷茫

如果缺少生命意义感，大学生即使每天按时上课、完成作业，也像被设定程序的机器人，重复着机械化的生活。长期陷入空虚与迷茫的状态，容易让人难以将注意力集中在需要认真对待的任务上，也难以从完成任务中体验到愉悦的感觉，同时可能会出现抑郁、焦虑等负性情绪。

2. 更容易采用消极补偿作为对策

在生命意义的探索过程中，部分学生可能因暂时未能建立稳定的生命意义感，转而通过替代性行为寻求心理补偿。常见表现包括沉迷虚拟游戏世界、过度投入社交媒体形象经营等。短期来看，这些行为暂时可以让人回避掉缺少意义感带来的痛苦，但若长期依赖这种心理补偿策略，反而会加剧自我否定，导致更深层次的心理困扰。

3. 更容易体验到负面情绪

当意义感持续缺失，人们往往对负面事件的敏感度增加，更容易因日常小事引发强烈的负面情绪反应。例如，一次普通的考试失利，可能被看作人生彻底失败的证据；室友的一句无心玩笑，也可能引发剧烈的情绪波动。意义感缺失的人常常难以有效抵御挫折和压力，因此，建立生命意义感，对于情绪稳定和心理健康至关重要。

4. 更容易消极应对生活

当生命意义感持续缺失时，消极应对模式会悄然渗透到生活的每个角落：学业上，作业总是草草应付，上课变为机械性的签到；对朋友的倾诉只给予心不在焉的回应……某高校调查显示，那些意义感薄弱的学生持有"做一天和尚撞一天钟"的心态。这种消极惯性如同生锈的齿轮，越是停滞不前，就越难重新启动。

总之，生命意义的追寻，是人类生存的基本动机，而能否发现个人独特的生活目标与生命意义，更是与个人心理健康有重要关系。对大学生而言，积极构建自己的生命意义，有助于理解过往经历，制订计划去实现预定的目标。

四、探寻生命意义

在大学生活的广阔舞台上，每一位学子都在追寻着属于自己的光芒。这光芒不仅来源于学业上的成就，更源于对生命意义的深刻理解和探索。生命意义，这个看似抽象却又无比实在的概念，如同一盏明灯，照亮着我们前行的道路，给予我们无尽的动力和勇气。对于正处于人生关键转折期的大学生而言，探索生命意义不仅关乎个人的心理健康，更是成长成才不可或缺的一环。以下，我们将从自我认知、生活实践、人际联结三个方面，探讨大学生如何有效探索生命的意义。

（一）在自我认知中发现意义

1. 反思与自我觉察

自我认知是探索生命意义的第一步，它要求我们学会静下心来，像一位旁观者一样审视自己的内心世界。这包括对自己的价值观、兴趣、优点与不足进行全面而客观的评估。大学生可以通过写日记等方式，定期进行自我反思，记录下每一天的成长与困惑，逐渐明白自己的内心需求与生命目标。自我觉察的过程可能伴随着痛苦与挑战，但正是这些经历，让我们更加真实地面对自己，为寻找生命的意义奠定坚实的基础。

2. 设定个人目标

在自我认知的基础上，明确个人目标是引导生命航向的关键。大学生应根据自身的兴趣、能力和长远规划，设定短期与长期的目标。制定目标时，保持灵活性与可调整性，适时调整方向以适应外部环境的变化和个人成长的节奏。通过不断追求并实现这些目标，我们能在实践中感受到生命的意义与价值。

（二）在生活实践中找寻答案

1. 在日常小事中寻找意义感

生活的意义感往往来自生活里的一件件小事。加州大学曾追踪 500 名大学生的日常行为，发现每天记录 3 件有意义小事的学生，3 个月后抑郁指数显著下降。这些行动看似寻常，却在日复一日地坚持，让人逐渐感受到：我在认真生活。而意义感正源于这种对生活的积极态度。

2. 在社会实践中体验生活的多样性

通过实习、社会服务等实践活动，大学生得以走出象牙塔，近距离接触社会的多元面貌。这些经历不仅让我们对职业有了初步的认识和规划，更重要的是，在与不同背景人群的互动中，我们学会了尊重与理解，体会到了奉献与助人的喜悦。这些情感的积累，逐渐丰富了我们对生命价值的认知。

（三）在人际联结中找寻归属感

1. 建立深厚的人际关系

人是社会性动物，良好的人际关系是探索生命意义不可或缺的一部分。大学生应积极拓展社交圈，与家人、朋友、师生建立深厚的情感联系。这些关系网不仅提供了情感支持，还能在遇到困难时给予鼓励与帮助，让我们感受到归属与爱的力量。在与人交往中，学会倾听、表达与共情，这些技能不仅能够促进关系的深化，也是个人成长的重要方面。

2. 发展亲密关系

恋爱在大学生情感生活中占据着举足轻重的地位，因为它为个体提供了深入了解自我与他人的宝贵机会。一段健康的恋爱关系能够显著提升个人的情感成熟度，它不仅是学习如何爱与被爱的课堂，也是探索在关系中保持独立与依赖平衡的试验场。通过这段经历，大学生能够深刻体会到理解、包容与相互支持的价值，这些要素在构建健全人格、领悟生命真谛的过程中发挥着不可替代的作用。

探索生命意义是一场漫长而深刻的旅程，它伴随着我们的成长，贯穿整个大学生涯乃至一生。作为新时代的大学生，我们应勇于担当时代赋予的使命，不断学习新知识，积极投身实践，勇于探索未知领域。在这个过程中，生命的意义将逐渐显现，照亮我们前行的道路，让我们的大学生活乃至整个人生都充满意义与光彩。

阅读与思考

人生没有意义

我有过若干次演讲的经历，在我的记忆中，有一次经历非常难忘。

那是在一所很有名望的大学的讲演。讲演告一段落，进入回答问题阶段，我迫不及待地打开堆积如山的纸条。纸条上提得最多的问题是："人生有什么意义？请你务必说真话，因为我们已经听过太多言不由衷的假话了。"

我念完这个纸条后，台下响起了掌声。我说今天你们提出的这个问题很好，我会讲真话。我在西藏阿里的雪山之上，面对着浩瀚的苍穹和壁立的冰川，如同一个茹毛饮血的原始人，反复地思索过这个问题。我相信，一个人在他年轻的时候，是会无数次地叩问自己——我的一生，到底要追索怎样的意义？

我想了无数个晚上和白天，终于得到了一个答案。今天，在这里，我将非常负责地对大家说，我思索的结果就是：人生是没有任何意义的！

这句话说完，全场出现了短暂的寂静，如同旷野。但是，接着就响起了暴风雨般的掌声。

那是我在讲演中获得最热烈的掌声。

我说，大家先别忙着给我掌声，我的话还没有说完。我说人生是没有意义的，这不错，但我们每个人都要为自己确立一个意义。

是的，关于人生的意义的讨论，充斥在我们的周围。很多说法，由于熟悉和重复，已让我们从熟视无睹滑到了厌烦。可是，这不是问题的真谛。真谛是，别人强加给你的意义，无论多么正确，如果它不曾进入你的心理结构，它就永远是身外之物。比如我们从小就被家长灌输过人生意义的答案。在此后的漫长岁月里，谆谆告诫的老师和各种类型的教育，也都不断地向我们"批发"人生意义的补充版。但是，有多少人把这种外在框架当成了自己内在的标杆，并为之定下了奋斗终身的决心？

那一天结束之后，我听到了有的同学说，我觉得最大的收获是听到了一个活生生的中年人重新评说，人生是没有意义的，但你要为之确立一个意义。

（资料来源：摘自毕淑敏散文《人生没有意义》）

👥 **思考：**

你认为人生的意义是什么？

心理自测

生活目的测试量表

在下列句中请选择你认为最能代表你的感受的数字填在括号内。这些数字是从一个极端（例如1）到另一个相反的极端（例如7），它们代表不同程度的感受。"4"代表介于中间的状态（如不能做出决定）。

例：我觉得自己（　）。很快乐　　　　　　　　　　很不快乐
　　　　　　　　　　　1　2　3　4　5　6　7

如果您觉得自己很快乐，就在括号内填上1；
如果您觉得自己快乐，就在括号内填上2；
如果您觉得自己还算快乐，就在括号内填上3；
如果您觉得自己快乐状况一般，就在括号内填上4；
如果您觉得自己不是很快乐，就在括号内填上5；
如果您觉得自己不快乐，就在括号内填上6；
如果您觉得自己很不快乐，就在括号内填上7。

1. 我常觉得（　　　）。
　　1　　2　　3　　4　　5　　6　　7
　　无聊　　　　　　　　　　　　　充满活力
2. 我觉得我的生活（　　　）。
　　1　　2　　3　　4　　5　　6　　7
　　总是令人兴奋　　　　　　　　　单调无趣
3. 我的生活（　　　）。
　　1　　2　　3　　4　　5　　6　　7
　　毫无目标与计划　　　　　　　　有清楚明确的目标
4. 我的一生（　　　）。
　　1　　2　　3　　4　　5　　6　　7
　　空虚且毫无意义　　　　　　　　很有意义与目标
5. 我觉得每一天（　　　）。
　　1　　2　　3　　4　　5　　6　　7
　　都是崭新的一天　　　　　　　　都一成不变
6. 如果可以重新选择，我宁愿（　　　）。
　　1　　2　　3　　4　　5　　6　　7
　　从未出生　　　　　　　　　　　再活几次这样的人生
7. 如果不再上学，我会（　　　）。
　　1　　2　　3　　4　　5　　6　　7
　　做一些我一直想做的事　　　　　整天无所事事
8. 我在达成生活目标方面（　　　）。
　　1　　2　　3　　4　　5　　6　　7
　　毫无进展　　　　　　　　　　　完全达成我的理想

9. 当我空闲时，我觉得（ 　　）。

　　1　　　2　　　3　　　4　　　5　　　6　　　7

　　空虚且沮丧　　　　　　　　　　　　　　　　生活多姿多彩

10. 我觉得周围世界（ 　　）。

　　1　　　2　　　3　　　4　　　5　　　6　　　7

　　很令我感到困惑　　　　　　　　　　　　很有意义且适合我

11. 如果今天我死了，我会觉得（ 　　）。

　　1　　　2　　　3　　　4　　　5　　　6　　　7

　　不虚此生　　　　　　　　　　　　　　　　此生毫无价值

12. 想到我的生命，我（ 　　）。

　　1　　　2　　　3　　　4　　　5　　　6　　　7

常怀疑我为什么活着　　　　　　能了解自己活着的理由

13. 我是一个（ 　　）。

　　1　　　2　　　3　　　4　　　5　　　6　　　7

　　很不负责任的人　　　　　　　　　　　　很负责任的人

14. 对于"人有选择的自由"这个观点，我相信（ 　　）。

　　1　　　2　　　3　　　4　　　5　　　6　　　7

　　人有完全的自由　　　　　　完全受遗传和外在环境的影响

15. 我觉得死亡是（ 　　）。

　　1　　　2　　　3　　　4　　　5　　　6　　　7

　　很可怕的事　　　　　　　　很自然的事，是生命的一部分

16. 对于自杀，我（ 　　）。

　　1　　　2　　　3　　　4　　　5　　　6　　　7

曾认真想过是解决问题的一个方法　　　　　　从不考虑

17. 我觉得自己寻找生命意义、目标或任务的能力（ 　　）。

　　1　　　2　　　3　　　4　　　5　　　6　　　7

　　很强　　　　　　　　　　　　　　　　　　完全没有

18. 我觉得我的生命（ 　　）。

　　1　　　2　　　3　　　4　　　5　　　6　　　7

　　掌握在我的手中　　　　　　　　　　　不是我所能控制的

19. 我觉得我日常的任务或工作（ 　　）。

　　1　　　2　　　3　　　4　　　5　　　6　　　7

　　是快乐和满足的来源　　　　　　　　　　痛苦与沉闷

20. 我已发现，我的生活（ 　　）。

　　1　　　2　　　3　　　4　　　5　　　6　　　7

没有意义目标　　　　　　　　有明确且令我满意的目标

评分标准：

第 1、3、4、6、8、9、10、12、13、15、16、20 等 12 题为正向计分题；

第 2、5、7、11、14、17、18、19 等 8 题为反向计分题。将各题得分相加。

　　结果解释：

　　112 分以上为高分组，表示有明确的生活目标与意义；92 ～ 112 分之间为中间组，表示生命的意义与目标不确定；92 分以下为低分组，表示明显缺乏生命意义感。分数愈高，表示个人觉得其生命愈具有意义与目的；分数越低，表示生命缺乏意义与目的，易感受到"存在的空虚"。

第十三篇

大学生常见心理问题及防治

第一讲　大学生常见心理问题和心理障碍

导　语

青年时期历来被认为是最阳光最健康的人生阶段。但近几年，随着社会转型和现代化进程的加快，新时期出现各种问题和矛盾，对大学生的心理产生了巨大的冲击。身处生理、心理和思想急剧变化的时期，大学生面临着如学习压力、父母离异、家庭危机、生活困难、情感烦恼等诸多挑战，这些因素都容易导致大学生出现心理问题，若这些困扰无法找到合适的倾诉渠道，得不到及时的心理帮助或治疗，久而久之会影响大学生的健康成长。总体而言，当前大学生的心理健康状况并不尽如人意。了解异常心理的种类、表现、预防及治疗方法，是大学生构建健康心理不可缺少的一个内容。

案　例

小秦是个自尊心极强又多愁善感的男生，凭着自己的刻苦努力，在班级的成绩一直名列前茅。经过高考的"拼杀"，他自信满满地进入大学校园，之后，突然发觉自己站在"山顶"的感觉没有了。在高手如云的校园内，昔日那种"鹤立鸡群"的优越感已荡然无存，"众星捧月"的地位变了。特别是在大学的第一次期末考试中，他竟有一门课程未能及格，这导致他的自信心瞬间崩溃。从此，他感到学习愈发艰难，对自己的能力越来越缺乏信心，成绩也随之每况愈下。他的生活变得毫无规律，食欲不振，常常失眠，最终甚至萌生了退学的念头。

启　示

小秦当下所面临的心理问题是适应不良。其特点是存在长期的不良刺激或对环境的难以适应，导致其社会功能不同程度地受到损害。这种情况要及时向学校心理咨询部门求助，通过心理调节，能够得到改善，恢复正常生活状态。

学习认知

通常我们把大学生心理问题根据其严重程度，分为心理问题、心理障碍和精神疾病。心理问题主要是指各种适应问题、应激问题、人际关系问题等；心理障碍主要是指人格障碍和性心理障碍等；精神疾病是指人脑机能活动失调，丧失自知力，不能应付正常生活，不能与现实保持恰当接触的严重的心理障碍。事实上，大学生中有心理障碍或精神疾病的学生并不多，多数学生遇到的都是一般心理问题，但是，即使一般心理问题也会在很大程度上影响学生的发展，若不及时调节和疏导，持续发展下去就可能导致心理障碍或精神疾病。

一、大学生常见的心理问题

心理问题包括一般心理问题和严重心理问题，其中一般心理问题是指症状不多且不重，出现时间不超过 2 个月，没有或基本没有影响当事人的学习、工作和生活，而严重心理问题是指症状较为强烈，出现时间不超过 6 个月，对当事人的学习、工作和生活有一定程度的影响。大学生常见心理问题主要有：

1. 生活适应问题

这一问题在大学一年级新生中表现最为突出。新生来自全国各地，以往的家庭环境、受教育环境、成长经历、学习基础等相差很大。来到大学后，在自我认知、同学交往、自然环境等各方面都面临着全面的适应和调整。部分大学生的自理能力、适应能力和调整能力较弱，有的思家、恋旧，常常偷偷以泪洗面；有的厌学、彷徨、沉溺于无所事事；有的失眠、抑郁、在焦灼中挨度日子；有的觉得自己低人一等，丧失自信；更有的则想休学、退学，打起退堂鼓，无法面对新的生活。

2. 学习问题

大学生的主要任务是学习，而学习过程中遇到的困难和挫折对他们的影响尤为突出。众多实例证明，学习成绩的不理想是引发大学生焦虑情绪的关键因素之一。尽管大学生在中学阶段可能表现出色、游刃有余，但大学学习与中学有着显著的差异，这导致许多大学生面临学习上的困扰，包括不适应大学的学习方法、学习态度消极、学习兴趣缺乏以及考试焦虑等。如毛某是某工学院二年级学生，来自某重点中学，在中学时算班上成绩优良的学生，从未有学习吃力的感觉，进入大学后，他的成绩在班级中下滑，自尊心受到打击，从此放弃了努力，第一学年结束时两门课程不及格，于是觉得对不起父母，萌生了留级或退学的念头。

3. 人际关系问题

受应试教育的影响，多数学生在人际交往方面显得较为封闭，能力相对薄弱。进入大学后，如何与周围的同学友好相处，建立和谐的人际关系，是大学生面临的一个重要课题。由于每个人个性特征不同、人际交往的态度不同，再加上青春期心理固有的闭锁、羞怯、敏感和冲动，都使大学生在人际交往过程中不可避免地遇到各种困难，从而产生困惑、焦虑等心理问题，这些问题严重时甚至影响他们的健康成长。例如，某学院机械专业二年级学生林某，上了大学后不知道如何与人交往，人际关系问题使他伤透了脑筋，吃尽了苦头。上学一年多，他和班上同学很不融洽，跟同寝室人发生过几次不小的冲突，后来搬出宿舍，几乎不与同班同学来往，集体活动也很少参加，与同学感情淡漠，隔阂加深，常常感到特别孤独和自卑，情绪烦躁。长期的苦恼和焦虑使他患上了焦虑症，于是丧失了学习兴趣，厌倦学习，厌恶同学，坚持要休学。

4. 亲密关系问题

恋爱一直是大学校园的热门话题。大学生处于青年中后期，性发育成熟是重要特征，恋爱是大学生中常见且重要的话题。由于青春期教育的缺失，很多学生根本没弄懂什么是真正的爱情，对异性的神秘感和渴望交织在一起，因此产生了各种心理问题，严重的还导致心理障碍。他们有的求爱遭到拒绝后陷入深深的自责与自卑中，有的面对"第三者"而焦虑、抑郁，有的因单相思或暗恋某人而茶饭不思，有的因失恋而萌发报复或自杀念头。

5. 网络成瘾问题

互联网为人类的学习、日常生活及职业生涯开启了全新的维度，成为现代人生活中不可或缺的关键要素，同时也为大学生群体搭建了一个增进知识、拓宽社交边界及满足精神追求的广阔舞台。然而，若缺乏适当的自我约束，过度沉迷于娱乐与寻求刺激之中，这片数字天地也可能转变为一个诱惑重重且暗藏危机的漩涡，导致大学生容易陷入网络成瘾的困境。大学生作为网络成瘾的高风险群体，过度依赖网络往往引发对现实世界的排斥与逃避心理，进而导致人际关系的疏远、自我认知的混乱、学业受阻，乃至出现人格分裂、心理障碍等严重后果。

6. 择业问题

职业选择方面的心理冲突往往出现在高年级学生中，经过四年的苦修苦练，总希望让自己找到一份满意的工作，他们会考虑个人理想、收入多少、社会声望、工作条件、发展前途等因素，而如今社会竞争激烈，用人单位的要求也越来越高，加之很多大学生在校时一心读书，与社会接触少，对社会缺乏真正的了解，这些情况导致大学生在找工作时觉得现实与自己想象差距太大，从而失落、不安、彷徨和焦虑。

二、心理障碍的常见分类

心理障碍是指个体在心理功能或行为方面出现异常，导致其在社交、工作、学习等方面有困难或受到明显困扰的情况。心理障碍可能涉及情绪、思维、行为和人格等方面的问题，严重程度各有不同。以下是几种心理障碍。

1. 抑郁症

抑郁症是一种以抑郁情绪为突出症状的心理疾病。患者主要表现为情绪低落，兴趣减低，悲观，思维迟缓，缺乏主动性，自责自罪，食欲不振或暴饮暴食，失眠或嗜睡，严重者可出现自杀念头和极端行为。

抑郁症的患病与遗传因素有关，并受社会压力、药物和睡眠等环境因素的影响。当一个人同时面临社会、心理、躯体等多方面问题时，脑内会发生某种生物化学改变，出现抑郁。但是，一个人偶尔感到悲伤、疲劳或气馁，这不是抑郁症。抑郁症与一般的"不高兴"有着本质区别，它有明显的特征，综合起来有三大主要症状，就是情绪低落、思维迟缓和意志行为减退。患抑郁症后基本是不可能凭借自己的力量摆脱抑郁的。严重的抑郁症通常需要抗抑郁药治疗，或同时配合心理治疗。

2. 焦虑症

焦虑症以广泛性焦虑症（慢性焦虑症）和发作性惊恐状态（急性焦虑症）为主要临床表现，常伴有头晕、胸闷、心悸、呼吸困难、口干、出汗、震颤等症状，其焦虑并非由实际威胁所引起，或其紧张惊恐程度与现实情况很不相称。焦虑症与正常焦虑情绪反应不同。首先，焦虑症没有明确对象和内容的焦急、紧张和恐惧，是无缘无故的。其次，焦虑症是指向未来，似乎某些威胁即将来临，但是患者自己说不出究竟存在何种威胁或危险。最后，焦虑症状持续时间很长，如不进行积极有效的治疗，几周、几月甚至迁延数年难愈。焦虑症的病因与遗传因素、人格特征、认知过程或思维障碍，以及生物学因素、应激事件发生等密切相关。对焦虑症可进行药物治疗和心理治疗，其中心理治疗可采用精神分析疗法、认知行为疗法等。

3. 强迫症

强迫症是以强迫症状为基本表现形式的一种心理疾病。患者常有无法自我克制的、重复出现的某种观念、意向和行为，深陷其中而又无法自拔，因此，患者感到非常痛苦和不安。它的主要特点是会强迫性地闯入某些观念、意象或是回忆，或反复做出某种动作。这些并非出自其自愿，所以患者内心感到非常焦虑、痛苦，明知症状是不合理、不必要的，但难以摆脱。强迫症的临床表现多种多样，一般分为强迫观念和强迫动作。强迫观念是指某些思想或某些想法不断重复出现，明知没有必要，但就是无法摆脱。强迫动作则是指患者为了减轻因强迫观念所引起的焦虑，不由自主采取的各种相应的行为。强迫症与遗传因素、心理社会因素、生化因素等密切相关。强迫症的治疗主要是心理治疗和药物治疗。

4. 双相情感障碍

双相情感障碍是以原发性情感情绪障碍为主要临床表现，既有躁狂发作，又有抑郁发作，发作期和完全正常的间歇期反复交替出现的一种精神病。躁狂发作期以言语明显增多、联想加快、观念飘忽、注意力不集中而随意转移、自我感觉良好、自我评价过高、情绪极端高涨、行为活动显著增多、精力充沛、行为轻率等为特点。抑郁发作期则与此相反，以言语明显减少、联想困难、思维迟缓、思考能力下降、体感不适、自我评价过低、情绪极为低落、反复出现轻生念头、行为活动显著减少、自责等为特点。

5. 精神分裂症

精神分裂症是以基本个性改变，思维、情感、行为的分裂，精神活动与环境的不协调为主要特征的一类最常见的精神病。精神分裂症到目前为止病因未明，多发于16～40岁青壮年。本病患者一般无意识和智能方面的障碍，但发作时不仅影响本人的行为能力，且对家庭和社会也有影响。一般会有以下3种症状。①妄想。没有根据地坚定持有某种信念，如坚信周围人都要伤害自己。②幻觉。感知到不存在的客观刺激，指在没有实际的外部客观事物刺激的情况下，患者坚定地告知真真切切地体验到了某种真实的感知，如在生活中看见空中飘舞的鞋子，或是明明周围没人却听到了有人在议论自己。③思维混乱。通常是通过个体的言语推断出来的。可能是从一个话题转到另一个话题，也可能是问题的答案与问题不相关，严重时让人完全无法理解。

6. 人格障碍

人格障碍是指内心体验或行为模式明显偏离正常的社会文化环境和行为方式，适应不良的异常人格模式。人格障碍一般始于童年或青少年，而持续到成年或终生。一般认为它是在不良的先天素质的基础上，遭受环境有害因素（特别是心理社会因素）的影响而形成的，通常有不同的表现类型。

（1）偏执型人格障碍

偏执型人格障碍又称妄想型人格障碍。患者的主要表现是思想固执，敏感猜疑，不信任或者怀疑他人，过分警惕与防卫；强烈地意识到自己的重要性，有将周围发生的事件解释为"阴谋"、不符合现实的先占观念；过分自负，认为自己正确，将挫折和失败归咎于他人；不接受批评，易冲动；容易产生病理性嫉妒；对挫折和拒绝特别敏感，不能谅解别人，长期耿耿于怀，特别好斗；对个人权利执意追求，常与人发生争执，人际关系不良等。

（2）反社会型人格障碍

反社会型人格障碍患者主要表现为缺乏道德情感，没有怜悯心、同情心和内疚感，做了坏事心里一点儿也不觉得难过，对别人的痛苦漠不关心，脾气暴躁，不能容忍丝毫的挫折，总是责怪他人或环境，不真诚、不坦率，没有责任感，常常会做出一些违反社会规则和社会公德的行为。

（3）自恋型人格障碍

自恋型人格障碍常有以下表现：不能接受批评，受到批评后往往产生强烈的愤怒、羞愧和耻辱感；过分自高自大，对自己的能力夸大其词，特别希望受到别人的关注；过分自信，认为自己的家庭、长相、气质等是别人无法比拟的；想入非非，对成功、权力、荣誉、理想、爱情等有非分之想；唯我独尊，自己想干什么都行，但别人不行，自己可以指使别人，别人绝对不能指使自己；虚荣，特别好面子，把自己的脸面看得比什么都重，特别希望得到别人的赞扬；冷漠，只关心自己，对别的人和事漠不关心；多疑，疑心比较重，总是怀疑身边的人和事。

（4）冲动型人格障碍

冲动型人格障碍也称为爆发型人格障碍。主要表现为稍不如意就火冒三丈，易爆发强烈而又难以控制的愤怒情绪。行为有不可预测性和不考虑后果的倾向，不能在行动之前事先计划，行为爆发时不可遏制，特别在行动受阻或被批评时易与他人发生冲突和争吵。

阅读与思考

抑郁症

《2023年度中国精神心理健康》蓝皮书显示，我国成人抑郁风险检出率为10.6%，其中学生群体心理健康问题日益突出，且呈低龄趋势。抑郁症不分年长年幼，这些年更趋向低龄化，在大、中、小学生中都较多见，而且又各有特征。很多抑郁症患者身受折磨，却不知自己生了病；老师、家长或同事把患者的病理状态当成思想问题，进行说服开导，结果越教育越严重；一些非专科医生把这些患者的症状当成生理疾病或神经衰弱反复检查、治疗，结果又给患者添加了医源性负担。有极高比例的青少年抑郁症会延伸至一辈子，对他们的生活造成深远的负面影响。

大学生抑郁症的主要诱发因素有：大学环境不适应，人际关系矛盾，家庭贫困，失恋等。其特殊表现有：①精神萎靡。到大学后感到与想象的不一致，认为所学的东西将来也没什么用。一个人整天沉默不语，独来独往，集体活动不沾边，经常回宿舍躺在床上似睡非睡。害怕考试不过关，出现一门或几门课程不及格。②休学退学。休退学理由反常，说不清楚为什么，反正就是不想继续学业。③自杀行为。大学生抑郁症自杀率较高，且事先不易被发现。自杀不成功者经救助后仍有反复自杀意念或行为。

思考：

收集焦虑症、恐惧症、强迫症的有关资料，增进对心理疾病的了解。

心理自测

心理健康自测

请仔细下面阅读每一条，根据最近一星期以内下述情况影响你的实际感觉进行评分。其中"无"记1分，"轻度"记2分，"中等"记3分，"偏重"记4分，"严重"记5分。

1. 我的情绪忽高忽低。

2. 做什么我都感觉很困难。

3. 我喜欢与人争论、抬杠。

4. 我对许多事情心烦。

5. 遇到紧急的事我手发抖。

6. 我怕应付麻烦的事。

7. 我情绪低落。

8. 我感到人们对我不公平。

9. 我觉得大多数人都不可信任。

10. 感到别人对我不友好。

11. 我不能控制自己而发脾气。

12. 我感到前途没有希望。

13. 我喜怒无常。

14. 我要求别人十全十美。

15. 我抱怨自己为什么比不上别人。

16. 我觉得别人想占我的便宜。

17. 我觉得活着很累。

18. 看见房间杂乱无章，我就安不下心来。

19. 我着急时，嘴里有味。

20. 我感到我有坏事发生。

21. 我觉得疲劳。

22. 我常为一些小事而心情不好。

23. 我不能容忍别人。

24. 别人有成绩我生气。

25. 我想法与别人不一样。

26. 遇到挫折，我便灰心。

27. 我经常责备自己。

28. 害怕别人注意我的短处。

29. 我一紧张就头痛。

30. 我有想打人或骂人的冲动。

31. 感到别人不理解我，不同情我。

32. 我固执己见。

33. 我对什么事情都无兴趣。

34. 我心里焦躁。

35. 我走过人多、车多的十字路口心里发慌。

36. 遇到紧急的事我尿多。

37. 我心情时好时坏。

38. 我对新事物不习惯。

39. 我感到别人亏待我。

40. 我感到很难与人相处。

41. 我有想摔东西的冲动。

42. 我觉得我出力不讨好。

43. 总觉得别人在背后议论我。

44. 我爱揭别人短处。

45. 我喜怒都表现在脸上。

46. 我紧张时睡不好觉。

47. 我无缘无故感到紧张。

48. 遇到应采取果断行动时，我就犹豫不决。

49. 我与人相处，关系紧张。

50. 该做的事做不完我放不下心。

51. 我不分场合发泄我的不满。

52. 我控制不住自己的情绪。

53. 当别人看我或议论我时，我感到不自在。

54. 别人对我成绩的评价不恰当。

55. 我感到自己没有什么价值。

56. 我总觉得别人在跟我作对。

57. 我情绪波动性大。

58. 我担心别人看不起我。

59. 我感到忧愁。

60. 我心情紧张，胃就不舒服。

61. 在变化的情况下，我不能灵活处事。

62. 我觉得我的学习或工作的负担重。

63. 我对比我强的人不服气。

64. 我不能接受别人意见。

65. 我对亲朋好友忽冷忽热。

66. 我觉得生活没意思。

67. 我担心自己有病。

68. 遇到紧张情况，我心跳厉害。

69. 我与陌生人打交道感到为难。

70. 我心里总觉得有事。

71. 我在公共场合吃东西感觉不舒服。

72. 我的朋友有钱，吃好穿好，我感到不舒服。

73. 我做事时想怎么做就怎么做。

74. 我难以完成工作任务或学习任务。

75. 紧张时我手出汗。

76. 我常用刻薄的话刺激别人。

77. 我遇到脏、乱、差环境，强烈噪声，不能承受。

78. 我容易激动。

79. 我的感情容易受到别人伤害。

80. 到一个新环境，我不能很快适应。

结果解释：

80 个项目的得分之和除以 80，即成为心理健康问题检测的总均分。

总均分小于 2 分，表示你总体看来心理健康。

总均分为 2 ~ 2.99 分，表示你总体看来有轻度的心理健康问题，建议你通过自我心理调适来解决你当下面临的问题。

总均分为 3 ~ 3.99 分，表示你总体看来存在中度的心理健康问题，建议你自我调适，如果调适效果不满意，建议你寻求专业的帮助。

总均分为 4 ~ 5 分，建议你立刻寻求心理帮助。

第二讲　心理健康的自我调适与心理问题的防治

〈 导　语

《2023 年度中国精神心理健康》蓝皮书指出，大学生轻度焦虑的风险为 38.26%，轻度抑郁的风险为 16.54%，他们的心理健康状况不容忽视。每一个学生都应该面对现实，自觉地进行有效的自我保健和心理调节，以预防各种心理问题，提高心理素质，促进身心全面发展。大多数大学生具有良好的心理品质，他们有能力调节和处理成长过程中所遇到的各种压力和问题，但也确实存在一部分单依靠自己的力量不能有效地面对所遇到的压力和问题的学生，需要外界的引导和帮助。因此，大学生要树立科学的健康观，充分认识心理健康在全面提高自身素质方面起到重要作用，掌握心理自我调适的方法和技巧以及心理问题的预防、治疗方法，自觉维持和增进自身的心理健康水平。

〈 案　例

小红是一位内向的女孩，中学时期她专注于学业，鲜少参与集体活动，朋友寥寥，但凭借优异的成绩，她仍不乏同学的求教。到外地上大学后，她觉得自己陷入了孤立无援的境地，她认为同寝室的室友故意排斥她，比如下课后室友结伴回寝从不邀请她，周末外出游玩也将她排除在外。小红还坚信同学们在背后议论她，她甚至对她穿着打扮指指点点。上课时，她感觉周围同学故意交谈以干扰她听课学习。到后来，她甚至睡觉也睡不好，因为同学老是在半夜三更发出很响的声音。小红在电话中多次向家里哭诉，家长觉得事情严重，专程赶到学校，找到了老师。可是，经过老师调查，发现事实并非如此，同学们说小红虽然沉默点内向点，但是大家根本没有故意孤立她，反而还经常邀请她参加各种活动。后来，在老师建议下，家长把小红送到了医院。经检查，小红患了精神分裂症，经过休学一学期的治疗后，又回到了学校。

〈 启　示

了解一些心理问题和精神疾病的有关知识，不仅有助于自己的心理保健，而且可以帮助我们识别身边同学或朋友的异常状况，避免发生一些不该发生的事情。

〈 学习认知

一、促进大学生心理健康的基本原则

1. 遗传－教育并重原则

人的生长发育，特别是大脑结构与功能，虽由遗传基因决定，但认知策略与能力则在与教育及环境的互动中逐渐形成。人的认知特征又反过来影响情绪与行为，因此，心理健康水平的高低受遗传与教育共同影响。

2. 人与环境协调适应原则

心理健康发展过程实质上是人与自然环境和社会环境能否取得动态协调平衡的过程。因此，学会应对和协调人际关系，对心理健康有重要的意义。人对环境的适应、协调，不仅仅是简单顺应，更主要的是积极地改造环境，使之更利于心理健康。

3. 身心健康统一原则

心理健康与生理健康息息相关，健康的心理状态建立在健康的身体之上。因此，通过积极的体育锻炼、卫生保健和构建良好的生活方式，以增强体质和生理功能，将有助于促进心理健康。

4. 个体和群体相结合的原则

生活在群体之中的个体无时无刻不受到群体的影响。因此，个体心理健康的维护亦依赖于群体的心理健康水平，这就需要创建良好的群体心理卫生氛围，以促进个体的心理健康。同样，个体心理健康亦对群体产生着影响。

5. 知、情、行相对平衡的原则

心理健康的全面发展既仰赖于相应的知识积累，更关键在于将这些理论知识转化为实际行动。离开了理论，行动就缺乏方向和方法，同样，没有行动，再好的理论也是纸上谈兵，无济于事。因此，生活实践成为检验认识与行为正确性的试金石，能否从失败中汲取教训、总结经验，是知与行能否实现平衡的关键所在。另外，在知与行的过程中必然伴有情绪，它既是推动知与行的动力源泉，若调节不当，也可能转化为阻力，甚至成为破坏性力量。为此，将知、情、行调整平衡，是维护心理健康的重要原则。

二、增进心理健康和预防心理问题的途径

在绚烂多彩的校园生活中，大学生置身于一个既充满活力又资源丰富的独特环境，这为维护和提升个人心理健康，以及有效预防心理困扰的发生，提供了得天独厚的条件。为了更好地利用这一平台，大学生可以积极采取以下行动：

① 主动参与心理健康讲座、研讨会等教育活动，积极选修心理健康教育相关课程。通过这些途径，系统学习心理健康知识，掌握心理问题的鉴别技巧，了解并实践常用的心理调适方法，从而增强自我心理保健能力。

② 加入心理健康社团或参与相关实践活动，如心理剧表演、心理健康宣传活动等。这些活动不仅能丰富大学生的生活体验，增加社会阅历，还能在互动中增进人际关系，提升面对挫折的承受力和社会的适应能力，为个人的心理成长提供实践支持。

③ 积极响应并参与学校组织的心理普查，以科学、理智的态度对待自己的心理状态。一旦发现心理困扰或问题，应立即采取行动，主动、积极、及时地前往学校的心理健康教育中心或心理咨询机构进行专业咨询。通过专业指导，有效应对心理困扰，保持心理健康。

三、大学生心理自我调适方法

1. 恰当评价自我

自我评价是自我意识的一个方面，是指人对自身条件、素质、才能等各方面情况的一种判断。大学生的自我评价得当与否，将直接影响到大学生的学习效能、职业选择和事业奋斗中的自信心。

正确地进行自我评价一般可以通过两种渠道：直接的自我评价和间接的自我评价。进行直接的自我评价，首先要认识到自己的情况和特点，包括健康情况、心理状态、情感特点、兴趣倾向、知识水准、专业特长、智力情况、能力特点，还可以测定一下自己的气质类型和性格类型等作为参考。其次，要用自己在不同领域的实践中（如对各个科目的学习）取得不同成绩相比较，以发现自己的长处，确定奋斗的目标。

间接的自我评价是指通过与他人行为的对照及情况的对比而对自己做出的评价。"尺有所短，寸有所长"，每个人都有自己的长处和短处。有的人可能不辨音律，但却有高超的组织才能；有的人也许不解数学之谜，但心灵手巧，长于工艺；有的人可能不会琴棋书画，但酷爱大自然，精于文学；有的人或许记不住许多外语单词，但有一副动人的歌喉，擅长文艺。"不识庐山真面目，只缘身在此山中"，这是一些人不能对自己做出正确的自我评价的原因之一。当局者迷，那么就不妨用与他人相比较的方法鉴别一下。

2. 养成良好生活习惯

进入大学后，培养独立生活能力和建立良好生活习惯对大学生至关重要。一些大学生因缺乏独立生活能力，往往难以融入集体，影响自信心建立。养成良好的生活习惯，有利于大学生的身心健康，并对其学习、生活产生积极影响。具体而言，大学生所养成的健康生活习惯至少应包括以下几个方面：

① 有规律的作息时间，使自己的学习和生活张弛有度，有条不紊。

② 讲究卫生，干净整洁。这不仅有利于自身健康，也有利于树立自己的良好形象。

③ 保持运动习惯，勤于锻炼身体。这有助于大学生身体的发育、肢体协调能力的提高和意志力的加强。

3. 主动适应人际关系

大学时期是大学生社会化的重要阶段，需着力培养与人和谐共处的能力，为未来社会生活打下坚实基础。和谐的人际关系对新生快速适应大学生活尤为关键，它促进新生间相互关心、帮助、信赖与理解，加速融入新环境，获取友谊与支持，增强独立生活能力，缓解心理压力与孤独感。构建和谐人际关系，需保持谦逊态度，既不自卑也不自傲，充分尊重、信任、关爱他人；掌握交谈艺术，倾听他人意见，表达自我见解时态度诚恳、措辞得当，善于换位思考，避免自我中心，展现宽容与理解；积极参与集体活动，提升社交与适应能力；妥善平衡恋爱与学业，让爱情成为双方成长的助力，共同完善人格。

常用的自我心理调适方法还有自我暗示法、放松调节法、想象脱敏法和呼吸调节法等。

四、常用的心理治疗方法

1. 心理分析治疗法

心理分析治疗法也称为精神分析法、心理动力学治疗法，是弗洛伊德根据心理动力学理论创立的。其基本观点是：患者的心理障碍是由于压抑在"潜意识"中某些幼年时期所受的精神创伤所致，因而要通过内省的方式，以自由联想、精神疏泄的方法，把痛苦的体验挖掘出来，从中发现心理障碍的根源，并对患者所提供的情况进行分析解释，启发和帮助患者领悟并重新认识，从而改变原有病理行为模式，重建自己的人格，达到治疗的目的。

心理分析治疗法的技术包括：自由联想、梦的分析、移情、解释。心理分析的治疗过程是：在正式开始治疗前，还需进行 2 周左右的试验性分析和联想，进一步明确诊断并排除不适于做心理分析治疗的对象。经典心理分析的适应证主要是焦虑症、疑病症和抑郁症等。

2. 行为疗法

行为疗法是根据心理学的学习理论，对个体进行训练，达到矫正适应性不良行为的一类心理治疗理论和技术。行为治疗的方法主要有：

① 系统脱敏疗法。系统脱敏疗法是沃乐普在 20 世纪 50 年代末期发展起来的一种以渐进式克服或消除一些症状的治疗方法。这一疗法认为，人的肌肉放松状态与焦虑状态是对抗的过程，可以通过肌肉的放松而达到的生理上的放松来抑制焦虑情绪。如果患者处在放松状态时接近一个能引起微弱焦虑情绪的刺激，由于放松对于焦虑的抑制作用，患者便能够忍受体验到的焦虑。经过几次反复，这个刺激就会失去作用，患者不会再因为它的出现而感到焦虑。进而逐渐增加刺激的强度，到最强的刺激也不引发焦虑为止。

系统脱敏疗法适用于治疗与焦虑反应相联系的行为障碍。

② 满灌疗法。满灌疗法与系统脱敏疗法相反，采用对患者来说能引起最强烈焦虑反应的刺激"冲击"患者，从而消除对某些情境的焦虑反应。其基本原理是：患者的焦虑或恐怖的反应是过去习得的，那么让患者处在强烈焦虑和高度恐惧的事物面前或情境之中，如果没有真正地对患者产生威胁和损害，患者的症状就会消退，而学会新的适应的良性行为。

满灌疗法同系统脱敏疗法一样适用于与焦虑反应相联系的行为障碍。

③ 厌恶疗法。其核心在于建立不适应行为与不愉快刺激或后果之间的联系。该疗法通过结合引发痛苦反应的刺激与不良行为，使得个体在实施不良行为的同时立即感受到痛苦，从而形成一种条件反射。为了避免这种痛苦，个体将倾向于不再进行这些不良行为，进而逐渐对其产生厌恶感，使行为得以消退。

此疗法对治疗酒瘾、烟瘾、贪食肥胖、性变态等效果好。

3. 来访者中心疗法

来访者中心疗法是罗杰斯以人本主义理论为基础，于 20 世纪 40 年代提出的。该疗法核心理念认为，个体具备自我决定与实现潜能的内在倾向。在提供适宜的环境条件下，个体能够自主改变对自我及他人的认知，调整并控制自身行为，实现主观选择的优化与良好适应。该疗法帮助患者正确认识和处理当前环境的现状，体验当时的感受，让患者进行自我探索，了解与自我相一致的、恰当的情感，并以此来指导自己的行为，靠自己本身的力量来治疗自己存在的问题。

4. 认知疗法

认知疗法是一种兴起于 20 世纪 60 年代美国的心理治疗技术，其核心在于通过调整人的认知过程及其产生的认知观念，以改善不良情绪和行为。该理论的代表之一贝克指出，心理障碍往往源于错误的思维前提，即对现实的误解，这些误解基于不准确或不全面的信息，或未能有效区分现实与想象之间的差异。因此，认知疗法的治疗重心在于运用理性分析和逻辑思辨，识别并转变那些引发患者困扰的非理性观念。通过这一过程，患者能够重塑对现实的正确理解，从而减轻心理负担，改善情绪体验和行为反应。

认知疗法有自己的适应证，如抑郁症、焦虑症、恐惧症、考试前紧张焦虑和慢性疼痛的患者。

5. 音乐疗法

良性的音乐能提高大脑皮层的兴奋性，可以改善人们的情绪，激发人们的感情，陶冶人们的情操，振奋人们的精神。同时，有助于消除心理社会因素造成的焦虑、忧郁、恐惧等不良心理状态，提高应激能力。

音乐应根据当事人的不同，考虑症状、民族、职业、地域、文化程度、爱好情趣、欣赏水平等因素，因人而异地选择合适的音乐治疗，常可取得很好的疗效。

6.其他心理治疗方法

除了上述的一些心理治疗法外，常用的心理治疗方法还有支持疗法、暗示疗法、娱乐疗法等。在实际的操作中，咨询者可根据实际情况灵活运用。

阅读与思考

弗吉尼亚理工大学校园枪击案的背后

弗吉尼亚理工大学曾经历美国历史上最严重的校园枪击事件，这一事件至今仍然令人心有余悸。23岁的韩国籍男子，先在一幢宿舍楼里开枪，打死2人，打伤多人。大约2小时后，在一幢教学楼内又打死30人、打伤10多人后自杀。他在寄给美国广播公司的录像中充斥着仇视"富人"和扬言报复的话语，照片则是持刀端枪的暴力形象。

该男子的几位初中老师说，哥伦拜恩高中枪击案发生后，他曾在英语课上暗示"他想使哥伦拜恩案重演"，有自杀和谋杀的想法。老师曾建议他接受心理治疗。精神科医师确诊他患有"选择性缄默症"，症状表现为因焦虑而沉默寡言、压抑。医生曾让他服用抗抑郁药，疗效"颇好"，但后来停止让他服药，理由是他的状况已有"改善"。该男子申请弗吉尼亚理工大学时，录取工作人员没有询问其患病的相关问题。进入大学后，尽管校园警方知道他屡有不恰当行为，需接受心理治疗，但从没将这些信息告诉学校处理"问题少年"的工作人员。学校及当地官员也没有把他的自杀言论及可能的心理健康问题告诉他父母。大学官员误解了美国联邦隐私法有关禁止交流学生心理健康信息的条文（联邦隐私法允许他们将学生的心理健康问题告知州、当地及学校负责安全人员），从而忽略了其心理健康问题的诸多征兆。

思考：

上述案例对我们有什么启示？

心理自测

症状自评量表 -SCL90

《症状自评量表—SCL90》是世界上最著名的心理健康测试量表之一，将协助您从10个方面来了解自己的心理健康程度。请仔细阅读下面每一条，根据最近一星期以内下述情况影响你的实际感觉进行评分。其中"没有"记1分，"很轻"记2分，"中等"记3分，"偏重"记4分，"严重"记5分。记分填在每题后的括号内。

1. 头痛。（　　　）
2. 神经过敏，心中不踏实。（　　　）
3. 头脑中有不必要的想法或字句盘旋。（　　　）
4. 头昏或昏倒。（　　　）
5. 对异性的兴趣减退。（　　　）
6. 对旁人责备求全。（　　　）
7. 感到别人能控制您的思想。（　　　）
8. 责怪别人制造麻烦。（　　　）
9. 忘性大。（　　　）
10. 担心自己的衣饰整齐及仪态的端正。（　　　）

11. 容易烦恼和激动。（　　）

12. 胸痛。（　　）

13. 害怕空旷的场所或街道。（　　）

14. 感到自己的精力下降，活动减慢。（　　）

15. 想结束自己的生命。（　　）

16. 听到旁人听不到的声音。（　　）

17. 发抖。（　　）

18. 感到大多数人都不可信任。（　　）

19. 胃口不好。（　　）

20. 容易哭泣。（　　）

21. 同异性相处时感到害羞不自在。（　　）

22. 感到受骗，中了圈套或有人想抓住您。（　　）

23. 无缘无故地突然感到害怕。（　　）

24. 自己不能控制地大发脾气。（　　）

25. 怕单独出门。（　　）

26. 经常责怪自己。（　　）

27. 腰痛。（　　）

28. 感到难以完成任务。（　　）

29. 感到孤独。（　　）

30. 感到苦闷。（　　）

31. 过分担忧。（　　）

32. 对事物不感兴趣。（　　）

33. 感到害怕。（　　）

34. 感情容易受到伤害。（　　）

35. 旁人能知道您的私下想法。（　　）

36. 感到别人不理解您，不同情您。（　　）

37. 感到人们对您不友好，不喜欢您。（　　）

38. 做事必须做得很慢以保证做得正确。（　　）

39. 心跳得很厉害。（　　）

40. 恶心或胃部不舒服。（　　）

41. 感到比不上他人。（　　）

42. 肌肉酸痛。（　　）

43. 感到有人在监视您谈论您。（　　）

44. 难以入睡。（　　）

45. 做事必须反复检查。（　　）

46. 难以作出决定。（　　）

47. 怕乘电车、公共汽车、地铁或火车。（　　）

48. 呼吸有困难。（　　）

49. 一阵阵发冷或发热。（　　）

50. 因为感到害怕而避开某些东西、场合或活动。（　　）

51. 脑子变空了。（　　　）

52. 身体发麻或刺痛。（　　　）

53. 喉咙有梗塞感。（　　　）

54. 感到对前途没有希望。（　　　）

55. 不能集中注意力。（　　　）

56. 感到身体的某一部分软弱无力。（　　　）

57. 感到紧张或容易紧张。（　　　）

58. 感到手或脚发重。（　　　）

59. 想到有关死亡的事。（　　　）

60. 吃得太多。（　　　）

61. 当别人看着您或谈论您时感到不自在。（　　　）

62. 有一些不属于您自己的想法。（　　　）

63. 有想打人或伤害他人的冲动。（　　　）

64. 醒得太早。（　　　）

65. 必须反复洗手、点数目或触摸某些东西。（　　　）

66. 睡得不稳不深。（　　　）

67. 有想摔坏或破坏东西的冲动。（　　　）

68. 有一些别人没有的想法或念头。（　　　）

69. 感到对别人神经过敏。（　　　）

70. 在商店或电影院等人多的地方感到不自在。（　　　）

71. 感到任何事情都很难做。（　　　）

72. 一阵阵恐惧或惊恐。（　　　）

73. 感到在公共场合吃东西很不舒服。（　　　）

74. 经常与人争论。（　　　）

75. 单独一人时神经很紧张。（　　　）

76. 别人对您的成绩没有作出恰当的评价。（　　　）

77. 即使和别人在一起也感到孤单。（　　　）

78. 感到坐立不安心神不宁。（　　　）

79. 感到自己没有什么价值。（　　　）

80. 感到熟悉的东西变得陌生或不像是真的。（　　　）

81. 大叫或摔东西。（　　　）

82. 害怕会在公共场合昏倒。（　　　）

83. 感到别人想占您的便宜。（　　　）

84. 为一些有关"性"的想法而很苦恼。（　　　）

85. 认为应该因为自己的过错而受到惩罚。（　　　）

86. 感到要赶快把事情做完。（　　　）

87. 感到自己的身体有严重问题。（　　　）

88. 从未感到和其他人很亲近。（　　　）

89. 感到自己有罪。（　　　）

90. 感到自己的脑子有毛病。（　　　）

评分标准：

本测验的 10 个因子分别为：躯体化、强迫症状、人际关系敏感、抑郁、焦虑、敌对、恐怖、偏执、精神病性及附加因子，分别用 F1 ～ F10 来表示。

F1 包括 1、4、12、27、40、42、48、49、52、53、56、58 题；

F2 包括 3、9、10、28、38、45、46、51、55、65 题；

F3 包括 6、21、34、36、37、41、61、69、73 题；

F4 包括 5、14、15、20、22、26、29、30、31、32、54、71、79 题；

F5 包括 2、17、23、33、39、57、72、78、80、86 题；

F6 包括 11、24、63、67、74、81 题；

F7 包括 13、25、47、50、70、75、82 题；

F8 包括 8、18、43、68、76、83 题；

F9 包括 7、16、35、62、77、84、85、87、88、90 题；

F10 包括 19、44、59、60、64、66、89 题。

将各因子题项的得分相加为该因子的总分。

结果解释：

若满足以下标准的任意一项，建议您立刻重视起来您目前的状态，如有需要，请到专业的机构去寻求帮助：①总分超过 160 分；②计分超过 2 分的项目数超过 43 项；③任一因子分平均分超过 2 分。

参考文献

［1］Maslow A H. A Theory of Human Motivation［J］. Psychological Review, 1943, 50（4）: 370-396.

［2］Decety J, Jackson P L. The functional architecture of human empathy［J］. Behavioral and Cognitive Neuroscience Reviews, 2004, 3（2）: 71-100.

［3］Seligman M E P. Flourish: A Visionary New Understanding of Happiness and Well-being［M］. New York: Free Press, 2011.

［4］边玉芳. 心理健康教师用书［M］. 上海: 华东师范大学出版社, 2007.

［5］徐玲. 大学生心理健康教育教程［M］. 北京: 经济日报出版社, 2008.

［6］张嘉玮. 大学生心理辅导［M］. 长春: 长春出版社, 2005.

［7］刘金同. 大学生心理发展及素质培养［M］. 北京: 北京大学出版社, 2006.

［8］郑日昌. 大学生心理诊断［M］. 济南: 山东教育出版社, 1999.

［9］张双会. 大学生心理健康教育［M］. 北京: 中国经济出版社, 2006.

［10］黎文森. 大学生心理健康教育导论［M］. 长春: 吉林人民出版社, 2006.

［11］美国得克萨斯州立大学. 大学生健康心理自助手册［M］. 黄永军, 译. 北京: 高等教育出版社, 2007.

［12］彭晓玲, 柏伟. 大学生全程全面心理辅导［M］. 北京: 清华大学出版社, 2008.

［13］彭聃龄. 普通心理学［M］. 4版. 北京: 北京师范大学出版社, 2012.

［14］沙莲香. 社会心理学［M］. 3版. 北京: 中国人民大学出版社, 2011.

［15］聂振伟. 大学生心理健康必读［M］. 北京: 高等教育出版社, 2004.

［16］李小平. 新编基础心理学［M］. 南京: 南京师范大学出版社, 2007.

［17］杨娇丽, 陈鹏. 大学生心理健康教育及个案教程［M］. 北京: 对外经济贸易大学出版社, 2008.

［18］中共北京市委教育工作委员会. 大学生心理素质教程［M］. 北京: 北京出版社, 2002.

［19］李广平. 大学生心理健康教育［M］. 南昌: 江西科学技术出版社, 2022.

［20］中国心理学会. 中国大学生心理健康调查报告［M］. 北京: 高等教育出版社, 2022.

［21］刘嵋. 大学生心理健康教育［M］. 成都: 电子科技大学出版社, 2020.

［22］高玉祥. 健全人格及其塑造［M］. 北京: 北京师范大学出版社, 1997.

［23］樊富珉. 大学生心理健康教育研究［M］. 北京: 清华大学出版社, 2002.

［24］樊富珉, 王建中. 当代大学生心理健康教程［M］. 武汉: 武汉大学出版社, 2007.

［25］张旭东, 车文博. 挫折应对与大学生心理健康［M］. 北京: 科学出版社, 2006.

［26］谢炳清, 伍自强, 秦秀清. 大学生心理健康教程［M］. 武汉: 华中科技大学出版社, 2006.

［27］常春娣, 张燕云. 大学生心理健康教育［M］. 重庆: 西南师范大学出版社, 2008.

［28］张文新. 高等教育心理学［M］. 济南: 山东人民出版社, 2004.

［29］马玉荣. 青少年心理健康大讲堂［M］. 北京: 石油工业出版社, 2007.

［30］邢群麟, 李敏. 哈佛教授给学生讲的200个心理健康故事［M］. 北京: 中央编译出版社, 2007.

［31］朱彤. 影响生活的77条心理定律［M］. 北京: 中国广播电视出版社, 2007.

［32］牧之, 张震. 智者的洞察: 心理学经典名言的智慧［M］. 北京: 新世界出版社, 2008.

［33］李开复. 做最好的自己［M］. 北京: 人民出版社, 2005.

［34］刘德恩, 包坤锦. 职业生涯规划［M］. 北京: 北京师范大学出版社, 2006.

［35］马歇尔·卢森堡. 非暴力沟通［M］. 阮胤华, 译. 北京: 华夏出版社, 2009.

［36］桂世权. 大学生人际交往指导［M］. 成都: 西南交通大学出版社, 2007.

［37］单慧娟. 大学生心理健康教育［M］. 镇江: 江苏大学出版社, 2022.

［38］郭瞻予. 让快乐伴你成长（修订版）［M］. 沈阳: 辽宁大学出版社, 2012.

［39］樊富珉. 大学生心理健康十六讲［M］. 北京：高等教育出版社，2020.

［40］冯建军，等. 生命化教育［M］. 北京：教育科学出版社，2007.

［41］马斯洛. 马斯洛的智慧［M］. 刘烨，编译. 北京：中国电影出版社，2005.

［42］弗兰克. 活出意义来［M］. 赵可式，沈锦惠，译. 上海：三联书店，1991.

［43］刘济良. 生命教育论［M］. 北京：中国社会科学出版社，2004.

［44］高海清. 人就是"人"［M］. 沈阳：辽宁人民出版社，2001.

［45］刘志军，等. 生命的律动：生命教育实践探索［M］. 北京：中国社会科学出版社，2004.

［46］刘翔平. 寻找生命的意义［M］. 武汉：湖北教育出版社，1999.

［47］弗兰克. 意义与人生［M］. 常晓玲，等，译. 北京：中国轻工业出版社，2000.

［48］王北生，等. 生命的畅想：生命教育视阈拓展［M］. 北京：中国社会科学出版社，2005.

［49］王慧，萧会军. 性心理与性健康［M］. 上海：第二军医大学出版社，2003.

［50］霭理士. 性心理学［M］. 潘光旦，译. 上海：上海三联书店，2006.

［51］武东生. 思想道德修养［M］. 天津：天津人民出版社，2003.

［52］汤笑. 婚恋心理学［M］. 北京：中国城市出版社，2006.

［53］罗伊·加恩. 神奇的情感力量［M］. 陈大鹏，编译. 深圳：海天出版社，1999.

［54］金伯利·S. 杨. 网虫综合征：网瘾的症状与康复策略［M］. 上海：上海译文出版社，2000.

［55］Partricia Wallace. 互联网心理学［M］. 谢影，苟建新，译. 北京：中国轻工业出版社，2001.

［56］张培培. "90后"大学生婚恋观研究［D］. 郑州：河南大学，2013.

［57］严筱菁. 武汉地区女大学生恋爱观调查与分析［D］. 武汉：中南民族大学，2012.